STEPHAN MAAG
MIT DANIEL GERBER

MEIN WILDES, FREIES LEBEN

SCM

SCM

Stiftung Christliche Medien

Der SCM Verlag ist eine Gesellschaft der Stiftung Christliche Medien, einer gemeinnützigen Stiftung, die sich für die Förderung und Verbreitung christlicher Bücher, Zeitschriften, Filme und Musik einsetzt.

© der deutschen Ausgabe 2017
SCM-Verlag GmbH & Co. KG · Max-Eyth-Straße 41 · 71088 Holzgerlingen
Internet: www.scm-verlag.de; E-Mail: info@scm-verlag.de

Soweit nicht anders angegeben, sind die Bibelverse
folgender Ausgabe entnommen:
Neues Leben. Die Bibel, © der deutschen Ausgabe 2002 und 2006 SCM-Verlag
GmbH & Co. KG, Witten.
Weiter wurden verwendet:
HfA: Hoffnung für alle ® Copyright © 1983, 1996, 2002, 2015 by Biblica, Inc.®.
Verwendet mit freundlicher Genehmigung des Herausgebers Fontis –
Brunnen Basel
LUT: Lutherbibel, revidierter Text 1984, durchgesehene Ausgabe in neuer
Rechtschreibung, © 1999 Deutsche Bibelgesellschaft, Stuttgart.

Umschlaggestaltung: Kathrin Spiegelberg, Weil im Schönbuch
Titelbild: Lea Weidenberg
Fotos im Innenteil: Nadine Maag, Verein Fingerprint, Ben Koch,
Samuel Schmidt
Satz: typoscript GmbH, Walddorfhäslach
Druck und Bindung: CPI books GmbH, Leck
Gedruckt in Deutschland
ISBN 978-3-7751-5762-9
Bestell-Nr. 395.762

INHALT

PROLOG –
OHNMACHT ÜBER
DEN WOLKEN

Ich sank in den bequemen Flugzeugsitz, nachdem ich den Rucksack voller gut versteckter großer Geldscheine über mir verstaut hatte. Diese Summe sollte ich unbemerkt in ein Land im Nahen Osten schmuggeln. Wenige Wochen vorher war ich auf Umwegen gefragt worden, ob ich nicht wichtige Dokumente für syrische Flüchtlinge in ein islamisches Land bringen könne. Es gebe keinen anderen Weg, weil der Krieg Finanztransaktionen unmöglich gemacht habe. Bald wurde mir eröffnet, dass es sich bei den »Unterlagen« um einen Rucksack voller großer Banknoten handelte. Das war ziemlich gefährlich, doch meine Frau ließ mich ziehen. Sie sagte, dass wir das tun müssten, was Jesus getan hätte. Diese Flüchtlingsfamilien erlebten unbeschreibliche Not. Wir sollten ihnen helfen.

So saß ich nun im Flieger mit einem Rucksack voller Geld über mir. Als die Tür zuging und ein Fahrzeug die Maschine langsam rückwärtsschob, damit diese dann in Richtung Startbahn rollen konnte, schoss mir durch den Kopf, dass es nun keinen Weg mehr zurück gab. Gemächlich kroch der Vogel zur Piste. Dann heulten die Triebwerke auf, ein Ruck ging durch das Flugzeug, es wurde immer schneller und hob schließlich ab. Ich hatte ein mulmiges Gefühl im Bauch und überlegte, ob ich das unter mir weggleitende Land je wiedersehen würde.

Die Alpen hatten wir hinter uns gelassen. Meinem Bestimmungsort ging es fast mit Überschallgeschwindigkeit entgegen. Nach rund einer Stunde wurde das Essen serviert, doch der Appetit war mir gar nicht erst gekommen. Meine Gedanken drehten sich immer wieder um die gleichen nagenden Fragen. Ich überlegte, was passieren würde, wenn ich erwischt würde. Würde ich sterben? Oder in einem Gefängnis verschwinden? Oder würde mir einfach das Geld abgenommen? Beim Wälzen dieser Möglichkeiten wurde mir übel. Ich hatte das Gefühl, erbrechen zu müssen. Als Nächstes war mir, als hätte ich Durchfall. Mir schien, als müsste ich dringendst auf die Toilette. Es wurde mir richtig unwohl. Dann hatte ich am ganzen Körper Gänsehaut. Ich hatte Panik. Ich war gefangen, um nicht zu sagen verloren, in diesem Flugzeug mit dem vielen Geld. Dann hörte ich ein Piepsen in den Ohren, es wurde immer lauter, und zuletzt wurde mir schwarz vor Augen und ich tauchte weg.

Nach einiger Zeit kam ich schweißgebadet wieder zu mir. Ich schaute zu meinem Nachbarn. Hatte er etwas bemerkt? Ich realisierte, dass das Essen gar nicht mehr da war, das gerade noch auf der Ablage auf mich gewartet hatte. Vor lauter Angst war ich in Ohnmacht gefallen. Vermutlich hatten die Stewardess und die anderen Passagiere gemeint, ich sei eingeschlafen. Ich weinte wie ein kleines

Kind. Der Druck, die Angst und die Ungewissheit übermannten mich. Tränen liefen mir über das Gesicht. Ich versuchte, das so gut wie möglich zu verstecken. Innerlich begann ich, zu Gott zu schreien: »Ich brauche dich, mache den Weg bereit, führe du mich.« Langsam verlor die Maschine an Höhe. Die Landung auf einem ersten Flughafen in einem islamischen Land rückte näher. Ich musste dort in einen anderen Flieger umsteigen. Wegen einer Verspätung musste ich durch die Gänge rennen mit meinem prall gefüllten Rucksack. Bald stellte ich fest, dass ich den Rucksack erneut scannen lassen musste. Über Kopfhörer hörte ich gerade das Lied »I'm no longer a slave, I'm a child of God« von Bethel Music. Das entspannte mich auf einen Schlag. Mir wurde bewusst: Egal, was passieren würde, Gott hatte alles im Griff. Ob ich von Sicherheitsbeamten rausgenommen werden würde oder nicht. Ich war sein Kind. Der Rucksack wurde nach dem Durchleuchten zur Seite genommen. Ich konnte den Vorgang nicht einsehen. Dann kam er zurück, er war offen – doch das Geld war offenbar unentdeckt geblieben, es war noch drin. Wieder rannte ich weiter an unzähligen Gates vorbei und erwischte den Flieger gerade noch.

Links und rechts neben mir saßen zwei Araber, die unbedingt mit mir sprechen wollten. Doch dazu fehlten mir alle Nerven, zumal sie nur gebrochen Englisch redeten. Endlich – und irgendwie doch viel zu früh – landete die Maschine. Trotz der Hitze überfiel mich erneut ein kalter Schauer. Als ich den Koffer vom Gepäckband nahm, gab es keine Ausflüchte mehr, ich musste in Richtung Einreisekontrolle. Doch dort waren gerade viele Zöllner beschäftigt. Also ging ich noch rasch auf die Toilette, um mich frisch zu machen. Als ich wieder herauskam, sah ich, dass gerade kein Beamter da war.

Mit zügigem Schritt wollte ich aus dem Gebäude rauslaufen. Genau da kam aber einer und winkte mich zu sich. »Hey you, hey you!« Ja, damit war ich gemeint. Ich schrie innerlich ein Stoßgebet heraus.

Ich betete: »Gott, mach diesen Rucksack bitte unsichtbar.« Ich gab ihm nur den Koffer, den Rucksack behielt ich an. Der Koffer wurde durchleuchtet, aber er schien in Ordnung zu sein, ich konnte gehen. Der Rucksack blieb wie unsichtbar. Würde ich noch abgefangen? Nein, ich war unversehrt im Land und traf bald die dortige Kontaktperson. Wir fuhren durch verschiedene Orte, an denen Attentate geschehen waren. Dann konnten wir die Übergabe an die nächste Verbindungsperson erledigen, die das Geld weiterschmuggelte. Ich hatte das Gefühl gehabt, fast zu sterben. Für die lokalen Helfer aber war das Alltag. Ich erkannte, dass es Männer und Frauen gibt, die an Orten leben und Dinge leisten, die unsere Vorstellungskraft bei Weitem übersteigt. Gott möge diese stillen Arbeiter segnen und schützen, die in Gefahr und Not die Botschaft von Jesus in die Welt tragen und Gottes Reich bauen. Sie sind Helden – ihnen ist dieses Buch gewidmet.

1.

NACH DER GEBURT IM KRANKENHAUS GEBLIEBEN

Im Jahr 1979 erblickte ich das Licht der Welt. Eigentlich ist das ein zu einfacher Einstieg in ein autobiografisches Werk. In meinem Fall ist der Satz aber angemessen, weil er nicht weniger als ein Wunder beschreibt. Denn ich war ein ungewolltes Kind. Meine Mutter wollte mich zur Adoption freigeben. Ihren Plan, dies in geordneten Bahnen vorzubereiten und abzuwickeln, vereitelte ich durch meine Frühgeburt. Offenbar wollte ich schon in meinen Entstehungswochen ausbrechen und meine Freiheit haben, so, wie es später im Leben immer wieder zu beobachten war. Ich kam zwei Monate zu früh zur Welt.

Selbstverständlich kriegte ich als Baby noch nicht mit, wie turbulent bereits meine ersten Tage auf dieser Erde waren. Meine ersten sechs Wochen verbrachte ich im Krankenhaus. Meine leibliche Mutter war noch zu jung und nicht in der Lage, sich um mich zu kümmern. So entschied sie sich, mich wegzugeben. Bis man mich jemandem mitgeben konnte, wurde ich im Krankenhaus versorgt. Im Nachhinein bin ich ihr dankbar, dass sie mir trotz allem das Leben geschenkt hat und ich somit meine Geschichte überhaupt erzählen kann.

Meine Mutter stammt aus dem Bündnerland, doch ich kenne weder sie noch meinen Vater. In meinem Verhalten spüre ich den Charakter des Bündner Wappentieres, des Steinbocks, der mit dem Kopf durch die Wand will und gern in der Natur ist. Nach einigen Wochen war mein Status endlich geklärt, und ich durfte zu meinen richtigen Eltern, wie ich meine Adoptiveltern nenne. Sie waren froh, mich zu bekommen, und sie lieb(t)en mich mit echter Hingabe. Ich durfte in einem Haushalt aufwachsen, in dem mir die Eltern ungemein dankbar waren, dass ich ihr Leben bereichert hatte. Mein Vater arbeitete als Polizist.

Bereits als kleiner Junge spielte ich gerne draußen. Ich war ein regelrechter Wirbelwind, so wie viele in den ersten Kinderjahren. Diese verliefen »normal« mit meinen Eltern, und ich verbrachte viel Zeit mit meinen Freunden.

Der Winterthurer Stadtteil, in dem ich aufwuchs, galt als Problemviertel. Das Hegi-Quartier war mit Hochhäusern überzogen; zumindest für Schweizer Verhältnisse. Kaltgraue Betonblöcke thronten nüchtern und robust am Stadtrand, umgeben von Industrie. Der Migrantenanteil war hoch, ebenso jener von alleinerziehenden Müttern. Heute sieht dieses Gebiet anders aus. Ein eigener Kreis ist daraus geworden, eine alternative, schöne Wohngegend. In meiner

Jugend jedoch fand sich da eine klassische Hochbausiedlung, in der wir in einem großen Block wohnten. Dennoch blicke ich auf eine unbeschwerte Kindheit zurück, in der ich zum Beispiel mit meinen jungen Gefährten auf einer Wiese regelmäßig iglu förmige Hütten aus Gras und Ästen baute. Diese unbenutzte Wiese eignete sich vorzüglich zum Spielen. Heute ist sie mit einer Siedlung überbaut.

Ich war in meinen Buben- und Flegeljahren ungestüm und probierte gerne Dinge aus. Aus eigener Erfahrung kann ich heute beispielsweise sagen, dass es gefährlich ist, freihändig auf einer Schaukel zu schwingen. Bei einer solchen Aktion fiel ich übel auf die Nase. Durch dieses und ähnliche Manöver war ich regelmäßiger Gast beim Arzt und im Krankenhaus.

Natürlich war ich noch lange nicht fertig damit, mich auszutoben, als der Ernst des Lebens in Form der Schule begann. Zu diesem Zeitpunkt faszinierten mich gerade die japanischen Ninja-Kämpfer und deren Wurfsterne. Bereits in meinen ersten Schuljahren stolzierte ich mit solchen Kampfgeräten auf dem Pausenhof rum. Damals hatten alle Kinder im Quartier Waffen. Leider verboten mir meine Eltern meine private Aufrüstung. Da half auch mein Hinweis nichts, dass Papa schließlich als Polizist auch eine Dienstwaffe habe und ich natürlich ebenso ausgerüstet sein müsse. Doch irgendwo fand ich im Alteisen bei einem Grill einen spitzen Stab, mit dem man zum Beispiel Spanferkel wendete. Diesen konnte ich dann gegen Wurfsterne eintauschen. Natürlich setzten wir diese gefährlichen »Spielzeuge« nicht ein. So verroht waren wir nicht. Es war einfach nur Kinder-Proll-Gehabe.

Ich gehörte einer unruhigen Schulklasse an, in der ich zu den lauteren Gemütern zählte. Ich gewährte mir das Recht der freien

Rede zur Zeit und zur Unzeit. Die Lehrerin wollte uns Respekt beibringen, indem sie immer, wenn jemand Unsinn machte, ein kleines Figürchen hervorkramte. Dieses zeigte sie und legte es dann in einen Joghurtbecher. Das war so eine Art Gelbe Karte. Sobald drei oder vier dieser Figürchen für eine Person zusammengekommen waren, erfolgte eine Strafe. Nun, eine Woche nachdem dieses System eingeführt worden war, war bei meinem Kameraden und mir der Becher bereits voll. Ungefähr zwanzig dieser kleinen Männchen passten in unsere Behälter. Erhalten hatten wir sie wegen allerlei Vergehen, die von Schwatzen bis zu Streichen in der Pause reichten.

Meistens wurden wir, wenn der Becher voll war, vor die Türe gestellt. Was nicht immer fruchtete. Manchmal machten wir sie leise wieder auf und zeigten den Stinkefinger in ihre Richtung oder streckten ihr die Zunge heraus. Für die Klasse war dies immer ein Gaudi und sie wurde noch unruhiger. Wenn die Lehrerin uns jedoch dabei entdeckte, wurde das Strafmaß gesteigert, oder es gab einen Anruf bei unseren Eltern – was dann weniger erfreulich war.

Während mir der schulische Unterricht nicht besonders zusagte, besuchte ich mittwochnachmittags gerne die Kinderstunde, die von einer älteren Frau in einem alten Bauernhaus gehalten wurde. Dort waren biblische Geschichten zu hören, die mir gefielen: David und Goliath, Josef, der sich in Ägypten durchsetzt, Gut und Böse – alle diese großen Storys. Dazu lud ich jeweils auch meine Freunde aus der Schule ein. Auch wenn ich des Lobes voll über die mittwöchentliche Sonntagsschule war, war ich freilich auch da der Wirbelwind, der ich in meinen jungen Jahren immer war. Das jedoch sollte sich belebend auf das Reich Gottes auswirken. Die alte Frau stellte mich nämlich nicht mit grimmigem Blick und unerbittlicher Härte vor die Tür, sondern sie zog einfach eine jüngere bei, damit ich als Wildfang besser – und durchaus liebevoll – in die Schranken gewiesen werden konnte. Das Gute daran: Diese junge Frau gelangte unter anderem dadurch in den christlichen Dienst hinein. Im Laufe der Jahre arbeitete sie unter Flüchtlingen und wurde in der Schweiz zur »Christin des Jahres« gewählt. Unsere Wege sollten sich später wieder kreuzen. Als ich Jugendpastor in ihrer Gemeinde wurde, stellte ich mich dem Team vor. Daraufhin erzählte sie, wie ihre Laufbahn damit begonnen hatte, dass sie einst in der Kinderstunde mit der Aufgabe betraut worden war, mich zu bändigen …

In diesen damaligen Tagen war es üblich, dass jeder Schüler ein Instrument zu spielen lernte. Ich besuchte den Flötenunterricht. Die Flötenlehrerin, die sonst schon etwas schrullig war, war einmal derart wütend auf mich, dass sie mir mit der Flöte auf den Kopf schlug.

Als ich einige Zeit danach die dritte Klasse erreichte, zogen wir um in ein Dorf. Dieses lag nicht weit von der Stadt entfernt, aber ich musste dennoch wieder »bei null« anfangen, weil alles – insbesondere die Schule und die Klassenkameraden – neu war. Logisch, dass ich, nicht zuletzt wegen meiner vorwitzigen Art, das ein und andere Mal auf dem Pausenhof zu leiden hatte. Die Hackordnung wurde neu ausgemacht. Ich war plötzlich nicht mehr das Zentrum der Klasse, und es gab andere, die stärker als ich waren, was vorher nicht unbedingt der Fall gewesen war. Weil ich den Bogen nicht selten überspannte, musste ich in ein schulpsychologisches Gespräch. Zu meinem Glück wurde die Klasse von einer christlichen Lehrerin betreut. Sie war dank ihres Glaubensfundaments dazu in der Lage, auch mit schwierigen Kindern umzugehen. Sie sorgte dafür, dass ich weder Medikamente nehmen noch die Klasse wechseln musste. Wenn ich zu unruhig war, ordnete sie an, dass ich dreimal um das ganze Schulhaus zu rennen hatte – was mir durchaus gefiel. Dann durfte ich wieder reinkommen. Dieses Prozedere half durchaus, und es war wohl auch sinnvoller, als wenn ich eine Handvoll Pillen verschrieben bekommen hätte. In der heutigen Zeit stellt man junge wilde Buben viel zu schnell mit Tabletten ruhig, anstatt sie zu fördern, mit ihnen in die Natur zu gehen und sie sich austoben zu lassen, was ihnen eher entspricht – das wäre natürlicher. Ich glaube, dass nicht die Kinder das Problem sind, sondern unsere Gesellschaft. Wir haben den Bezug zur Natur und zum Draußensein verloren, wir sind jedoch immer noch Geschöpfe Gottes. Mir half zum Beispiel, dass ich als Ausgleich Sport trieb. Ich arbeitete mich mehrere Grade im Judo hoch und gewann einmal bei einem Turnier eine Goldmedaille. Später wechselte ich zum Fußball. Daneben verbrachte ich viel Zeit auf dem Bauernhof, wo wir uns austobten, Bandenkriege führten und uns ab und zu auch mal nützlich machten.

Eines Tages erhielten wir Familienzuwachs: Meine Schwester. Sie war wie ich adoptiert. Unbewusst stellte dies für mich eine Herausforderung dar. Einerseits freute ich mich, ich kaufte ihr sogar ein Kleidchen. Gleichzeitig war ich nun nicht mehr allein und musste etwas hinten anstehen. Insgesamt überwog die Freude aber deutlich – ich war stolz darauf, eine kleine Schwester zu haben und diese zu beschützen.

So erlebte ich eine schöne, unbeschwerte Kindheit, in der ich oft im Wald spielte, wo wir »kämpften«, Schlachten austrugen und viele Abenteuer erlebten.

Ich erinnere mich, dass sich bei uns im Dorf ein lehrstehendes Haus befand. In dessen Garten machten wir ein Feuer. Wir schleppten alle Flaschen aus dem Gebäude heraus und kippten den Inhalt in die Flammen. Einmal folgte darauf eine größere Explosion. Weil dieses Gemäuer direkt neben dem Polizeiposten stand, wurden wir schnell erwischt. Der Kamerad, mit dem ich das Feuer entfacht hatte, war selbst ein Polizistensohn, und so wurden uns besonders heftig die Leviten gelesen.

In meinen Jugendjahren ging ich gerne mit den Eltern in die Kirche, wo ich sang und in mehreren Theatern mitspielte. Ich war wohl der klassische Jugendliche.

Eine besondere Beziehung entwickelte sich zu meinen beiden Großvätern. Der eine brachte mir das Skifahren bei, was später bei meinen Abenteuern mit den Tourenskis prägend sein sollte. Der andere Opa war für mich ein Glaubensheld, der mit mir viele Ausflüge unternahm. Einmal flogen wir sogar in den »großen Kanton«, wie wir Schweizer Deutschland liebevoll nennen, um ein Museum zu besuchen. Ein andermal lud er mich zu McDonalds ein, was zur damaligen Zeit etwas Außergewöhnliches war. Solche Imbissstände gab es auf helvetischem Boden nur etwa in ein oder zwei auserlesenen Großstädten. Dieser Großvater war Postbote und Schuhmacher. Gerne wäre er Abenteurer gewesen. So hatte ich einen guten Zugang zu ihm. Er war so ein ausgeflippter Typ, dass er immer wieder verschiedene Substanzen zusammenmischte. Einmal, als mein Vater selbst noch Kind war, hatte er damit ebenfalls eine Explosion ausgelöst, bei der zum Glück niemandem etwas passiert ist.

Als ich noch ein Kind war, besaßen wir ein Alphäuschen in den Bergen, wo wir manchmal als Familie hingingen. Wir wanderten viel, und meine Cousins und ich erzählten uns Abenteuergeschichten. Am Abend aßen wir gemeinsam, Opa malte mit uns Kindern. Es war eine schöne Zeit, die Geborgenheit gab.

Im Laufe der Jahre änderte sich meine Einstellung zur Gemeinde. Diese wurde von einem alten Pastor geführt, der Gott von ganzem Herzen liebte, doch zu uns Jungens nur schwer Zugang fand. Er stammte einfach aus einer ganz anderen Generation, und wir machten ihm das Leben auch nicht besonders leicht. Mit zunehmendem Alter stellte ich zum Beispiel Fragen, ob man eine Frau auf den Mund küssen dürfe und ob es gestattet sei, ihr an die Brüste zu langen. Es ging mir weniger darum, für mein Alltagsleben wegweisende Tipps zu erhalten, als einfach um Provokation. Wichtig aber finde ich heute, dass wir als Christen Antworten auf die Fragen des Alltags geben können. Wir wohnten damals neben der Gemeinde, und mehr und mehr kam es mir vor, als wäre dies ein Klub mit vielen Gesetzen. Mir schien, dass viele Menschen etwas vorspielten. Da wir neben der Gemeinde wohnten, machte ich die eine oder andere Beobachtung, die meine Meinung nicht gerade widerlegte.

War ich noch bis zur zweiten Oberstufe ein wildes, aber anständiges Kind gewesen, erfolgte nun im Laufe der heranrollenden Pubertät ein Wandel, der selbst im Schulzeugnis verbrieft ist: »Er nimmt die Rolle des starken Mannes und Dominators ein.« Was damit gemeint war, zeigte ein Vorfall, als mir einer meiner beiden Opas sein Mofa ausgeliehen hatte. Natürlich fuhr ich damit dauernd Vollgas, ohne nach links und rechts zu schauen. Plötzlich sah ich einen Traktor auf einem Feldweg herantuckern. Weil ich noch unerfahren war, bremste ich falsch und viel zu spät. Das Mofa schlitterte am Traktor vorbei und ich rutschte beinahe in diesen hinein. Ich blutete, vor allem am Knie. Wenn ich das Knie heute anschaue, ist eine bleibende Erinnerung sichtbar. Das geliehene Fahrgerät war kaputt, während bei mir alles aufgeschürft war. Zu meinem Erstaunen schimpfte Opa nicht, sondern er fand, dass bei Buben so etwas mal passieren kann. Er reagierte mit Liebe, was mir viel bedeutete.

Während meiner ganzen Jugendzeit – und natürlich auch später – war ich dankbar dafür, dass ich adoptiert bin. Bereits früh, etwa im Kindergartenalter, hatten mich meine Eltern darüber ins Bild gesetzt. Wie Kinder eben so sind, erzählte ich darüber auch in der Schule, was bei den Lehrern zunächst auf Unglauben stieß. So rief meine Klassenlehrerin daheim an, wo die Geschichte natürlich bestätigt wurde. Ich bewertete dies als etwas Spezielles, es war nichts Negatives für mich. Ich war dankbar dafür, dass ich leben kann. Kinder, wie ich eines war, wurden nicht selten abgetrieben. Das ist der Hauptgrund, weshalb ich mich für das ungeborene Leben einsetze und weshalb mir wichtig ist, dass wir als gläubige Menschen uns bei diesem Thema mit Liebe und Klarheit für die Ungeborenen einsetzen. Ich denke dabei an meine zukünftigen Enkelkinder. Sie werden darüber sprechen, ob ich zu solchen Fragen Stellung genommen habe oder nicht, so wie wir unsere Großeltern für ihre Entscheidungen zur Rechenschaft ziehen. Deshalb finde ich wichtig, dass wir das Leben ehren und feiern.

Ich glaube, jeder Mensch trägt einen Rucksack mit sich, eine Verletzung, eine Geschichte – so, wie ich mit meiner Adoption. Die Frage ist: Lasse ich mich davon runterdrücken, oder sehe ich das

Gute daran? Wir sollten uns dem Leben stellen, vorwärtsgehen und uns an Gott halten und auch von ihm heilen lassen.

Drei Fragen an dich:

- Welches ist dein Rucksack, und wie gehst du damit um – hast du einen Ort, um ihn abzulegen?
- Wie hast du in deiner Kindheits- und Jugendzeit über Gott gedacht?
- Wie gehst du mit Kindern und Jugendlichen um – bist du ein gutes Vorbild?

Vers zum Thema:

»Dann gewinnt sein Körper die jugendliche Frische zurück, und er wird wieder wie ein junger Mensch sein.«

(Hiob 33,25)

2.

GANGSTAS PARADISE

Als ich endlich die Schule hinter mir lassen konnte, befiel mich ein Gefühl bislang unbekannter Freiheit. Kein Stundenplan mehr mit irrelevanten Fächern, keine missmutigen Pauker, keine Leitplanken links, rechts sowie oft auch unten und oben. Mit 16 Jahren feierte ich mit einem Kameraden auf dem Höhenzug Irchel, ganz in der Nähe von Winterthur, diesem notwendigen Übel entronnen zu sein.

Ich erinnere mich noch gut, wie die angenehme Kühle des Abends den warmen Herbsttag abgelöst hatte. Nur der warme Asphalt war ein verbliebener Zeuge der hohen Tagestemperatur. Mit einem Kumpel hatte ich gerade eine Jugendveranstaltung besucht, bei der ein christlicher Film gezeigt worden war und auf dem Heimweg gezecht und getafelt – was für uns bedeutete, mit unseren Fahrrädern irgendwo anzuhalten, uns an den Rand einer duftenden Wiese zu setzen und je zwei geklaute Bierdosen zu kippen, die wir beim Vater meines Kollegen »gefunden« hatten.

Es war das erste Mal, dass mehr als ein paar Schluck Alkohol meine Kehle hinuntergeflossen waren. Entsprechend deutlich spürte ich, dass er umgehend wirkte. Zusehends erheitert debattierten wir weniger über Gott und vielmehr über die Welt. Um letztere ohne den ersteren zu erobern, schwangen wir uns bald wieder auf unsere Räder. In meinem beduselten Zustand war ich mir der ersten Kurve zwar vollends bewusst, doch weder mein Kopf noch der restliche Körper bereiteten sich näher auf sie vor, und so rasselte ich schnurstracks einen kleinen Hang hinunter. Ich lag auf dem Rücken und lachte in den dunkler werdenden Sternenhimmel. Ich war jung, das Leben und die Zukunft gehörten mir. Ich lag am Boden und war unbesiegbar. Es fühlte sich ausgesprochen gut an.

Ich fühlte mich in dieser Nacht frei wie ein Schmetterling, der dem Leben als Raupe und der Einengung im Kokon entflohen war. Im Grunde war dieser Freudenausbruch nach der verpassten Kurve der Vorläufer eines kommenden, wichtigen »Schritts«. Denn kurze Zeit später ließen meine Kollegen und ich uns konfirmieren. Bei dieser gut schweizerischen Pflichtübung war die Kirche gerappelt voll. Aber ich konnte mit der Kirche und dem Christentum nichts anfangen. Als ich nach dieser Feier das kunstvoll ausstaffierte Gemäuer verließ, dachte ich mir: »Gott, du bleibst bei diesen Langweilern drin, ich lebe jetzt mein Leben.« Und dieses nahm ich voller Abenteuerlust in die Hand. Meine nächtliche Rauschfahrt sollte nur der Anfang gewesen sein.

Der Leichtsinn, der diesen Abend bestimmt hatte, zog sich in dieser Zeit durch mein ganzes Leben. Ich wollte tun, worauf ich Lust hatte. Bereits im letzten Schuljahr hatte ich einen Wandel durchgemacht. Während ich vorher angepasst gewesen war, hielt ich mich inzwischen für einen Bad Boy und Gangster. Und als solcher entdeckte ich bald nach meinem ersten Alkoholerlebnis eine neue Disziplin: das Kiffen.

Beim ersten Joint wurde mir speiübel – was nicht bedeutete, dass ich geläutert die Finger davon gelassen hätte. Im Gegenteil, ich fand diese erste Erfahrung lustig, kiffte immer mehr, hörte Hip-Hop, begann den Gangsta-Stil (übergroß und cool) zu lieben. Dazu passte, dass ich in dieser Zeit ein neues Vorbild fand, dem ich immer stärker anhing: Che Guevara. Ich bewunderte diesen wilden Kriegertypen, der sich von den Mächtigen nicht beeindrucken und von Geld nicht korrumpieren ließ. Seite an Seite mit Fidel Castro legte sich der Guerillaführer mit der kubanischen Regierung an. Man nannte ihn den »Christus mit der Knarre«. Er wollte die Welt in einen besseren Ort verwandeln, forderte soziale Gerechtigkeit und opferte sein Leben für ein höheres Ziel. Das beeindruckte mich.

Nach der Schule fuhr ich aber nicht nur betrunken und bekifft in der Gegend herum, sondern ich kriegte es auch mit dem Ernst des Lebens zu tun. Ich sollte »etwas Richtiges« lernen, wie man so schön zu sagen pflegt, wenn die Zeit der Ausbildung beginnt. In meinem Fall handelte es sich um eine Lehre als Maschinenmechaniker.

Von Beginn an war mir die vermeintliche Freiheit im Partyleben wichtiger als die Hingabe ans begonnene Lehrverhältnis. Das äußerte sich unter anderem darin, dass ich selten nüchtern und komplett clean erschien. Bereits morgens auf dem Weg in die Gewerbeschule oder zur Arbeit rauchte ich mit meinen Gefährten Joints. Leicht behämmert bestiegen wir den Bus. Das ging so weit, dass ich einmal sogar braven Studenten und Lehrlingen Bücher aus den Taschen riss und diese dann durch den Bus schmiss. Gegenwehr formierte sich

keine, denn sie hatten Angst und Respekt vor mir. Und wenn doch –
es wäre mir egal gewesen. Mein Vorbild Che schlug sich durch den
Busch und ich mich durch den Großstadt-Dschungel. Winterthur
ist immerhin die sechstgrößte Stadt der Schweiz.

So zogen die Tage, Wochen und schließlich die ersten Monate
meines Berufslebens wenig ruhmreich ins Land. Auch den Lehrern
gegenüber zeigte ich diese »Mir-egal-Haltung«. Für gewöhnlich
trug ich Kopfhörer, auch im Unterricht. Eine Szene dürfte da gera-
dezu symptomatisch für diese Zeit sein: Eines Tages im Zeichenunterricht fragte der Lehrer plötzlich: »Wer hat die Aufgabe gemacht?«
Niemand hob die Hand, ich auch nicht. Seine Worte hatte ich wegen
der Musik natürlich nicht verstanden. Auch seine nächste Frage
verstand ich nicht, aber weil diesmal alle ihre Hand hoben, tat ich es
ihnen gleich. Der Lehrer schaute mich an und bat: »Stephan, komm
doch nach vorne und schreib die Antwort an die Tafel.«

Betont langsam schritt ich nach vorne (ich fühlte mich so richtig gangstamäßig), nahm lässig von ihm die Kreide entgegen und
zog genüsslich einen Strich von links oben nach rechts unten über
die ganze Wandtafel. Triumphierend sagte ich: »Das ist meine
Antwort!«, und legte die Kreide behutsam in seine Hand zurück.
Er reagierte mit einer schallenden Ohrfeige. Von diesem Tag an
blieb ich dem Zeichenunterricht oft fern. Der Lehrer verriet mich
nicht, denn ansonsten hätte er wegen der Klatsche wohl Probleme
gekriegt. Zudem gehe ich davon aus, dass er mich nicht sonderlich
vermisste.

Weil ich mehr mit meinen Süchten und revolutionären Ansichten beschäftigt war als mit der Realität des Lehralltags, gefiel mir
diese Ausbildung nicht. Immer mehr sah ich mich in etwas gefan-

gen, das ich im Grunde gar nicht wollte. Oft redete ich während der Arbeit mit mir selber. Als kommunikative Person hatte ich wesentlich lieber mit Menschen als mit diesen knorrigen, meist in einem ausladend matten Grün bepinselten Maschinen zu tun. Und es ist denkbar, dass es den Geräten nicht anders erging. Das gipfelte irgendwann in einen ebenso finalen wie wortwörtlichen Funkenregen: Bei einer Drehbank oder Metallfräse ist es so, dass generell entweder Vorschub oder Unterschub geleistet wird, aber logischerweise nie beides. Mit jointgestärktem Rücken leitete ich aber versehentlich eines Tages beide Arbeitsschritte ein. Schrecklicher Lärm drang in die Ohren, Funken stoben, und es roch beißend, wie wenn man längere Zeit in einer Autowerkstatt an einem Auspuff schweißt. Und während der Kopfteil des Gerätes durch die Hitze mit dem zu bearbeitenden Metallstück verschmolz, kam der Lehrmeister ebenfalls mit hochrot erhitztem Kopf angestoben, um mir einen vaterländischen Vortrag zu halten. Es dauerte nicht mehr lange, und wir kamen überein, dass diese Ausbildung nichts für mich war, und so beendeten wir das Lehrverhältnis.

Ich hatte zwar die Azubi-Zeit vorzeitig abgebrochenen, aber zuvor hatte ich noch ein Austauschjahr in die USA arrangiert. Dieses sollte mich sowohl für die Lehre als auch menschlich weiterbringen, und so wollte ich trotz allem daran festhalten.

Das Problem war, dass bis zur geplanten Abreise noch ein halbes Jahr Zeit war. Andere hätten sich vermutlich um einen neuen Bildungsweg bemüht. Ich dagegen entschied mich, in den Tag hineinzuleben und mich treiben zu lassen. Immerhin gab es in diesen Monaten noch viel »Neues« unter der Sonne zu entdecken, namentlich mehr Gras zu rauchen und Alkohol zu konsumieren.

Natürlich war das nicht im Sinne meiner Eltern, die ich über meine nächtlichen Streifzüge auch nicht weiter ins Bild setzte, zumal mein Vater wie erwähnt Polizist war. Ich tat ihnen gegenüber so, als würde ich aufrichtig nach einer anderen Lehrstelle suchen. Doch das Einzige, was ich nachweislich verbesserte, war das Herumlungern. Scheinbar früh legte ich mich abends schlafen, und wenn es schließlich ruhig im Hause war, hangelte ich mich vorsichtig die Katzenleiter aus Holz aus dem zweiten Stock hinunter. Das war gefährlich: Ich hielt mich bei diesem Quasi-Hochseilakt am Balkongeländer fest. Mit einem Fuß konnte ich dann auf der Katzenleiter stehen und mit dem anderen den Fenstersims des unten wohnenden Nachbarn erreichen. Von dort aus konnte ich runterspringen. Das geflügelte Wort »Nachts sind alle Katzen blau« erhielt in diesem Zusammenhang eine völlig neue Bedeutung. Sobald ich auf sicherem Boden angelangt war, fuhr ich mit dem Rad nach Winterthur, um zu kiffen und zu trinken. Viel Ruhmreiches aus diesem Halbjahr gibt es nicht zu erzählen, auch wenn ich damals überzeugt war, dass die Welt mir gehört. Jedenfalls war ich sehr weit davon entfernt, das zu tun, was ich heute tue. Einmal lagen wir beispielsweise mehrere Stunden auf einem Ping-Pong-Tisch. Wir hatten zuvor etwas geraucht, von dem wir nicht wussten, was es war. Wir waren so zugedröhnt, dass wir uns nicht mehr bewegen konnten.

Fremdes Eigentum sahen wir als Selbstbedienungsladen: Bei einem Gartenrestaurant entdeckte ich, dass es nach Betriebsschluss möglich war, »gratis« an Getränke zu kommen. In der Mitte der Laube stand eine etwa vier Meter hohe Holzbarrikade mit Schnitzereien. Dank diesen Verzierungen konnte man über die Schranke klettern und an die Kühlschränke und das Depot gelangen. Dort brach ich gerne ein, um die ein und andere Flasche mit hochprozentigem Inhalt zu stehlen. Mit der Zeit aber merkten wohl auch die Besitzer, dass immer wieder etwas fehlte, und so bauten sie einen Alarm ein. Dieser überschnellte uns laut und schrill mit einer auf- und abheulenden Sirene. Wir stoben auf, »sprangen« fast über das hohe Hindernis aus Holz und flohen.

In diesen unrühmlichen Tagen trug ich immer eine große Machete, ein Dschungelmesser, unter meinem Shirt versteckt mit mir. Einmal wollte ein Kollege mir gegenüber mit einem Klappmesser angeben und zeigen, wie bedrohlich er wirken konnte – da zog ich meine fürs Dickicht gedachte Waffe hervor, worauf er mucksmäuschenstill wurde.

Wir fühlten uns in diesem Halbjahr wie die Könige der Nacht, pöbelten rum und sorgten für Ärger. Nach einem Fest rissen wir Straßenpflöcke heraus und warfen sie auf die Straße. Die Polizei bemerkte das und nahm die Verfolgung auf. Wir versuchten, uns in Feldern zu verstecken. Die Ordnungshüter suchten mit Taschenlampen nach uns, bis es ihnen gelang, einen von uns dingfest zu machen. Ein andermal brachen wir nachts in eine Baustelle ein. Natürlich musste ich die Bußgelder selbst bezahlen, die von Zeit zu Zeit in unser Haus flatterten.

Man könnte witzeln, dass mein Vater, der Polizist, in meinem Falle die Arbeit mit nach Hause genommen hatte, doch mein Verhalten war für ihn nicht sonderlich lustig. Im Gegenteil: Mein Benehmen, bei dem sich keine Verbesserung abzeichnete, lastete schwer auf meinen Eltern. Doch wir hatten uns nicht viel zu sagen. Wir hatten uns längst auseinandergelebt, und ich war dauernd benebelt.

In diesem halben Jahr vor der Reise in die USA entwickelte ich wachsendes kriminelles Potenzial. So versuchten wir, am Rande des traditionellen Sechseläuten-Festes in Zürich Autos zu knacken. Da wir keine Profis waren, suchten wir zunächst nach Wagen, die nicht abgeschlossen waren. Damals war die Bordelektronik noch längst nicht so ausgefeilt, dass sich das Fahrzeug selbst verschließt, wenn der Zündschlüssel nicht mehr in Sensornähe ist. Tatsächlich fand ich ein Auto, das nicht verschlossen war. Ich plünderte es und riss auch eine schicke Apparatur, einen vermeintlichen CD-Player heraus, entfernte die Kabel und steckte das Gerät unter mein Hip-Hop-Shirt. Später auf dem Heimweg im Zug nahm ich die Beute triumphierend und neugierig unter meinem Kleidungsstück hervor – nur um zu erkennen, dass ich die Alarmanlage des Wagens hatte mitgehen lassen. Meine Weggefährten brachen in schallendes Gelächter aus, in das ich schließlich einstimmte.

Bei so viel Nachtschichten und Engagement war klar, dass ich vor dem Büffeln im Land der unbegrenzten Möglichkeiten doch noch etwas Urlaub verdient hatte. Mit Freunden fuhr ich mit einem Reisebus nach Lloret de Mar, einem Partyort in Spanien. Im Gepäck schmuggelten wir 25 Gramm Cannabis für den Eigenbedarf mit. Auf dem Weg tranken wir Bier in Strömen, zum Missfallen der anderen Fahrgäste. Beduselt schlief ich irgendwann ein. Als ich wieder erwachte, hatte mein Kamerad ein blaues Auge. Verwundert fragte ich, wie denn das passiert sei. Er erklärte, dass ich ihm im Suff eine reingedonnert hatte. Das tat mir die ganzen Ferien über leid. Das hatte ich nun wirklich nicht gewollt.

Während dieser zwei Wochen waren wir wohl keine Minute nüchtern. Wozu auch? Die ganze Zeit in Spanien war für uns eine einzige Party. Wir machten mit Frauen rum und kifften permanent. Selbst auf der Rückreise ließen wir uns nicht davon abbringen. Bei einem Halt hieß es, dass wir nun eine halbe Stunde Pause hätten. Dort wurden wir von einem jungen Paar, das ebenfalls mit dem Bus mitfuhr, eingeladen, mit ihnen Sangria zu trinken. Feuchtfröhlich blieben wir im Restaurant sitzen. Natürlich waren wir nicht rechtzeitig zurück, und der Bus fuhr ohne uns ab. Unterwegs fiel dann unser Fehlen auf, und der leidgeprüfte Fahrer musste wenden. Drei Stunden später fuhr der Bus wieder ein. Sie mussten uns ja mitnehmen. Das Unternehmen konnte schließlich nicht ein paar Minderjährige im Ausland einfach stehen lassen. Zuerst wollte uns die Gesellschaft zwar nicht an Bord nehmen, da wir besoffen waren; letztlich mussten sie uns aber mitschleppen.

Gut »erholt« aus dem Süden zurück, war ich daheim gleich mit zwei Freundinnen unterwegs. Kennengelernt hatte ich sie im Urlaub, natürlich unabhängig voneinander. Die beiden meinten aber selbstverständlich, dass sie jeweils die Einzige seien. Ich sorgte dafür, dass sie sich nicht begegneten, auch wenn das manchmal knapp war. Das konnte so weit gehen, dass ich die eine an einem Ort in der Stadt zur Bushaltestelle brachte und dann innerhalb der Ortschaft zu einer anderen Haltestelle wetzte, um die zweite Freundin abzuholen, die im gleichen Bus gesessen und ein, zwei Minuten vorher bereits ausgestiegen war. Sie musste somit kurz auf mich warten. Ich machte damals, was ich wollte. Was um mich passierte, war mir egal, und auch, ob ich durch mein Verhalten andere Menschen verletzte. Sex wollte ich in diesen Tagen aber noch nicht. Da war ich vorsichtig und hatte zudem eine gewisse Ethik. Außerdem wollte ich zwar »erobern«, aber letztlich dann doch keine Beziehung.

Irgendwann waren die Wochen und Monate dieses Halbjahres ver-juxt und verplempert und der Sommer da und mit ihm die Reise nach Amerika. Um möglichst krass auszusehen, trug ich meine Hip-Hop-Kluft und nahm reines Koffein, um entsprechend auf-geputscht zu sein.

Gleich zu Beginn in den Staaten wurde uns Austauschschülern bei einem Ausflug die Gegend gezeigt. Zudem wurden wir mit einem üppigen Häppchen-Buffet herzlich willkommen geheißen.

Es dauerte nicht lange, bis ich und ein paar ähnlich tickende Neuankömmlinge feststellten, dass sich in Amerika einige Medi-kamente in den Warenhäusern in Hülle und Fülle völlig problem-los kaufen ließen. Bald freundete ich mich mit einem spanischen Punk an. Nennen wir ihn hier Pedro. Gemeinsam kauften wir das Schmerzmittel Ponstan. Es war ein Schmerzmittel, das einfach so gekauft werden konnte. Wir zermörserten eine Unmenge dieses Medikaments. Das so gewonnene Gut snifften wir. Das fanden wir noch ausgesprochen witzig. So schnell, so günstig, so legal – was wollte man mehr? Eigentlich kann es nicht als Droge gebraucht wer-den. Aufgrund der erheblichen Menge, die wir einnahmen, hat es dennoch gewirkt, wenn auch nicht direkt berauschend. Es mochte wohl die eine und andere Stunde verstrichen sein. Beim nächsten Blick in den Spiegel fiel mir das Herz in die Hosen. Meine Augen-säcke waren dunkel geworden. Pedro waren die gleichen Spuren ins Gesicht gezeichnet. Zutiefst erschraken wir, zumal wir beide auch keinen Puls mehr fühlen konnten, was allerding mehr unserer Hek-tik als tatsächlich ausbleibendem Herzschlag zuzuschreiben war. In der Aufregung gelang es uns einfach nicht, mit unseren Fingern den

Punkt am Unterarm direkt vor der Hand zu ertasten, an dem der Puls fühlbar gewesen wäre. Danach schliefen wir in ungewohnter Tiefe. Als wir am Morgen erwachten, vergewisserten wir uns sicherheitshalber, ob wir noch »unter den Lebenden waren«. Gegenseitig »überprüften« wir uns und kamen zuletzt zu dem Schluss, dass wir beide noch am Leben waren.

Im Grunde wollte ich meinen Gangsta-Stil in den USA hinter mir lassen, denn letztlich erfüllte er mich nicht. So wie im vorangegangenen verplemperten halben Jahr wollte ich auf lange Frist dann doch nicht leben. Diese Läuterung wurde dadurch begünstigt, dass meine Gastfamilie eine kleine Farm in Oregon betrieb und bodenständig lebte. Ich freundete mich schnell mit meinen Gastgebern und dem neuen Lebensumfeld an. Die Familie züchtete Kühe, und mit ihren Hunden streifte ich gerne durch die Natur.

Auf dem waldigen Hochplateau lagen viele Seen, und mehrere Flüsse zogen mit gelassener Gemächlichkeit durch diese heile waldige Gegend. Das Klima war im Sommer angenehm warm und eher trocken.

Bald begann der Schulalltag, und in diesen fand ich mich deutlich besser ein als in der Gewerbeschule. Mein erwähnter Kreidestrich über die gesamte Wandtafel wäre in einem Austauschprogramm wohl noch weniger angebracht gewesen. Im Zentrum der Anlage der High-School stand ein typisches großes Gebäude, wie ich es aus Filmen kannte. In dieser Familie und in diesem Umfeld fühlte ich mich pudelwohl.

Meine Fächer hatte ich so gewählt, dass ich mich möglichst »easy« durchschlagen konnte. Etwas Mathematik und Geschichte und daneben viel Sport, vor allem Fußball. Durch eine gute Performance auf dem Rasen erhoffte ich mir, mit einem Sportstipendium an ein College berufen zu werden.

Tägliche Fußballtrainings standen auf dem Programm, und ich entwickelte mich verheißungsvoll. Abseits vom Sportplatz war ich aber noch nicht zum Vorzeigestudent geworden. Bei einer Fahrt zu einem Auswärtsspiel zeigte ich übermütig aus dem Bus heraus einer Polizeistreife den Stinkefinger. Erbleichend wies mich ein Teamkollege zurecht, dass so was in den USA fatal sei und ich das ein für alle Mal zu unterlassen habe. Glücklicherweise hatten die Ordnungshüter meine eigentümliche Kommunikationsaufnahme mit ihnen wohl nicht registriert.

Eine Fußball-Laufbahn in den USA, zumindest an einem College, war nicht völlig abwegig. In der Schweiz hatte ich bei einem lokalen Klub einen Teil der Juniorenstufen durchlaufen, und der Fußball steckte damals in den USA noch in den Kinderschuhen, sodass ich als schneller Flügelstürmer auf der linken Außenbahn gefragt war. Athleten, die mit links Flanken vor das Tor platzieren konnten, waren noch selten.

Meine Fußballkarriere endete jedoch weitaus vorzeitiger, als ich mir dies wünschte. Nicht etwa wegen erzürnter Ordnungshüter, sondern wegen eines gebrochenen Fußes, eines Unfalls, der im Training geschah.

Hier muss ich kurz zurückblenden zu einer Szene, die sich in meinen Teenagerjahren in der Schweiz ereignet hatte. Denn besagten Fuß hatte ich leider bereits in früheren Jahren einmal gebrochen, als ich mich betrunken auf ein Dach gewagt hatte; nicht aus Übermut, sondern weil ich beim Fußballspielen – das kann man auch beduselt – einen Ball auf das Dach gekickt hatte und diesen natürlich wieder runterholen wollte. Dort kam ich dummerweise gar nicht an: Ich hangelte mich die Dachrinne hoch. Kaum hatte ich die überhängende Passage erreicht, gab das Material meinem Körpergewicht nach – ich fiel mitsamt der Dachrinne mehrere Meter tief und erlitt einen Trümmerbruch. Das Haus war nicht irgendein Gebäude, sondern die Lokalität der Verwaltung der politischen Gemeinde. Netterweise musste ich den Schaden nicht bezahlen. Man befand, dass ich mit dem Bruch schon genug bestraft sei.

Zwar kam ich ansonsten mit Prellungen davon, aber mein Fuß war gebrochen. Im Krankenhaus war das Malheur noch nicht beendet. Dort wurde ich spät in den Röntgenraum gebracht. Man hatte mich doch glatt vergessen. Vier Stunden hatte ich da gelegen, ehe mich die Nachtschwester, die den Raum schließen wollte, entdeckte.

Soweit der Ausflug in die Vergangenheit. Nach dieser erneuten Fuß-Fraktur auf der gleichen Seite war meine Fußballer-Laufbahn in den USA vorbei, ehe sie wirklich begonnen hatte.

Das knickte mich erheblich – denn bis zu diesem Zeitpunkt hatte ich die Suchtmittel mein Leben nicht ganz bestimmen lassen. Das änderte sich nun abrupt. In dem Wissen, dass ich nicht mehr würde weiterspielen können, kiffte und trank ich wieder in gewohnter Manier. Ich schloss mich einer Clique an und widmete mich der Haschpfeife. Ich hing wieder herum und fiel ins alte Fahrwasser zurück. Ich flirtete beispielsweise mit einer hübschen Frau, als wir mit der Klasse ein Rodeo besuchten. Bei diesem zeigten Indianer eine Darbietung, weil in der Nähe ein Reservat angesiedelt war. Eine junge galante Dame hatte auf der Tribüne zu tun. Wir machten uns gegenseitig schöne Augen. Mystisch gab sie preis, dass ihr Vater Indianer sei, obwohl sie blond war. Sie lud mich zu sich nach

Hause ein. Als wir gerade am Schmusen waren, kam ein kräftiger dunkler Indianer rein. Schon sah ich mein Ende gekommen. Ich dachte, dass der mich jetzt umbringen würde, da ich gerade seine Prinzessin küsste. Doch er grüßte nur freundlich und ging wieder. Ich war heilfroh, dass ich dies schadlos überlebt hatte.

Weniger glimpflich verlief eine Liebschaft, in die ich mich wenige Wochen später hineinbegeben sollte. Schwierig war es nicht, ein Gegenüber aufzugabeln, denn weil ich Ausländer war, fanden mich viele Mädels cool. Viele Frauen waren interessiert an einem Europäer, weil das für sie irgendwie exotisch war. So ergab es sich, dass ich auf ein Cheerleader-Girl aufmerksam wurde, welches – das Klischee bestätigend – mit dem Quarterback der Schule zusammen war. Sie besuchte die gleiche Klasse, die mir für das ein und andere Fach zugewiesen war. Sie lud mich zu sich nach Hause ein, und irgendwann blieben wir nicht vor der Bettkante stehen. Jäh schreckten wir auf, als ein gigantischer Off-Road-Jeep spätabends vorfuhr. Am Steuer saß ihr Freund, der Football-Superstar. Würde er mich sehen, würde die Begegnung nicht so friedlich vonstattengehen wie vorher mit dem Indianer. Hektisch sperrte mich das Mädel in eine der Toiletten im Haus, und ich hoffte inbrünstig, dass ich jetzt bloß nicht entdeckt werden würde. Es war eine sehr unangenehme Zeit, die ich auf diesem stillen Örtchen verbrachte. Der Kerl war betrunken und wollte irgendetwas mit der Queen der High-School debattieren. Beide bellten sich laut an, und irgendwann verzog er sich wieder.

Zusammengefasst: Bald war ich in den USA gleich weit wie vorher in der Schweiz. Ich hing herum und führte ein Leben als Tunichtgut – selbst auf dem Anwesen meiner sympathischen Gastfamilie. Bei ihr wohnte ich im Erdgeschoss, was den Vorteil hatte, dass ich aus dem Fenster steigen konnte, um draußen unbemerkt zu rauchen. Warum ich das heimlich tat? Nun, für das Austauschjahr angemeldet hatte ich mich als Nichtraucher, weil ich mir davon gesellschaftliche Vorteile versprach. Selbstverständlich dachte ich nicht im Traum daran, auf die Glimmstängel zu verzichten. Erwischt wurde ich an meinem Wohnort nie, anders jedoch in der Schule, wo ich einmal wegen Rauchens in der Pause für drei Tage suspendiert wurde. Die Sitten sind da wesentlich strenger als in der Schweiz, wo ein erhobener Zeigefinger kombiniert mit einem verstehend-weltverbessernden »Eieiei« schon fast die schärfste Abmahnung ist. Ich saß beim Schuldirektor im Büro, der mich abkanzelte. Er war ein strenger Mormone. Auf einem Bild waren seine sieben Kinder abgebildet, und ich dachte mir: »Wieder mal so ein typischer Frömmler!«

Was mich insgesamt in den USA verdutzte, war, dass am Samstag breite Teile der Bevölkerung Party machten, am Sonntag aber – kulturell bedingt – dennoch in erstaunlicher Zahl in der Kirche saßen.

Nach einiger Zeit glitt ich in die Kriminalität ab, was ich besser verhindert hätte: In einem Geschäft entdeckten mein Freund Pedro und ich schöne Messer. Obwohl ich über genügend Geld verfügt hätte, zog ich es vor, eines zu stehlen. Diskret gingen wir auf den Ausgang zu. Als der Security-Mann am Eingang auf uns aufmerksam wurde, rannte ich los, rannte ihn um, er rappelte sich dann wieder auf und rannte hinterher. Ich entkam problemlos, während Pedro schließlich abgefangen wurde. Ich versteckte mich hinter dem Warenhaus in einem Feld, das umgeben war von typischem amerikanischem Gebüsch. Von da aus beobachtete ich, wie Pedro von der Polizei aufgegriffen wurde. Nach absehbarer Zeit fuhr die Polizei bei meinen Gasteltern vor. »Wo ist das gestohlene Messer?«, wollten sie wissen. Selbstverständlich war mir als anständigem Schweizer Bürger und bildungsinteressiertem, strebsamen Austauschschüler nichts dergleichen bekannt. Außerdem, ein Messer und ich – das wäre, als würde man einen Pinguin in der Wüste suchen oder einen Eskimo auf Suaheli ansprechen. Tatsächlich, so erinnerte ich mich vage, war ich kurz in diesem Geschäft gewesen und hatte ein Messer angeschaut und in der Hand gehabt, aber dann irgendwo im Laden – wohl versehentlich an einem falschen Ort – wieder hingelegt und natürlich niemals-nie mitgenommen. Die Polizei brachte mich dann in diesen Laden und zeigte mir die aufgenommenen Überwachungsvideos, die ein anderes Bild dieses Vorganges zeichneten. Auf einem war ohne detektivische Hirn-Akrobatik unschwer zu erkennen, wie ich das Messer an mich nahm, versteckte und dann zielstrebig in Richtung Ausgang marschierte. Somit marschierte ich ebenfalls. Und zwar hinter Gitter. Mir wurde mulmig, und ich fürchtete eine längere Haftstrafe. Wir waren nicht auf helvetischem Boden, wo alles irgendwie doch noch eingerenkt wird und am Abend alle brav ins eigene Bett gehen. Ich saß ein.

Die Austauschorganisation befand, dass das mit mir so nicht tragbar sei. Anders als in der Schweiz haben in den USA solche Vergehen klare Konsequenzen. In meinem Fall bedeutete das, dass ich das Land verlassen musste. Aber woher hätte ich denn wissen sollen, dass im Land der unbegrenzten Möglichkeiten stehlen verboten war? So richtig mit gesetzlicher Bestrafung und so? Der Vater der Familie war traurig und versuchte noch, das Schlimmste zu verhindern – die Mutter zeigte sich jedoch hart. Schließlich sei ich selber schuld. Noch jemand setzte sich für uns ein: die Fahrerin des gelben Schulbusses. Sie wollte, dass ich bleiben konnte, doch es half alles nichts. Es gelang mir noch, mit Pedro zu telefonieren, der ebenfalls vor der »Abschiebung« stand. Wir sprachen davon, auszureißen und durch das Land zu trampen. Doch er wurde sogar noch einen Tag vor mir »abgeschoben«. Es ging zu schnell, als dass wir hätten losziehen können.

Auf dem Nachhauseweg im Flieger buchte ich einen Raucherplatz. Das gab es damals in Flugzeugen noch. Der Sitz neben mir war frei, was bedeutete, dass jeder andere Raucher im Flugzeug, der auf einem Nichtraucherplatz saß, zu mir kommen musste, um sich eine Kippe anzustecken. In der Regel wurde mir dann auch gleich eine angeboten. Zunächst gefiel mir das, aber nach einigen Stunden hatte ich dann doch etwas viel Qualm abbekommen und mir wurde leicht übel.

Eine Dame mittleren Alters setzte sich zu mir, und wir kamen ins Gespräch. Sie berichtete, dass in unserer Gegend in Winterthur ein Mädchen einen schweren Mofaunfall erlitten hatte. In dieses süße Girl aus unserem Dorf waren alle, ich inklusive, einmal verliebt gewesen. Sie hatte mir sogar einmal einen Liebesbrief geschrieben, darin aber betont, dass ich niemandem etwas davon erzählen solle. Voller Freude hatte ich dann aber doch anderen davon erzählt, worauf sie sich zurückzog. Zwar hatte ich ihr einen freudeglühenden Brief geschrieben, aber den Mut nicht gehabt, ihn ihr zu übergeben. Ich warf ihn in einen vergitterten Kellerschacht. Noch jahrelang sah ich ihn dort liegen, was mich immer an diese Begebenheit erinnerte. Irgendwie – das war ein seltsames Gefühl – hatte ich innerlich den Eindruck, dass die junge Frau mittlerweile verstorben sei. Daheim angekommen bewahrheitete sich dies. Ich verstand nicht, wieso ich das geahnt hatte.

Zurück auf Schweizer Boden war ich bei Punkt null angelangt. Abhängen und kiffen statt dribbeln und durchstarten. Das nach rund einem halben Jahr vorzeitig beendete US-Abenteuer hatte mich letztlich nicht weitergebracht. Der Traum war gewesen, in den USA irgendwie über ein Stipendium Fuß zu fassen und wesentlich länger bleiben zu können, doch dieser Wunsch verblich durch meine »Ausweisung«.

Zwei Fragen an dich:
- Was macht einen authentischen Glauben aus, der für Menschen, die suchend sind, anziehend wirkt?
- Gott freut sich an der Jugend der Menschen, aber man muss sich bewusst sein, dass es eine gefährdete Zeit ist. Es ist wichtig, den Jugendlichen zu helfen, die richtigen Entscheidungen zu treffen. Bist du jemand, an den sich junge Personen vertrauensvoll wenden können?

Vers zum Thema:
»Freu dich an deiner Jugend, junger Mann, und leb unbeschwert in deinen jungen Jahren! Schlag den Weg ein, zu dem dein Herz sich hingezogen fühlt, und tu, was deinen Augen

gefällt. Aber vergiss nicht, dass du dich vor Gott für alle deine Taten verantworten musst. Gib dich nicht schlechten Launen hin, und halte dir die Sorge vom Leib. Denn deine Jugend und dein dunkles Haar sind vergänglich.«

(Prediger 11,9-10)

3.

DER JUNGE MANN UND DAS PARTYLEBEN

Zurück aus den USA gab ich mich ebenso lückenlos wie ausschweifend dem Partyleben hin. Immerhin hangelte ich mich mit Ach und Krach durch die Führerscheinprüfung, was aber innerhalb kürzester Zeit zum nächsten Malheur führte: Mit einem Kollegen becherte ich mich in der winterlichen Nacht durch eine Handvoll Kneipen. Natürlich war der letzte Bus längst abgefahren, und so entschied ich mich, meinen Gefährten nach Hause zu begleiten, denn allein wollte ich ihn im Schnee nicht sitzen lassen. Er wohnte auf einem abgelegenen Bauernhof, auf dem wir als Kinder oft herumgespielt hatten. Deshalb »lieh« ich den Wagen meines Vaters – immerhin hatte ich einen Führerschein. Die weißen Flocken tanzten um unser Fahrzeug herum, und schon nach zwei, drei Kilometern kam ich von der Straße ab, mehr wegen des Alkoholpegels als wegen des garstigen Untergrunds. Eine Kurve erwischte ich nicht. Wir krachten in einen Hügel am Straßenrand. Schrill und unaufhörlich jaulte nun die Hupe unserer lädierten Karosse. Durch diesen Lärm aufgeschreckt, schaute ein Anwohner aus dem Fenster. Ich erkannte in ihm einen früheren Lehrer. Unangenehm. Er rief die Polizei.

Bald war die Polizei zur Stelle. Wohlwissend verweigerte ich vorerst einen Bluttest, worauf mich die Ordnungshüter mit aufs Revier nahmen, wo ich in einem Zimmer zu warten hatte. Schon nach zwei, drei Minuten kam mein Vater rein, der in dieser Nacht Dienst leistete. Für ihn war es besonders schlimm, dass sein Junge mal wieder weit über sämtliche Stränge geschlagen hatte, und mir war der Vorfall ebenfalls enorm peinlich. Ich erwartete, dass er laut werden, zürnen, toben und mir die Leviten lesen würde. Nun, ich hatte ja nicht viel von seinem Glauben gehalten, aber in dieser Nacht beeindruckte mich, wie er von innen heraus gefasst und ruhig blieb.

Die restlichen Nachtstunden verbrachte ich auf einem Bürostuhl auf dem Revier. Nach seinem Dienstschluss stapften mein Vater und ich nach Hause. Während der Neuschnee unter unseren Schuhen knirschte, sprachen wir erstmals seit Langem wieder richtig miteinander. Ich gestand, dass ich Drogen nahm und dabei war, mich kaputtzumachen. Trotz meiner Erkenntnis war ich aber schon zu weit drin, um einfach so rauszukommen. Papa hörte väterlich und anklagefrei zu. Und so entstand innerhalb dieser schwierigen Situation eine gute Begegnung. An seine Worte erinnere ich mich nicht mehr genau. Ich weiß nur noch, dass er mir guten Rat gab und auf eine ruhige, anteilnehmende Art nach dem »Warum« fragte. Ohne harte Urteile ging er an meiner Seite und ließ mich ausreden.

Meine Mutter wollte mir aus meiner selbstzerstörerischen Abwärtsspirale helfen. Wenige Wochen nach diesem bisherigen Tiefpunkt gelang es ihr, mir eine Stelle in einem Altersheim zu verschaffen. Das gefiel mir, da ich gerne mit Menschen zu tun hatte. Bald stellte sich heraus, dass mein Verlangen nach allerhand Suchtmitteln auch an meinem neuen Arbeitsplatz gestillt werden sollte. Mein neuer Chef engagierte sich nebenher politisch und machte sich für eines meiner Herzensanliegen stark. Eines, das mir zu diesem Zeitpunkt als »Missing Link« zum paradiesischen Weltfrieden erschien: Er setzte sich für die Legalisierung von Marihuana ein. Was wollte ich mehr? Zu den alten Menschen fand ich schnell einen guten zwischenmenschlichen Zugang, und abends konnte ich kiffen – und obendrein wissen, dass ich mit dem Einsatz für die Senioren etwas Gescheites getan hatte.

Nach einiger Zeit wollte ich eine Ausbildung im Sozialen Dienst durchlaufen, was in eine Ausbildung als Pflegefachmann mit dem Schwerpunkt Psychiatrie mündete. Dazu erhielt ich unweit von Zürich eine Praktikumsstelle, später folgte eine Ausbildung an einem anderen Ort, dazu kam in der Personalwohnung ein Dach über dem Kopf.

Die Nähe zur größten Stadt der Schweiz bedeutete für mich, dass ich abgesehen von gelegentlichen arbeitsbedingten Unterbrechungen Tag und Nacht Party machen konnte. Überdies gefiel es mir in der Personalwohnung gut. Da waren coole Typen und adrette Frauen. Am Abend wurde gekifft und leichte Drogen genommen, an den Wochenenden folgten Partys und härtere Drogen, wobei ich bereits an einem der ersten Tage in der Berufsschule zum Gaudi der Anwesenden ausgelassen auf dem Tisch tanzte.

Gerade kam die Techno-Welle auf. Dieser Sound wurde für mich schnell zum Kult. Nicht zuletzt durch diese Klangteppiche, die immer irgendwo in meinem Kopf nachhallten, spürte ich mich in diesen Wochen immer weniger. Eines schönen Tages schmiss ich aus lauter Freude ein Bierglas an eine Wand. Niemand nahm in der lauten Tanzbar Notiz davon, und natürlich wies ich auch niemanden darauf hin. Die Reaktionen wären mir damals aber ohnehin egal gewesen. Der genaue Hergang ist im Nebel der Geschichte (und womöglich auch anderen Nebeln) versunken, und so ist mir nicht mehr klar, weshalb ich mir in diesem ausgelassenen Augenblick versehentlich mit dem Glas in die Hand schnitt. Die Scherben ließ ich einfach liegen, denn obwohl ich keinen großen Schmerz spürte, wohl begründet durch meinen feuchtfröhlichen Zustand, erkannte ich, dass die Wunde genäht werden musste, und so ließ ich mich per Taxi ins Krankenhaus bringen. Statt mich verängstigt und gramgebeugt in diesen Eingriff hineinzubegeben, wollte ich der OP-Schwester schöne Augen machen, doch sie ließ sich nicht bezirzen.

Oft besuchte ich in dieser Zeit den »Oxa«-Klub in Zürich, den bekanntesten Techno-Trance-Klub der Schweiz. Das Partylokal erreichte man durch einen Tunnel, der unter einem Bahndamm hindurchging, ein langes Gewölberelikt aus der Zeit des Zweiten Weltkrieges. Obwohl ich selbst kein unbeschriebenes Blatt war, kam es mir jedes Mal vor, als würde ich in die tiefste Dunkelheit abtauchen, geradeso als würde ich mich in die Hölle begeben. An diesem lauten, schrillen, grellen und doch düsteren Ort zirkulierten viele Drogen, alle waren dicht. So widersprüchlich es klingt, zog mich dieser Platz einerseits mega an, während er mich gleichzeitig abstieß – den Drogenrausch empfand ich als cool, andererseits war ich davon angeekelt.

Bald kamen härtere Drogen ins Spiel, während ich in der berufsbegleitenden Schule den Faden verlor. Nach einer durchzechten Nacht irrte ich durch die City, bis ich auf ein paar Junkies stieß. Nach einem kurzen Fachgespräch, das vorwiegend aus »Yo«, »Peace« und »voll easy« bestand, gab ich mich mit ihnen dem Folienrauchen hin. Es handelte sich um eine härtere Droge. Mir war klar, dass ich nun am Horizont nicht mehr besonders angestrengt Ausschau halten musste, um den Abgrund zu sehen. Diesen wollte ich sicherlich nicht erreichen. Klar war mir, dass sich etwas ändern musste, in Eile war ich aber nicht.

In der folgenden Woche trieb ich mich wieder im »Oxa« rum. Zwischendrin ging ich einmal kurz raus und wollte dann wieder rein, doch ein breiter Türsteher mauerte. Aber ich wollte unbedingt meinen Pullover holen, den ich drinnen hatte liegen lassen. Ein Wort ergab das andere, mit dem Resultat, dass er mich die Treppe hinunterstieß. Leicht benommen lag ich am Boden, drehte den Kopf und sah nur noch einen Coca-Cola-Automaten über mir. Das ist das letzte Bild, das ich sah, bevor einer der Türsteher seinen Stiefel voll in mein Gesicht krachen ließ, als ich am Boden lag. Ich spürte nichts mehr außer Blut und zermalmten Zähnen in meinem Mund. Dann wurde ich ohnmächtig.

Als ich schleier- und lückenhaft das Bewusstsein wiedererlangte, pulsierte mein Kopf, und ich realisierte, dass ich in einem Krankenwagen lag, der mit Blaulicht und Sirene Richtung Krankenhaus jagte. Dann war ich wieder weg.

Am nächsten Tag erwachte ich auf der Intensivstation. Überall war ich mit Schläuchen an Maschinen angedockt und über einen besonders dicken wurde ich beatmet. Jede Sekunde war es, als würde ich einen weiteren Schlag erhalten, diesmal durch den Puls. Mein Kiefer war kaputt, ich konnte nicht mehr atmen, weil alles zugeschwollen war. Ein Schlauch wurde in mich hineingeführt, damit ich nicht erstickte. In den nächsten Jahren wurde mein Kiefer gerichtet und künstliche Zähne eingesetzt an den Stellen, wo Teile von ihnen abgebrochen waren. Die Ärzte teilten mir mit, dass ich bei diesem Vorfall beinahe gestorben wäre. Mehrere schmerzvolle Tage lag ich auf der Intensivstation, bevor ich in ein gewöhnliches Krankenzimmer verlegt wurde.

In der Klinik erreichte mich ein liebevoller Brief meines Paten. Besonders angesprochen wurde ich durch einen darin enthaltenen Bibelvers, durch den mein Pate ausdrückte, dass Gott mit meinem Leben etwas vorhat. Beim Lesen berührte mich, dass bereits mein Opa einmal gesagt hatte, dass Gott durch mich Besonderes wirken will. Diese Gedanken halfen mir, als ich da als physischer Scherbenhaufen im Krankenbett auf die Bruchstücke meines Lebens blickte. Gleichzeitig zeigten sich meine Kiffer-Kollegen in meinen schwersten Stunden kaum an meiner Stätte, abgesehen von wenigen, die etwas zum Rauchen mitbrachten. Dabei hatte ich vermeintlich viele Freunde in der Stadt.

Wir erstatteten eine Anzeige gegen den Türsteher. Dazu wurde ein forensisches Gutachten erstellt. Im Grunde war der Fall klar, es musste ein Schlag gewesen sein. Denn hätte die Verletzung von der Treppe hergerührt, hätte es sich um einen scharfen Schnitt gehandelt, weil die Stufen harte Kanten aufwiesen. Das medizinische Gutachten zeigte jedoch klar, dass ein dumpfer Gegenstand verwendet worden war. Doch der Schuldige wurde freigesprochen, weil die Türsteher zusammenstanden. Sie sagten unisono aus, dass von ihrer Seite her nichts geschehen sei, ich wäre selbst verschuldet im Suff die Treppe runtergefallen.

Irgendwann konnte ich dann wieder nach Hause. Mir war bewusst, dass ich haarscharf daran vorbeigeschlittert war, Junkie zu werden. Zudem hatte ich die Erfahrung gemacht, beinahe zu sterben. Etwas musste sich ändern, das war klar.

Mitten in diese Überlegungen hinein lernte ich eine atemberaubende Frau kennen. Ich war überzeugt, dass sie meinem Leben Stabilität geben würde. Wir mieteten eine schmucke Wohnung in Egg, oberhalb von Zürich, kauften einen Hund, einen Labrador-Mischling. Das Erste, was er tat, war rauszurennen und im noch jungen Übermut in die Tiefgarage zu fallen. Dabei brach er sich einen Fuß. Nur wenig später legte ich uns einen zweiten tierischen Begleiter zu, einen Schlittenhund, dem ich den Namen Kyra gab. Mit den beiden Hunden rannte ich oft durch die Natur oder fuhr mit meinem Mountainbike neben ihnen her. Daneben kaufte ich Skis und begann Skitouren zu machen. Die Drogen legte ich bis auf einen seltenen Joint auf Eis. Die Wochen reihten sich zu Monaten aneinander, aus denen schließlich rund zwei Jahre wurden.

Noch immer träumte ich von einer Revolution und sozialer Gerechtigkeit. In meinem Zimmer hing immer noch eine Che-Guevara-Flagge, die mich an meine Berufung als Revolutionär erinnerte.

Ich kaufte aus meinen Ersparnissen ein billiges Boot. Es war ein Segelboot, eine 420er-Jolle, ein blaues Schiffchen mit weißen Segeln. Es war alt, aber noch gut in Schwung. Gelegentlich stach ich mit einem Kollegen in See, um gemütlich gondelnd ab und an ein

Bier zu trinken. Während der Abschlussprüfung segelte ich oft mit einem Kameraden. Am Morgen lernten wir viel, und den Nachmittag verbrachten wir auf dem Gewässer. Einmal trieben wir friedlich auf dem Blau herum, bis zwei Leute mit einem völlig neuen Kahn aufkreuzten. Dieser war mit allem Schnickschnack bestückt, und die beiden Segler trugen nagelneue Schwimmwesten – wir natürlich keine. Sie wollten ein Rennen machen und sahen in uns wohl einen einfachen Gegner, der ohne große Mühe an die Wand gefahren werden konnte. Wir willigten ein und waren den beiden Herausforderern relativ schnell voraus. Verbissen kämpften sie um jeden Meter. Nun ist der Greifensee ja nicht Teil des Weltmeeres und als solcher halt irgendwann auch mal zu Ende. Wir wussten, dass wir rechtzeitig abdrehen mussten, und vor allem auch, wo. Immer noch folgten sie uns mit wachsendem Eifer. Plötzlich drehten wir ab, während sie den Turnaround nicht mehr schafften und halb ins Ufer brausten, wo sie teils kenterten und sich an einem Stein ein Leck schlugen. Wir beide fanden das superwitzig, die beiden anderen weniger.

Meine Ausbildung in der Psychiatrie passte mir ganz gut, wesentlich mehr als jene in der Metallverarbeitungs-Branche. Die betroffenen Menschen taten mit leid, dennoch gefiel es mir, wenn dann und wann ein Alarm losging und wir vom Personal ihnen zu Hilfe eilten und sie auffingen. Wir mussten sie packen und ihnen ein Medikament verabreichen. Wenn sie sich wehrten, musste man sie auf den Boden drücken und eine Spritze ansetzen, um sie zu beruhigen. Manche schrien und tobten – das war sehr actionreich. Letztlich konnten wir helfen und etwas Gutes tun. Auch wenn man den Leuten eine Spritze gab, blieb die Not in der Seele. Ich spürte, dass in manchen Fällen nicht einzig die Psyche eine Rolle spielte, sondern dass die Probleme in der spirituellen Dimension verankert waren. Zuletzt konnte ich diesen Lehrgang mit einer beachtenswerten Bewertung abschließen.

Mit meiner Freundin hatte ich ein gutes Leben aufgebaut, und ich war der Meinung, dass es nun an der Zeit war, mal richtig Geld zu verdienen. Der Vater meiner Angebeteten war Informatiker bei einer Bank, und da ich gut schwätzen konnte und ein guter Verkäufer war, vermittelte er mir einen Job im Verkauf bei einer Firma, die er gut kannte. Direkt nach der Lehre schickte ich mich an, als Produktmanager für Medizinalerzeugnisse in Krankenhäusern und Praxen zu werben. Es dauerte nicht lange, bis jede Menge Kohle auf mein Konto floss. Doch es sollte ebenfalls nicht übermäßig lange dauern, bis ich dahinterkam, dass manche der Produkte schlecht waren. Dem Geld in dieser Weise hinterherzurennen, erachtete ich als Betrug am kleinen Mann, und so stieg ich nach ein paar Monaten wieder aus diesem Job aus. Kaum jemand wollte meine Kündigung verstehen. Viele meinten kopfschüttelnd, dass ich eine große Karrierechance wegwerfen würde.

Nahezu umgehend nahm ich die erstbeste Anstellung an. Durch meinen Abschluss standen mir verschiedene Optionen offen.

Gleich am Antrittstag fiel mir eine umwerfende Schönheit auf, mit der ich doch tatsächlich auf der gleichen Station eingeteilt war. Es kam, wie es kommen musste. Wir schäkerten herum und fanden uns anziehend. Ein Wort ergab champagnertrunken das andere, und bald wuchs Liebe daraus. Doch mittlerweile hatte ich doch seit Längerem ein anderes Mädel an meiner Seite. Ohne Rücksicht auf Verluste – auch wenn ich gesetzter war, war mir immer noch vieles egal – packte ich, als sie nicht daheim war, meine Sachen und schrieb ihr einen Brief. Es war keine Novelle. Kurz und knapp verkündete ich, dass ich sie nicht mehr liebte. Wie ich später erfahren sollte, war sie deswegen jahrelang verletzt. Jahre später schrieb sie mir eine SMS, dass sie nicht mehr glücklich ist, seit ich sie vor Jahren verlassen hatte. Das tat mir sehr leid, doch ungeschehen machen konnte ich es nicht mehr.

Für kurze Zeit kam ich in einer WG unter. Bald wohnte ich mit meiner neuen Gefährtin zusammen. Ohne dass ich zum »Müslifresser« wurde, achteten wir beide auf eine gesunde Ernährung. Ich betrieb einiges an Körperarbeit, wenn auch nicht im Fitnessstudio, und ich bewegte mich in Richtung Esoterik. Ihre Mutter war Naturheilpraktikerin, und es dauerte nicht lange, bis uns wichtig wurde, dass unsere Zellen in Einklang harmonierten. In diesem Gedankenkonstrukt verfügt der Mensch neben seinem physischen Körper noch über einen esoterisch-astralen Leib, in dem mehrere Energiezentren (»Chakra«) über Energiebahnen (die zum Beispiel in der Akupunktur bearbeitet werden) miteinander verbunden sind und durch die kosmischen Kräfte zirkulieren sollen. Mittels verschiedener Übungen versuchte ich, eins mit mir, der Natur und dem Überirdischen zu werden.

Wir führten einen grünen Lebensstil und ich durchlief ein zweijähriges weiterführendes Managementstudium für soziale Berufe. Am letzten Tag vor dem Beginn dieses Lehrgangs hatten wir zu einem Fest geladen, welches ich in den späteren Abendstunden mit einem Kollegen fortsetzte. Auf einem kleinen Berg ließen wir Alkohol in Strömen durch unsere Kehlen fließen. Nach oben gelangt waren wir mit den Fahrrädern, und mit den gleichen Gefährten sollte es auch wieder nach unten gehen. Bewusst wählte ich das Rad, weil ich nicht später betrunken wieder runterfahren wollte. Ich hatte ja schon einmal alkoholisiert einen Autounfall gebaut, einen zweiten wollte ich nicht. Völlig beschwipst machten wir uns auf den Weg. Bald verloren wir aber die Orientierung. Wie glorreich der Gedanke war, eine Abkürzung über eine Wiese zu nehmen, ist Ansichtssache. Die Ausführung jedenfalls war alles andere als ruhmreich. Wir holperten also bei fahlem Mondlicht eine Weide hinunter. Irgendwann krachten wir über eine Steinmauer hinaus auf eine Straße runter und wurden dabei auf den harten Asphalt geschleudert. Ich schaute ihn an und sah, wie seine Hand völlig verdreht war. Das amüsierte mich köstlich, und so lachte ich laut hinaus: »Hey, du brauchst einen Krankenwagen!« Gleichzeitig merkte ich, dass ich stark schwitzte und mir nicht sonderlich wohl war. Als mich mein Kollege anschaute, erkannte ich eine Erschrockenheit in seinen Augen: »Ja, den brauchen wir wirklich, du siehst gar nicht gut aus.«

Schließlich konnten wir zu einer Straße gelangen und zu einem Haus. Mit Hilfe der Anwohner konnten wir einen Krankenwagen rufen. Zuerst wollte ich gar nicht mit, weil ich den Hund eigentlich nicht hätte mitnehmen dürfen. Weil das Personal erkannte, dass meine Verletzung ernstlich war, wurde schließlich eine Ausnahme gemacht. So fuhren mein Hund und ich zusammen in die Notaufnahme.

Dort kriegte ich es mit einer Vertretungsärztin zu tun, welche die Wunde einfach flugs zusammennähte. Am nächsten Morgen war mein Gesicht derart übel geschwollen, dass ich sicherheitshalber einen Notarzt aufsuchte. Der war entsetzt und meinte verbissen, dass sie die Stelle viel besser hätte reinigen müssen. Er öffnete die Naht wieder, säuberte die Blessur und nähte alles wieder zusammen; dass diese Prozedur trotz örtlicher Betäubung ausgesprochen schmerzhaft war, muss wohl kaum näher beschrieben werden. Vorläufig war mein Gesicht übel zugerichtet, was sehr schlimm für mich war. Denn nicht ganz uneitel war ich überzeugt, dass ich gut aussah, und nun blickte mir aus dem Spiegel ein Zombie entgegen. Im Laufe der Zeit wuchs alles wieder zusammen, und später ließ ich die Entstellung mit einem kosmetischen Eingriff verschwinden. Einige Narben blieben dennoch zurück, wie es im Leben manchmal so ist.

Nachdem nicht Gras, sondern frische schöne Haut über diesen Unfall gewachsen war, nahm ich eine leitende Stelle in einem Altersheim an.

Daneben ging ich gerne auf Berg- und Skitouren. Ich liebte das Knirschen des Schnees, wenn ich mit meinen Tourenskischuhen hochstieg. Um mich war es jeweils völlig ruhig. Nur die Sterne, das Alpenpanorama und ich. Dann erfolgte das Hinuntergleiten durch den Pulverschnee, und nie war sicher, ob ich auch wirklich wieder daheim ankommen würde, auch wenn ich immer ein Lawinensuchgerät dabei hatte. Das Durchwandern der ruhigen weiten Natur gab mir befreienden Auftrieb. Gleichzeitig spielte ich auf der Suche nach der endgültigen Freiheit immer wieder mit meinem Leben. Zu Fuß lief ich mit meinem Hund verschiedentlich über Alpen, auch in Gegenden, wo man eigentlich nicht alleine unterwegs sein sollte. Ich verhielt mich risikoreich und sagte: Wenn ich sterbe, dann sterbe ich eben.

Mein Drang, frei, wild und unabhängig zu sein, führte dazu, dass ich einmal mehrere Tage in den Bergen verbrachte und dabei kaum andere Menschen sah. Dabei brannte mein Hund durch, jagte ein Murmeltier (die ja eigentlich geschützt sind, aber mein Hund wusste das nicht, und eine Leine legte ich ihm natürlich nicht an), tötete es und schleifte es zu mir. Er begann es zu fressen, während ich daneben mein Sandwich auspackte und herzhaft reinbiss. So schmeckt das wilde Leben. Es war ein richtiges Abenteuer. Das Panorama war atemberaubend, die Bergluft angenehm kühl.

Eigentlich würde ich mich in dieser Zeit als netten Kerl beschreiben. Seit den beiden Krankenhausaufenthalten hatte ich mich etwas gemäßigt, auch wenn ich zwischendurch mal einiges trank. Und manchmal war ich einige Zeit weg – während ich ansonsten ein biederes Leben führte. Trotzdem war mein Leben leer, trotz Bergen, trotz Karriere und trotz Freundin.

Bei meinen ausgedehnten Streifzügen durch die Natur machte ich mir allerhand Überlegungen. Wenn der Wind durch die Blätter strich, ein Bach neben mir durchplätscherte oder ein Fluss vorbeizog, oder wenn ich ringsum in eine Natur-Arena aus Bergen, Geröll und Schnee blickte, konnte ich meinen Gedanken freien Lauf lassen. Immer mehr kristallisierte sich Folgendes heraus: Da war die Habenseite: Das Studium war erfolgreich abgeschlossen, und Weiterbildungen eröffneten verschiedene Möglichkeiten. Schnell hatte ich Karriere in sozialen Werken gemacht, und das Privatleben blüht von außen betrachtet. Doch da war die nagende Minusseite: Innerlich fühlte ich mich leer. Ich hatte keinen Frieden, trotz der langen Suche im Partyleben und der Bemühungen im manchmal exzessiven Unterwegssein in der Natur. Touren, von denen meine Geliebte wusste, dass sie mich jeweils losziehen lassen musste. Es schien, als wäre es für sie in Ordnung, auch wenn sie sagte: »Stephan, wir sind nun schon lange zusammen, aber ich kenne dich eigentlich gar nicht! Ich weiß nicht, wer du wirklich bist.« Im Grund hatte sie Recht. Wie sollte sie dies auch wissen können, wenn ich mich ja selbst nicht kannte. Trotz der langen Wanderungen und allem blieben die Leere im Herzen und eine Sehnsucht, die ich zu diesem Zeitpunkt noch nicht beschreiben konnte.

Zwei Fragen an dich:
- Viele Menschen haben eine innere Leere. Die Not der Seele ist unglaublich groß, viele suchen Gemeinschaft und spirituelle Erfahrung und Sinn im Leben. Bist du bereit, ihnen zu helfen, diese durch ihren Schöpfer füllen zu lassen?
- Viele streben nach Geld, Karriere und Ansehen. Das, was dich antreibt, bestimmt dich. Es ist dein Lebensmotor. Was treibt dich an?

Vers zum Thema:
»Trennt euch deshalb von aller Bosheit und jeder Form von Betrug. Entscheidet euch gegen alle Heuchelei und Eifersucht und üble Nachrede.«

(1. Petrus 2,1)

4.

DIE SUCHE NACH DEM SINN

Im Grunde sah alles in meinem Leben gut aus – da waren meine bildhübsche Freundin und meine mittlerweile beachtliche Berufslaufbahn, dazu kamen Haus, Hund und Boot. Für mein junges Alter – ich war Mitte 20 – war das doch ganz ansehnlich. Dennoch: Eines Tages, als sie am Arbeiten war, während ich daheim saß, dachte ich darüber nach, was mein Leben eigentlich wirklich ausmacht. Nun, in meinem Schlafzimmer stand mein Sturmgewehr aus dem Schweizer Militär, immer bereit, falls nötig, in einen Krieg einzugreifen. Als ich so meinen Gedanken nachhing, überlegte ich, dass mein Leben eigentlich sinnlos ist – dass es derart bedeutungslos ist, dass ich einfach meine Schnellfeuerwaffe hervornehmen könnte, um mir die Kugel zu geben. Eine andere Idee war, dass ich nach Afrika ziehen und mich einer Revolution anschließen könnte, um gegen Hunger und Ungerechtigkeit zu kämpfen.

Ein weiterer Gedanke kam mir in diesen Stunden, der sich rückblickend als entscheidend entpuppen sollten: Gott. Ihn hatte ich ja damals in der Kirche »bei diesen Langweilern« gelassen, weil ich mein Leben leben wollte. Doch sowohl früher im Herumlungern und in Suchtmitteln als auch jetzt mit einer aufstrebenden Karriere sowie wachsendem Besitz und Frauen war ich jeweils an einen Nullpunkt gekommen, zu einer inneren Leere. Warum also nicht Gott einmal eine Chance geben? Zu verlieren hatte ich letztlich nichts. »Vielleicht gibt es ihn ja doch, und ich könnte ihn mal suchen«, so mein Gedankengang.

Im nahen Uster, das ebenfalls im Kanton Zürich liegt, spazierte ich durch den Wald. Ich betete laut und redete einfach mit ihm: »Gott, da bin ich. Hilf mir!«

Völlig unerwartet zog plötzlich mein Leben wie ein Film vor meinem inneren Auge vorbei. All die üblen Dinge, die ich getan hatten wo ich beschissen hatte, wo ich Menschen verletzt hatte – alles übermannte mich. Ich kniete mich auf den Kiesweg, der zwischen den Bäumen verlief, zwischen das frisch duftende Laub und ließ meinen Tränen freien Lauf. Mir wurde bewusst, dass ich ein schlechter Mensch war, obwohl ich mich doch so gut gefühlt hatte. Ich lebte doch grün und war ein Öko. Nun war ich erschlagen von der Sünde. Mit bebender Stimme bat ich: »Jesus, komm in mein Leben. Vergib mir meine Fehler.« Kaum hatte ich das ausgesprochen, kam eine Leichtigkeit in mein Leben. Ich konnte einen schweren Rucksack ablegen.

Wenig später daheim begann ich, in der Bibel zu lesen. Irgendwo auf einem Bücherregal hatte ich noch eine rumstehen gehabt. Ich blätterte einfach darin und las. Ich spürte in diesen ersten Minuten, in denen Gott mein Herz anrührte, etwas wie einen frischen Wind, der mich durchströmte. Er wurde zu einem Aufwind.

Als mein Schatz heimkam, berichtete ich, dass ich Jesus gefunden hatte und dass Frieden in mein Leben eingekehrt war. Meine Freundin fand diese Erfahrung cool. Schließlich war sie ebenfalls spirituell offen und übersinnlichen Erfahrungen nicht abgeneigt. An den nächsten Wochenenden besuchte ich einen Gottesdienst in einer großen Kirche in Zürich. Dort fühlte ich mich wohl. Ich blühte auf und betete viel. Einmal las ich auch mit meiner Freundin in der Bibel. Wir begannen in der Offenbarung, doch das war für uns beide als »Anfänger« ein zu steiler Einstieg.

Einmal lud ich sie dazu ein, mich zu begleiten, was sie gerne tat. Doch ausgerechnet in ihrem Premiere-Gottesdienst wurde das Thema Zungengebet behandelt, eine in der Bibel beschriebene Gebetsform, bei der man in einer Sprache betet, die man selbst nicht kennt, die der Heilige Geist einem aber eingibt. Um uns herum beteten während der Gebetszeit mehrere Menschen in Zungen. Für mich war dieser Augenblick sehr heilig, meine Freundin fand dies dagegen sehr schräg.

Als ich am Abend anbot, dass ich für sie beten könne, natürlich auf Schwyzerdütsch, lehnte sie ab. Für sie war der besuchte Ort eine komische Gemeinschaft. Mit meiner Geliebten wollte ich es mir nicht verderben, ich wollte diese Beziehung nicht wegwerfen, so wie ich es früher rücksichtslos bei »Nicht-mehr-Gefallen« schulterzuckend getan hatte. Deshalb wechselte ich die Gemeinde, diese war aber eher bieder und langweilig, anders als die Bibel, die ich las. Langsam schaltete ich in dieser Gemeinschaft ab und lebte den Glauben für mich selbst.

Gleichzeitig meldete ich mich für eine Kurzbibelschule an, denn mein Hunger, mehr zu lernen, war groß. Meine Freundin ermutigte ich ebenfalls zu diesem Schritt, denn sie sah, dass mich die Beschäftigung mit dem Glauben weiterbrachte, dass da etwas Grundsätzliches dran sein musste, unabhängig von Kirchenmauern und Gemeinschaften, die einem womöglich nicht zusagten.

Ich trat diesen mehrwöchigen Lehrgang an, der unter Schweizer Christen auch »Holy Mountain« genannt wird. Kaum hatte ich mein Zimmer bezogen, stellte ich ein Bild von meiner Freundin auf den Nachttisch. Bald wurde ich gefragt, ob das meine Frau sei. »Nein, meine Freundin«, stellte ich klar. Und auf die Frage, ob wir schon lange zusammen sind, berichtete ich, dass wir schon mehrere Jahre zusammenwohnen. »Was?!«, lautete die sichtlich betroffene Reaktion. Zudem rauchte ich damals noch. Ein anderer Teilnehmer der Bibelschule setzte sich einmal zu mir und zeigte mir eine Handvoll Bibelverse, mit denen er mir darlegte, dass ich in Sünde lebte. Da ich inzwischen auch ein paar Stellen in der Heiligen Schrift kannte, konterte ich. Er schrieb mir immer Zettelchen mit Versen, die dokumentieren sollten, was ich falsch machte. Ich schrieb dann welche zurück. So ging es über mehrere Tage. Es wirkte auf mich sehr verurteilend, mir fehlte das echte Interesse.

Und als wir bald danach ein Fußballspiel mit unseren Theologen austrugen, schimpfte und polterte ich bei misslungenen Aktionen, was mein Ansehen nicht gerade eben steigerte. Stattdessen blickte ich da und dort in verdutzte Gesichter. Wieder und wieder aus dem Rahmen fallend, fühlte ich mich immer mehr wie in einem Käfig, ich fühlte mich vorverurteilt, mir fehlten die Lebensfreude und die Begeisterung für Gott. Es war eine sterile, heilige, brave Atmosphäre. Die Freiheit, an der ich kurz zuvor ergriffen daran gerochen hatte, fehlte hier. Ich fühlte mich eher wieder in meine Jugendzeit zurückversetzt, wo es mehr um Normen gegangen war.

Nach den drei Wochen Kurzbibelschule hatte ich die Nase so voll von der Christenheit, dass für mich klar war, dass ich zwar weiterhin an Gott glauben würde, denn die Beziehung zu ihm war richtig und sie tat mir gut, aber mit all diesen Leuten brauchte ich keinen weiteren Kontakt. Ich las immer weniger in der Bibel und betete seltener. Mir war klar, dass ich die Ewigkeit bei Gott verbringen würde, aber all diese Gesetzlichkeiten erinnerten mich an meine Kindheit. Davon hatte ich genug.

Die nächsten Monate reihten sich zu einem unspektakulären Jahr zusammen, in dem die Tage unauffällig neben mir herplätscherten. Im Job lief alles gut, und meine Freundin und ich lebten weiterhin zusammen, ohne dass wir wirklich ein Ziel gehabt hätten. Und auch die Sehnsucht nach mehr war immer noch da, obwohl die Beziehung zu Gott mich trug. Sie lief irgendwie nur im Stand-by-Modus, weil ich eben doch sehr selten »am Apparat« war, um beim Bild zu bleiben. Ich spürte, dass da noch mehr sein musste.

Weitere Monate zogen ins Land, und langsam verschlechterte sich das Miteinander zwischen meiner Gefährtin und mir. Um die Beziehung noch einmal zu retten, schlug ich eine ausgedehnte Reise vor. Bald zogen wir mit einem Campingwagen in den Norden. Wir ließen Deutschland hinter uns und durchquerten zunächst Norwegen, dann Schweden, bis wir schließlich in Finnland ankamen. Unterwegs erlebten wir gute gemeinsame Momente, und wir genossen eine atemberaubende Natur. Einige Tage verbrachten wir auf einer Huskyfarm. Dort wurden meine Lieblingshunde gezüchtet. Bestens bekannt sind sie bei uns in Westeuropa von den Bildern, auf denen sie Schlitten ziehen. Die Farm wurde von einem tätowierten Schweizer geführt. Schnell verstand ich mich bestens mit ihm. Einmal ging ich fischen. Beim ersten Fang wusste ich noch gar nicht, wie man das arme Tier tötet. Ich schlug ihm einfach mit einer Axt den Kopf ab. Ein andermal begleitete ich meinen neuen Kameraden frühmorgens an einen grünblauen Fluss, über dem wir von einer alten Eisenbahnbrücke unsere Angeln zum Fischen auswarfen. Diesmal lernte ich, dass es auch ohne Axt geht.

Auf dieser Farm fühlte ich mich sehr wohl. Eine solche Einrichtung war mein Traum: um Schlittenhunde herum sein und in der Natur leben.

Auf einer Insel, auf der wir ebenfalls einige Zeit blieben, blühte unsere Beziehung noch einmal auf. Zurück in der Schweiz ließen wir jedoch nicht nur Nordeuropa hinter uns, sondern auch unser Miteinander. Wir hatten keine Wohnung mehr. Die hatten wir vor unserem Trip aufgelöst. Meine Gefährtin wohnte nun vorerst bei ihrer Mutter und ich vorübergehend weiterhin in dem Campingwagen, mit dem wir im Norden gewesen waren. Damit tigerte ich von Waldplatz zu Waldplatz. Am Abend setzte ich mich mit dem Campingstuhl nach draußen, rauchte und trank ein Glas Rotwein. Einmal übernachtete ich auf einem Parkplatz in Winterthur und erhielt eine Strafe, weil man nicht länger als eine Nacht auf einem Platz nächtigen darf.

Meine Freundin und ich merkten schnell, dass wir es nicht mehr gemeinsam schaffen würden. Um einen Schritt in ein neues Leben zu gehen, entschied ich mich, den Jakobsweg nach Spanien zu pilgern. Mehrere Zweige dieses berühmten Weges führen durch die

Schweiz, von denen aus man zum angeblichen Grab des Apostels Jakobus im spanischen Santiago de Compostela in Galicien gelangt. Dazu schnitzte ich einen Stab, packte den Rucksack und marschierte los von dort, wo ich aufgewachsen war.

Von Beginn an wollte ich unterwegs in der Bibel lesen, doch irgendwie kam ich nicht dazu. Nach vier Tagen erreichte ich die Innerschweiz. Nachts schlief ich in einem kleinen Survivalzelt. Bereits nach dieser Zeit waren meine Füße voller quälender Blasen, die Muskeln schmerzten, und auch das Sitzen hielt ich kaum mehr aus; nicht etwa, weil ich zwischenzeitlich bereits mit etlichen unbequemen Sitzbänken Bekanntschaft geschlossen hatte, sondern weil ich immer über mein Leben nachdachte – zwar war das der Sinn der Sache, aber die Dosis überstieg das Fassungsvermögen. Bücher, um mich abzulenken, konnte ich aus Gewichtsgründen keine mitnehmen. Da ich beim Gehen weniger nachdenken musste, versuchte ich, möglichst oft unterwegs zu sein; im Nachhinein gesagt, bin ich wohl vor mir selbst weggelaufen. Doch sitzen konnte ich nicht.

Nach diesen vier Tagen rastloser Wanderung reiste ich mit dem Zug zurück in den Kanton Zürich, wo meine Freundin und ich die Beziehung definitiv und offiziell beendeten.

Anschließend fuhr ich wieder zurück, um den Jakobsweg fortzusetzen. Nach einem weiteren Tag merkte ich, dass ich die Reise nach Spanien wegen seelischer Unruhe nicht schaffen würde. Gerade war ich im Raume Stans unterwegs, da setzte ich mich auf einem Hügel unter einen prächtigen Apfelbaum und blickte in ein fantastisches Panorama weit über den Vierwaldstättersee. Doch genießen konnte ich diesen auferbauenden Anblick nicht. Zu sehr war ich mit mir selbst beschäftigt. Durch das Ende der Beziehung wurde meine Leere noch größer, da ich plötzlich nichts mehr hatte. Ich brach die Reise ab.

Das vierte Kapitel endet wie die vorangegangenen. Einmal mehr war ich in meinem Leben einen Schritt weitergekommen (durch meinen Glauben) und insgesamt ungefähr gleich weit wieder zurückgegangen.

Drei Fragen an dich:

- Wie gehst du mit Menschen – Christen oder auch anderen – um, die offenbar in kein Schema passen?
- Bist du bereit, Menschen zu lieben und in Liebe zu begegnen?
- Wo gehst du hin, wenn du denkst, dass du dich im Kreis drehst und keinen Schritt weiterkommst?

Vers zum Thema:
»Bittet, so wird euch gegeben; suchet, so werdet ihr finden; klopfet an, so wird euch aufgetan. Denn wer da bittet, der empfängt; und wer da sucht, der findet; und wer da anklopft, dem wird aufgetan. Wer ist unter euch Menschen, der seinem Sohn, wenn er ihn bittet um Brot, einen Stein biete? Oder, wenn er ihn bittet um einen Fisch, eine Schlange biete? Wenn nun ihr, die ihr doch böse seid, dennoch euren Kindern gute Gaben geben könnt, wie viel mehr wird euer Vater im Himmel Gutes geben denen, die ihn bitten! Alles nun, was ihr wollt, dass euch die Leute tun sollen, das tut ihnen auch! Das ist das Gesetz und die Propheten.«

(Matthäus 7,7-12; LUT)

5.

DIE STIMME AUS DEM BAUM

Frustriert und mit mir uneins kehrte ich nach mehreren harten Tagen vom Jakobsweg zurück, ohne dass ich dabei das Land verlassen hatte. Ich lebte weiterhin – nun schon seit einem halben Jahr – im Campingwagen, unterwegs ohne festes Ziel. Die Straße war mein Zuhause, die Kilometer waren meine Freunde. Einmal dachte ich, dass es mich erfüllen würde, wenn ich in dem gigantischen Skigebiet Engadin als Pistenretter würde arbeiten können. Zweimal hätte ich in diesem malerischen Gebiet im Süden des Kantons Graubünden eine Stelle haben können. Ich habe diese jedoch nie angetreten, da sie mir nach zwei Probetagen nicht gefielen. Ich war nicht erfüllt, nicht zu Hause. Dann türmte sich der nächste Tiefpunkt vor mir auf: Mein Bus verlor Öl. Die physische Welt, in der ich lebte, drehte sich noch immer, daran bestand kein Zweifel. Doch moralisch war ich nun völlig geknickt, denn ich empfand, dass ich nun wirklich nichts mehr hatte: Keinen richtigen Job, keine Beziehung und nun auch keinen fahrbaren Untersatz mehr. Menschlich gesehen hatte ich nichts mehr.

Und so tat ich genau das, was ich ohnehin sehr oft unternahm: Ich ging raus und wanderte durch die Natur. Gerade stapfte ich an einem Bach entlang, als ich frustriert in beachtlicher Lautstärke schrie: »Gott, was willst du, dass ich mit meinem Leben tue?« Der Bach gurgelte zwischen zwei Wiesen hindurch und machte kleine Kürvlein. Er war umsäumt von Schilf und hohem Gras. Alle paar hundert Meter stand ein mächtiger Baum in der Landschaft.

Da sah ich, wie ein Windstoß in einen Baum fuhr. Die Äste bogen sich, die Blätter rauschten, und ich hörte eine akustisch vernehmbare Stimme: »Stephan, ich will, dass du GANZ für mich lebst!« Ich erschrak. Dazu kam eine Mischung aus Erstaunen, Überwältigtsein und emotionalem Berührtsein – es ist schwierig in Worte zu fassen. Es kam Klarheit, große Freude, Frieden und Ruhe in einem Augenblick in mein Leben. Es war, als würde ich aus der Dunkelheit in einen strahlend blauen Morgen laufen. Der Moment stellte alles auf den Kopf, alles wurde verändert, nichts war wie vorher. Es war gerade so, als wäre ein komplettes Buch in mich hineingeschrieben worden. Eine Anleitung. Alle meine Fragen waren in diesem einen Augenblick beantwortet. Wie aus dem Nichts heraus war mir klar, dass ich nun Pastor oder Evangelist oder etwas in dieser Art werden würde – obschon ich zu diesem Zeitpunkt noch gar nicht genau wusste, was das eigentlich ist. Aber mir war völlig klar, dass ich von nun an kompromisslos für ihn leben musste. All diese Dinge waren mir in diesem einen heiligen Moment klar. Gott, der Vater, hatte gesprochen. Ich wollte nun ganz für ihn leben. Komplett verändert ging ich nach diesem eindrücklichen, übernatürlichen Weckruf voran.

»Überlasst all eure Sorgen Gott, denn er sorgt sich um alles, was euch betrifft!« Diesen Bibelvers aus 1. Petrus 5,7 klebte ich an die Rückscheibe meines bald wieder intakten Busses. Die Lettern prangten überdimensional an meinem Gefährt. Das Anbringen dieser Worte war eine meiner ersten Handlungen in meinem neuen Leben. Und dieser Vers wurde alsbald von einer Vielzahl anderer Verkehrsteilnehmer gelesen; namentlich auf der Autobahn. Auf dieser holperte ich mit meinem alten Bus so langsam voran, dass ich selbst von Lastwagen überholt wurde. Wenn die Fahrer jeweils gleichauf mit mir waren, zeigten sie mir den Stinkefinger und schauten dann doch etwas verdutzt zu mir hinüber. Vermutet hatten sie wohl eher einen älteren Herrn. Mit meiner Sonnenbrille und den Tattoos entsprach ich wohl nicht dem typischen Bild, das sie beim Überholen erwartet hatten. Diese Verschmähungen störten mich nicht weiter. Ich freute mich vielmehr, dass sie es gelesen hatten. Freilich fuhr ich nicht extra langsam, um die anderen Verkehrsteilnehmer zu provozieren. Mein Gefährt brachte schlicht nicht mehr auf den Tacho.

Bald nahm ich eine neue Stelle an, bei der ich nachts für Behinderte da war. Dort sprach ich gleich von Beginn an auch über meinen Glauben. Denn dieser gehörte nun mit allem Drum und Dran zu mir, und er war für mich noch neu, obwohl ich den Schritt zu Gott eigentlich schon rund zwei Jahre früher getan hatte, was jedoch schnell – insbesondere nach dem Besuch auf der Bibelschule – wieder auf Sparflamme gelaufen war. Es dauerte dann auch nicht lange, bis mich der Heimleiter einbestellte und von mir verlangte, dass ich nicht missionieren sollte. Ich erwiderte verstört: »Nein, keine Sorge, das mache ich gar nicht. Aber wenn jemand ein Gebet von mir wünscht, werde ich es ihm nicht verweigern.« Wenn ich Buddhist gewesen wäre, hätte es wahrscheinlich niemanden gestört, wenn ich davon erzählt hätte, das ärgerte mich. Ältere Menschen mit Trisomie 21 wollten, dass ich für sie singe und bete, was ich immer tat. All das erklärte ich dem Vorgesetzten. Das Gespräch war nicht schlecht. Natürlich würde ich niemandem etwas aufzwingen. Was mir missfiel war, dass ich vorverurteilt wurde. Trotzdem sprachen mich sehr viele Leute beim Arbeiten auf meinen Glauben an, und ich hatte viele gute Gespräche darüber. Ich stellte fest, dass die Menschen im Grunde sehr auf der Suche sind.

Nach dem Erlebnis mit dem Baum und der Stimme änderte sich nun alles. Die Leere und die rastlose Getriebenheit waren wie weggewischt. Gleichzeitig wusste ich, dass ich jetzt ganz für Gott leben musste und dass ich dafür den Heiligen Geist brauchte. Wieder wanderte ich einen Bach entlang. An einer geeigneten Stelle näherte ich mich der Wasseroberfläche, schöpfte Wasser mit der Hand und goss es mir über den Kopf. Dazu sagte ich: »Komm, Heiliger Geist!« Eine Blitz-Selbsttaufe. Und diese wirkte. Ich begann, in anderen Sprachen zu beten. Seit der Stimme aus dem Baum waren mittlerweile einige Wochen vergangen. Ich las nun täglich in der Bibel und bewegte das Gelesene in meinem Herzen.

Das Buch der Bücher wollte ich in meinem Alltag leben. Als ich eines Tages durch die Marktgasse in Winterthur schlenderte, erkannte ich plötzlich die nagende Not und die abgrundtiefe Einsamkeit und die ganze Verlorenheit all dieser Menschen. Es regnete und war bereits herbstlich kühl. Ein Mann, ein Bettler, kauerte an einer Hausecke, doch die Leute zogen ungeachtet an ihm vorbei. Das ging mir so nahe und bewegte mich derart stark, dass ich zu weinen begann. Es machte mich zutiefst traurig. All diesem Leiden wollte ich begegnen, doch ich wusste nicht wie. Seit der Stimme aus dem Baum war es, als hätte Gott mir ein Herz für diese Menschen eingepflanzt – früher waren sie mir egal gewesen.

Im Spätherbst dieses Jahres zog ich eine gewisse Zeit zu meiner Tante, die ebenfalls Christin ist. Sie wohnt auf dem Land, wo sie einen Gemüsehof betreibt; im Bus wäre es um diese Jahreszeit zu kalt gewesen. Bei ihr konnte ich in einem Dachzimmerchen über dem Hühnerstall leben. Unter mir rackerten und gackerten 600 Hühner. Über ein Treppchen zog ich in mein Kabäuschen. Unten lag unverwechselbar der Duft von Hühnern und Hühnerfutter in der Luft – ein angenehmer Geruch. Zudem lag dieser Ort andächtig auf einer Hochebene über Winterthur, umsäumt von Wäldern und üppiger Natur. Diese Wochen nutzte ich, um in der Bibel zu lesen und Gott in mich aufzusaugen. Rückblickend erachte ich diese Zeit als eine der besten meines Lebens.

Zu diesem Zeitpunkt war mir noch nicht bekannt, dass es im Reich Gottes verschiedene Aufgaben gibt, daher wollte ich einfach Pastor werden, denn es war die einzige Aktivposition, die mir bekannt war. Und so nahm ich den Hörer in die Hand und wählte die Nummer der größten mir bekannten christlichen Gemeinde. Es war jene des ICF, was in voller Schönheit »International Christian Fellowship« heißt, einer jungen Gemeindebewegung in der Schweiz, die auch in Deutschland wächst. Dort schilderte ich, dass ich Christ geworden bin und nun ganz für Gott arbeiten wolle. Trotz dieser – aus Gemeindesicht – wohl nicht gerade üppigen Qualifikation wurde ich zu einem Vorstellungsgespräch eingeladen, und tatsächlich erhielt ich eine Praktikumsstelle für den nächsten Frühling. Ich fand es genial, dass ich diese Chance erhielt. Nach einigen Wochen bei meiner Tante klinkte ich mich wieder in die Nachtschichtarbeit im Behindertenheim ein. Die restliche Zeit verbrachte ich mit dem Bibellesen und stellte Gott Fragen. Ich war überzeugt, dass die Bibel zu mir sprach. Ich schlug sie immer wieder auf und stellte fest, dass sie immer zu mir redete. Stunden verbrachte ich hungrig nach seinen Worten.

Weltlich gesehen mochte ich alles verloren haben, innerlich jedoch hatte ich alles gefunden: Ich war glücklich und erfüllt, und davon wollte ich allen erzählen.

In der Bibel las ich, dass Engel und Dämonen existieren. Irgendwann bat ich Gott: »Wenn es das alles gibt, will ich das sehen, sonst glaube ich es nicht.« Denn in der Geisteswissenschaft und der Sozialarbeit, die ich erlernt hatte und die ich ausübte, gab es solche Dinge nicht. Mit der menschlichen Psyche und Neurowissenschaften hatte ich mich intensiv auseinandergesetzt. Dennoch blieben Restfragen, die sich nicht hatten klären lassen. Ich traf von Zeit zu Zeit auf Patienten, die etwas hatten, das nicht zu erklären war.

Kurz nach diesem Gebet besuchte ich eine Bar in Winterthur – natürlich ohne wie früher über die Stränge zu schlagen. Wie aus dem Nichts heraus steuerte ein bleicher Mann mittleren Alters mit zurückgekämmten langen Haaren schnurstracks auf mich zu. Er war durchweg in ein matt absorbierendes Schwarz gekleidet, unter anderem trug er einen langen Mantel. Kaum bei mir angelangt, kniff er die Augen zusammen und bemerkte leicht mechanisch: »Ich merke, dass bei dir etwas anders ist!« Zunächst dachte ich, dass er damit meint, dass ich ein cooler Typ wäre. Fast gleichzeitig kam mir in den Sinn, zu sagen, dass ich Christ bin und das Anderssein wohl daher rührt. Kaum hatte ich den Namen »Jesus« erwähnt, begann sein Körper, zu rütteln und zu zittern, was mir äußerst merkwürdig vorkam. So legte ich meine Hand auf seine Schulter und betete mitten in der Kneipe, dass er frei wird. Mit weit aufgerissenen Augen starrte er mich an. »Der Name Jesus macht mir Angst!« Reflexartig schlug er meine Hand weg, und eine tiefe Stimme donnerte unverständliche Worte aus seinem Innersten heraus. Gleichzeitig schlug er unkontrolliert um sich. Er zitterte weiter. Sein Oberkörper schwankte nach hinten und vorne, so dass er eigentlich hätte umfallen müssen, was aber nicht geschah. Es wurde ruhig im zweiten Stock der Einrichtung, wo wir uns befanden. Eine solche Ruhe hatte ich kaum je erlebt. Nun rannte der Mann wie besessen die Treppe hinunter und aus dem Lokal hinaus. Keiner begriff, was da gerade geschehen war; ich ebenso wenig. Alle standen stumm da und blickten dem Kerl nach, und manche musterten auch mich. In leichtem Nieselregen ging ich zu meiner Tante zurück. Während dieser 45 Minuten ließ ich das Geschehene Revue passieren, und mir war klar, dass ich eine Manifestation erlebt hatte, die mit der Geisteswissenschaft nicht zu erklären war. Ich konnte mir darauf keinen Reim machen.

Am nächsten Morgen stand ich auf, um wie jeden Morgen mit meinem Hund spazieren zu gehen. Meine Gedanken kreisten noch um das sonderbare Ereignis vom Vorabend, als mein tierischer Gefährte plötzlich stehen blieb und wie von Sinnen in den

Wald hineinbellte. Er jaulte, knurrte und tobte in einer Weise, wie er es sonst nicht ansatzweise tat. Perplex zog ich mein Handy hervor, um meinen alten Jugendfreund Raphael anzurufen, den ich meist »Raphi« nenne und der mittlerweile als Pastor arbeitet. Er war schon seit langer Zeit Christ. Ich erzählte ihm, was am Abend vorher vorgefallen war, und auch, was gerade vor meinen Augen durch meinen Hund geschah. Nachdem er aufmerksam zugehört hatte, riet er mir: »Du musst in den Wald hineinrufen: Im Namen Jesu: Verschwinde in das tiefste Meer!« Und so schrie ich in den weitläufigen Tannenwald hinein. Von einem Augenblick auf den nächsten war mein Hund still und zufrieden, sein innerer Sturm hatte sich ohne Nachbeben besänftigt. Da wusste ich, dass wirklich in der unsichtbaren Welt etwas geschehen war.

Bei diesem Spaziergang begriff ich eines: Einerseits gibt es Menschen, die psychisch belastet sind und unsere Hilfe in therapeutischen Einrichtungen brauchen. In meinem beruflichen Werdegang hatte ich dies bis zu diesem Zeitpunkt verschiedentlich erfahren. Gleichzeitig, so realisierte ich, gibt es Menschen, die wirklich dämonisch belastet sind. Die Kunst ist, herauszufinden, bei wem was zutrifft. Denn es ist genauso falsch, jemandem, der medizinische Hilfe braucht, zu sagen, dass er dämonisch besessen sei, wie es nicht richtig ist, jemandem Medikamente zu verabreichen, der innere Befreiung nötig hat. Der Name von Jesus hat eine unglaubliche Kraft. Das erlebte ich seither immer wieder.

Eine Woche zog ins Land, und ich beschloss, Seelsorge beziehungsweise Coaching in Anspruch zu nehmen, weil ich merkte, dass ich jemanden brauchte, der mir Anleitung gab. Bei ersten solchen Treffen erzählte ich meinem Seelsorger, gemütlich auf dem Sofa sitzend, von meiner Taufe und dass ich in einer anderen Sprache betete. Raphael bat mich, doch einmal in dieser Weise zu beten. Zwar versuchte ich es, doch es war ein großer Kampf. Die Worte kamen nur sehr zähflüssig über meine Lippen. Es war eher ein unzusammenhängendes Gestammel.

Dann begann er, zu beten, und ich merkte im Nu, dass ich rein sprachlich keines seiner Worte wirklich verstand. Und gleichzeitig – es lässt sich kaum anders beschreiben – verstand ich alles, was er sagte, in meinem Innern. Einmal kam aus seinem Mund: »Stephan, gehe in Ruhe vorwärts. Alles ist in Ordnung.« Er wusste selbst nicht, dass er dies sagte, da er in einer Sprache redete, die wir rein phonetisch selbst nicht kannten. Ich wurde übermannt und weinte. Zwischendurch öffnete ich die Augen. Ich sah, wie Raphael auf dem Sofa saß und neben ihm eine leuchtende Gestalt. Ich spürte, dass es ein Engel war. Er strahlte eine Macht und einen Frieden aus. Die Szenerie war nicht beängstigend, nicht irritierend, aber unheimlich kraftvoll. Als sein Gebet fertig war, war auch dieser Moment vorbei. Dieses Erlebnis mit der Erscheinung war auch für ihn außergewöhnlich. Man sieht ja nicht jeden Tag einen Engel. Er führte es darauf zurück, dass ich Gott gebeten hatte, in die unsichtbare Welt blicken zu können.

In mir stieg die Frage auf, ob ich möglicherweise ähnlich wie Abraham auch etwas opfern sollte. Am liebsten war mir mein Hund, und so überlegte ich, ob ich von meinem geliebten Husky würde Abschied nehmen müssen. Alsbald zog ich mit meinem Vierbeiner los, raus in die Natur. Dazu nahm ich ein großes Jagdmesser mit, falls ich erkennen würde, dass ich zum Äußersten würde gehen müssen.

In meinem Fall sollte es aber nicht so weit kommen. Erneut hörte ich die gleiche Stimme, wie jene aus dem Baum, diesmal aber leise und nicht akustisch, sondern so, als würde sie in meine Seele geflüstert:»Stephan, ich weiß, dass du mir vertraust, es ist gut.« Ich erkannte, dass Gott auf verschiedene Arten reden kann.

Im gleichen Zeitraum nahm ich noch immer allerhand Manifestationen im eigentlich unsichtbaren Raum wahr. So saß ich beispielsweise einmal in der S-Bahn neben einem Mann, der wie eine Frau angezogen war. Innerlich sah ich, was diese Person durchlitten hatte. Dieser Mensch war früher missbraucht worden, und sein Inneres war verletzt und schrie nach Heilung, nach Annahme, nach Liebe. Dennoch war ich unsicher, ob ich einfach sagen sollte, dass Jesus sein Leben verändern will und Freiheit bringen möchte. Doch ich wagte diesen Schritt nicht.

Noch lange dachte ich an diesem Tag darüber nach, warum ich es nicht gewagt hatte und welchen Unterschied ein Gespräch mit dieser Person für ihr weiteres Leben hätte machen können. Mein Schweigen bereute ich, und ich entschied mich, dass ich es künftig immer wagen will, wenn ich den Impuls dazu verspüre. Denn eigentlich hatte ich ja ohnehin vor, allen von Christus zu erzählen.

Meinen Entschluss setzte ich im Handumdrehen um, und zwar in aller Öffentlichkeit: Ich stellte mich in der Marktgasse in Winterthur auf und las laut aus der Bibel und predigte. Bald erkannte ich, dass andere das Gleiche taten, und ich gesellte mich zu ihnen. Es waren Leute, die selbst evangelistisch in der Stadt unterwegs waren. Bald gingen wir Samstag für Samstag gemeinsam auf die Straße. Diese Gottesdienste mitten in der Innenstadt umrahmten wir später auch mit Musik. Zunächst predigten wir einfach aus der

Bibel. Die meisten Passanten hielten höchstens kurz an oder zogen vorgeblich zielstrebig an uns vorbei, und nicht wenige erachteten uns als Spinner. Aber mein Herz war voll, und ich wollte restlos allen von Jesus erzählen.

So vergingen die Samstagnachmittage. Es wurde Frühling, und mit diesem zog meine erste pastorale Anstellung herauf, in der Form des erwähnten Praktikums im ICF. Mein erster Einsatz begann gleich in einem Jugendcamp der Gemeinde. Für den Hinweg konnte ich den Sportwagen einer Cousine ausleihen und gut gelaunt in dieses Camp fahren. Ich kannte noch niemanden. Alle waren jung und trendig. Sie dachten zudem, ich sei einfach ein Teilnehmer. Erst im Laufe der Zeit merkten sie, dass ich der neue Praktikant war. Im Camp hatte ich noch keine besonderen Aufgaben. Ich sollte mich einfach in der Gemeinde einleben.

Dazu kam, dass ich dort eine andere Frau traf. Sie war – allerdings verlobt, und ich hatte eine neue Freundin. Jedoch mochten wir uns, und wir begannen, uns zu daten. Nach ein paar Wochen löste sie ihre Verlobung auf, während ich meiner Freundin mitteilte, dass wir nicht mehr zusammen sein könnten. Meine neue Eroberung und ich wurden ein Paar.

Während der ICF-Zeit verzichtete ich nicht auf meine geliebten Bergtouren. Allerdings war es nicht mehr wie früher, wo mich ein unerklärlicher Drang nach Freiheit dazu trieb, sondern einfach, weil ich die Schönheit der Schöpfung auf mich wirken lassen wollte. So auch, als ich mir den Wissmilen vornahm. Das ist ein Berg zwischen den Kantonen St. Gallen und Glarus. Er ist 2483 Meter hoch, und vor allem die letzten paar Dutzend Höhenmeter haben es in sich. Unbeschwert lief ich mit meinem Husky los, der ja Gott sei Dank noch am Leben war. Anders als früher mit den Gedanken »Komme ich um, so komme ich um« zog ich nun dankbar mit Gott im Herzen los. In diesen Tagen – so auch bei diesem Aufstieg – kam immer wieder das Wort »Halleluja« über meine Lippen. Meine Bibel hatte ich dabei. Sie war meine einzige Ausrüstung, auch als ich in den Schnee kam. In diesen gelangte ich ohne weiteres Material, ohne Seil, ohne Steigeisen oder sonst sinnvolle Gegenstände, wie etwa einem Pickel. Als es steiler wurde, schlug ich mit meinen Schuhen Tritte in den Schnee. Es war ja bei Weitem nicht mein erster Ausflug in die Gipfelwelt. Oben angelangt, blickte ich in die fantastische Runde der Glarner Alpen, die zum Weltnaturerbe der UNESCO gehört und dort den passenden Namen »Tektonikarena Sardona« tragen. Als ich jedoch runterschaute, erschrak ich zutiefst. An einer Stelle ging es wohl mehrere Hundert Meter steil bis senkrecht hinunter. Und auf dem Rückweg musste ich da durch. Ich wusste: Ein falscher Tritt und ich würde hinunterfallen. Mitten in meine Gedanken hinein hörte ich, wie ein SMS bei meinem Mobiltelefon einging. Doch dafür hatte ich nun wirklich keine Zeit, obwohl ich irgendwie den Eindruck hatte, dass ich es sofort lesen sollte. Aber da war der Abgrund, dem ich durch einen äußerst behutsamen Abstieg mit sorgsamen Schritten entgehen wollte. Jeden Tritt, den ich in den Schnee geschlagen hatte, musterte ich und schlug ihn erneut ein. In mühselig akribischer Klein- und Feinarbeit nahm ich Schritt für Schritt. Erst als das Gelände ungefährlich geworden war, wich der Schrecken allmählich aus meinen Gliedern. Auf sicherem Boden schaute ich erschöpft und emotional noch immer aufgewühlt in diese Textnachricht, die ich zuvor erhalten hatte. Sie war von meiner Freundin: »Stephan, lies Psalm 121.« Überschrieben ist dieses Kapitel mit »Unterwegs unter Gottes Schutz«. Der Psalm umfasst nur acht Verse, und die waren wie für meine Situation geschrieben gewesen. Dort steht nach einer kurzen Einleitung: »Ich schaue hinauf zu den Bergen – woher wird meine Hilfe kommen? Meine Hilfe kommt vom Herrn, der Himmel und Erde gemacht hat. Er wird nicht zulassen, dass du stolperst und fällst; der dich behütet, schläft nicht. Siehe, der Israel behütet, wird nicht müde und schläft nicht. Der Herr selbst behütet dich! Der Herr ist dein schützender Schatten über deiner rechten Hand. Die Sonne wird dir am Tag nichts anhaben noch der Mond bei Nacht. Der Herr behütet dich vor allem Unheil und bewahrt dein Leben. Der Herr behütet dich, wenn du kommst und wenn du wieder gehst, von nun an bis in Ewigkeit.«

Meine Todesangst hätte also trotz des schwindelerregenden Abhangs nicht sein müssen. Ich hatte eine Zusage auf meinem Handy, die mir den Blick weg von den Umständen auf den gelenkt hätte, der mir in dieser schweren Stunde beigestanden hat. Natürlich wäre der gebührende Respekt vor den gefährlichen geografischen Gegebenheiten noch da gewesen, aber in einem anderen Maßstab. Gleichzeitig lernte ich dadurch auch eine geistliche Lektion. Mir war klar, dass ich künftig immer hören wollte, wenn ich spürte, dass der Heilige Geist mir etwas sagen will.

Etwas, das er mir zu sagen hatte, betraf mein Beziehungsleben. Gott zeigte mir auf, dass ich noch gar nicht bereit war für eine richtige Freundschaft. Deshalb beendete ich auch diese Beziehung, und ich entschied mich, dass ich keine Beziehung mehr wollte, bis klar war, dass ich wirklich mit der richtigen Frau zusammen war.

Das Praktikum im ICF gefiel mir. Ich entwickelte mich weiter und durfte mit der Zeit zum Beispiel in den Jugendgottesdiensten ein paar Worte sagen.

Mittlerweile lebte ich wieder in meinem Bus. Mit dem aufkommenden Frühling und den damit verbundenen wärmeren Tagen zog ich wieder ins Fahrzeug. Abends parkte ich immer auf einem Hügel am Stadtrand, wo man kostenlos von 17 Uhr bis zum nächsten Morgen seinen Wagen hinstellen konnte. Ich blickte hinunter auf die Stadt und betete für sie. Am Waldrand war eine Dusche für Sportler, die ich benutzen konnte Meine Kleider wusch ich bei den Eltern oder da, wo ich gerade bei jemandem zu Besuch war.

Fast an jedem Tag fuhr ich einmal in das Rotlichtviertel der Stadt, wo Bordelle sowie Klein- und Großkriminelle unterwegs sind. Manchen möchte man nachts nicht unbedingt über den Weg laufen, einigen sogar tagsüber nicht. Die Lichter und Glitzer dieser Bling-Bling-Welt konnten mir die Verlorenheit und die Orientierungslosigkeit jener nicht verbergen, die hier vergeblich nach Annahme und Erfüllung suchten. In dieser gottverlassenen Gegend betete ich oft zu Gott. Ich sah, wie auf den Dächern Dämonen saßen und auf die Stadt hinunterblickten. Mit der Zeit wurde mir dieser Einblick zu viel, und ich sagte Gott, dass ich solche Dinge weniger sehen wollte. Bald sah ich diese Fratzen nicht mehr.

In meine Praktikumszeit fielen die Vorarbeiten christlicher Werke hinsichtlich der Fußball-EM. Die Euromeisterschaft 2008 wurde in der Schweiz und in Österreich ausgetragen. Weil in der Gemeinde bekannt war, dass ich gerne Straßeneinsätze durchführte, wurde ich an eine solche Vorbereitungssitzung als Vertreter unserer Gemeinde delegiert. Als »Neuling« saß ich plötzlich im

Kreise von zahlreichen Leitern aus der christlichen Landschaft sowie diversen Kirchen. Ich freute mich bereits darauf, an ihrer erfahrenen Seite tolle Pläne für Gott zu schmieden und in die Tat umzusetzen; denn überhaupt: Geladen hatte die »Schweizerische Evangelische Allianz«, welche dieses sportliche Großereignis evangelistisch nutzen wollte. Am Tisch saßen also Vertreter großer Werke und Denominationen. Und mittendrin ich. Doch ich traute meinen Ohren nicht, als einer sagte: »Ja, wir sollten aber nicht zu sehr mit Jesus daherkommen. Nicht dass plötzlich der Sektenbeauftragte kommt.« Dieser bekommt von Zeitungen gern ein paar Zeilen Platz eingeräumt, um seine Meinung kundzutun, sobald über eine x-beliebige Freikirche und deren Aktivität geschrieben wird. Die Erörterungen sind meist negativ. Zum Beispiel stimmt es ihn besorgt, wenn Christen in Asylunterkünften ohne seine Genehmigung christliche Literatur verteilen. Mir blieb die Spucke weg. Da saßen sie, alles gestandene Werks- und Gemeindeleiter, und da wurde doch tatsächlich gesagt, dass man nicht zu sehr mit Jesus kommen solle, aus Angst vor den Zeilen eines Typen, dessen Namen ich bis dahin noch nie gehört hatte. Und so erhob ich Einspruch: »Was habt ihr Angst vor diesem Mann, lasst uns das Evangelium verkünden!« Nachdem ich gesagt hatte, was aus meiner Sicht gesagt werden musste, taten sie, als hätte ich nichts gesagt. Ich ärgerte mich. Aber ich erkannte, dass sich mehrere ertappt vorkamen, und ich stellte fest, dass ich die etablierte Christenwelt etwas nervös gemacht hatte.

Das Ergebnis waren verschiedene evangelistische Verteilmaterialien für lokale Gemeinden, die ihnen das Übertragen von Fußballspielen in ihren Sälen vereinfachten. Dazu wurde beschlossen, dass an den verschiedenen Spielstätten Evangelisationseinsätze durchgeführt werden sollten.

Als die EM schließlich gekommen war, war mir die Leitung der Straßeneinsätze am Zürcher Standort zugewiesen. Unsere Basis war die »City Church«. Diese Zeit zähle ich zu den besten meines Lebens: Denn was kann es Schöneres geben, als am Morgen mit dem Hund im Wald spazieren zu gehen, am Mittag runter in die Stadt zu gehen, um evangelistische Einsätze vorzubereiten, und dann am Nachmittag mit Leuten rauszugehen. Es waren bis zu 30 Leute dabei, die sich von einer Jüngerschaftsschule aus beteiligten. Eines Mittags sagte ich in meiner Motivationsansprache zu den Teilnehmern, dass wir »Hardcore für Jesus« sein wollten. Die jugendlichen Mitstreiter waren alle voller Feuer dabei. Meine Inputs hielt ich oft basiert auf das Buch »Leben mit Vision« von Rick Warren. Ich war freudig erstaunt, wie das Feuer des Evangeliums auf die jungen Teilnehmer überging und sie voller Enthusiasmus rausgingen, um die rettende Botschaft weiterzutragen. Am Abend ging ich dann in die Public Viewings, um in der Fanmeile Fußball zu schauen.

Gegen Ende meines dreimonatigen Praktikums im Sommer 2008 hatte ich den Eindruck, dass Gott mir sagte, ich solle mich taufen lassen. Deshalb fragte ich einen Freund, ob er mich taufen würde. Nach einem Abendgottesdienst gingen wir gemeinsam an die Limmat, jenen Fluss, der aus dem Zürichsee fließt, später in die Aare mündet und von dieser via Rhein in die Nordsee. Gemeinsam gingen wir in der malerischen Atmosphäre ins Wasser. Es war ein kühler Frühlingsabend und bereits dunkel, doch die Gegend war in ein warmes, angenehmes Licht getaucht. »Im Namen des Vaters, des Sohnes und des Heiligen Geistes«, sagte mein Freund und taufte mich. Als ich unter Wasser tauchte, war es, als würde meine Vergangenheit aus mir herausgespült. Dieser Augenblick überwältigte mich – nach diesen Sekunden unter Wasser jubelte und schrie ich vor Freude.

Als mein Praktikum in der Gemeinde zu Ende ging, unterhielt ich mich mit deren Gründer. Er stellte in Aussicht, dass in Winterthur ein Zweig des ICF gestartet werden könnte, und er fragte mich, ob ich mitwirken wolle. Und ob ich das wollte. Zusammen mit einem jungen Ehepaar war ich im Gründungsteam des ICF Winterthur dabei. Der Startschuss erfolgte in einer größeren Event-Lokalität. Band, Techniker und Pastor kamen aus Zürich, rund 200 Personen waren beim Eröffnungsgottesdienst dabei. Jeden Sonntag bauten wir die technische Anlage, die Instrumente und die Bühne auf und nach der Veranstaltung wieder ab. In den kommenden Jahren erschienen immer mehr Besucher, und so zog die Church später in ein Kino.

Schon während des Praktikums und nun auch während des Gemeindebaus wurde ich von verschiedenen Personen darauf angesprochen, ob ich nicht das ISTL durchlaufen wolle, also das »International Seminary of Theology and Leadership« in Zürich. Für mich aber war klar, dass ich ablehnen würde, wenn nicht Gott mir zeigen würde, dass ich das tun sollte. Allerdings wurde ich immer wieder scheinbar aus dem Nichts heraus darauf angesprochen, bis ich realisierte, dass Gott auch durch Menschen reden kann. So ließ ich mich bei diesem Institut einschreiben. Bis heute bin ich diesem Institut ausgesprochen dankbar dafür, dass ich die Chance erhalten hatte, mich dort theologisch weiterzubilden.

Mit dieser Zusage erfolgte bei mir ein Sinneswandel, was das Dach über dem Kopf anbelangte. Seit geraumer Zeit war dies ja aus Metall und erfreute sich an vier Rädern und einem Motor. Aber als Theologiestudent sah ich nun die Zeit gekommen, meinen steten blechernen Begleiter zu verkaufen und gemeinsam mit einem Kollegen eine Wohngemeinschaft zu eröffnen.

Der verheißungsvolle Auftakt in das erste von drei Jahren begann mit einem Studienwochenende, wo ich bereits etliche aus meiner künftigen Klasse kennenlernte sowie jene, die ins zweite oder dritte Jahr starteten. Vorgesehen war, dass ich – wie alle anderen auch – den größeren Teil der Woche dem Studium widmete und daneben in der Gemeinde mitwirkte. Schnell fiel ich mit meinem Charakter auf. Das Bravourstück war zweifelsohne jener Moment, an dem ich zürnend mein Handy mit voller Wucht an die Wand donnerte, wo es krachend zerschellte. Diese und andere Aktionen verdutzten die meisten Klassenkameraden. Sie verstanden nicht, wie man so etwas in einer heiligen Atmosphäre tun konnte. Hintergrund war, dass ich gerade eine negative Nachricht erhalten hatte, die mir überhaupt nicht gepasst hatte. Dazu kam, dass wir während des Selbststudiums gerade vieles am Computer zu arbeiten hatten. Dieses stundenlange Sitzen am Computer mochte ich grundsätzlich nicht und dann noch diese Nachricht …

Ebenfalls mit ganzem Herzen war ich bei den wöchentlichen Straßeneinsätzen dabei, bei denen ich frei von der Leber weg predigte, egal, wo wir gerade waren, auf einem öffentlichen Platz, an der Haltestelle oder wo auch immer. Mit Flashmobs zogen wir das Interesse der Passanten auf uns, um ihnen dann den christlichen Glauben vorzustellen. Unser Tun auf der Straße verfehlte seine Wirkung nicht. Eine Frau fühlte sich vom Gesehenen angesprochen und kam mit einem unserer Studenten ins Gespräch. Dies war der Ausgangspunkt eines Lebens mit Christus. Zunächst besuchte sie einen Alphalife-Kurs, heute bietet sie selbst welche an. Sie fühlt sich in der Landeskirche zu Hause, und das ist gut so. Ich schätze die Vielfalt der verschiedenen Kirchen. Es ist wie eine Blumenwiese. Jeder, der eine spirituelle Erfahrung macht, ist irgendwo auf diesem Feld daheim.

Gleich zu Beginn hatte der Gründer des Instituts gesagt, dass man am besten predigen lernt, wenn man dies auf der Straße tut. Die großen Erweckungsprediger hätten es letztlich fast alle so gelernt. Das gefiel mir. Ich nutzte jede Gelegenheit, die sich bot. Ich predigte zum Beispiel über Äpfel und Birnen und schlug die Brücke zum Evangelium. Rhetorisch und kommunikativ ist dies eine vorzügliche Schulung, da das Publikum kritisch ist. Zig Leute können zuhören. Es ist ein guter Ort, um besser reden zu lernen. Nach jeder Predigt sagte ich, dass ich für Leute beten würde, und jedes Mal kamen Menschen, um für sich beten zu lassen.

Im Laufe dieses Spätherbstes bekam ich es aufs Herz, eine Weihnachtsfeier für arme Menschen in Zürich zu organisieren. Dafür konnte ich fünf weitere Studenten begeistern, und so luden wir schließlich am Weihnachtsabend zu unserer ersten »Gassenweihnacht«. Idealistisch war unser Wunsch, einfach den armen Menschen zu essen zu geben und gerade in dieser schwierigen Zeit für sie da zu sein. Munter hatten wir organisiert, und wir gingen davon aus, dass da kaum jemand kommen würde. Wir rechneten mit zehn bis zwanzig Leuten und wählten als Ort ein Gassenlokal, das einen

Imbisssaal im Kellerraum hatte. Dort deckten wir sicherheitshalber für hundert Leute die Tische.

Zu unserer Überraschung blieben dann rund hundert Personen während der ganzen Zeit da, und hundert weitere verweilten einen Teil des Abends mit uns. Prostituierte – darunter auch männliche, Ausländer und Flüchtlinge aßen gemeinsam mit uns ein feines Essen. Alte saßen neben Migranten und Christen. Es waren besondere Momente. Gedeckt hatten wir für hundert Personen, gekocht zunächst etwa für die Hälfte, doch wir hatten einen guten Koch, der immer wieder nachrichtete. Als alle satt waren, war auch der Vorrat aufgebraucht – es war auf übernatürliche Weise »aufgegangen«. Zwischen dem Hauptgang und dem Dessert predigte ich. Es war eine übernatürliche Atmosphäre, echte Weihnachten. Wir boten ebenfalls Gebet an. Das Interesse war so groß, dass wir viele kleine Grüppchen bildeten. Wir waren so in unserem Element, dass wir nach diesem Fest zu sechst auf der Straße gleich weiterevangelisierten. Wir sprachen Leute an und erzählten ihnen von Jesus, und mit Straßenkreide schrieben wir Bibelverse auf den Boden. Zum ersten Mal hatte ich das Gefühl, dass dieser Ort des Elends zu einer heiligen Straße geworden war. Am Schluss beklebten wir ein ganzes Bushäuschen mit Bibelversen. Wenn man zuletzt durch die Gasse ging, sah man überall Verse und Traktate.

Ein Erlebnis dieses Abends ist mir in besonderer Erinnerung geblieben. Als wir den Saal einrichteten, packte eine Frau besonders fleißig beim Tischdecken mit an. Wir dachten, dass es eine freiwillige Helferin sei. Wir beteten kurz noch zusammen, bevor die Leute kamen. Da sagte sie, dass sie mit Religion nichts am Hut habe. Sie war einfach ein Gast, dem wir dienen wollten. Einer unserer Leiter,

»Mykey« (kurz für Michael, wie im Englischen »Mein Schlüssel«) Rüegger, betete für sie, unter anderem dafür, dass sie ein körperliches Leiden loswerden konnte. Eine Stunde später kam sie erneut zu ihm und sagte, dass sie soeben von diesem Leiden geheilt worden war. Ein Jahr lang hörten wir dann nichts mehr von ihr. Bei der zweiten Gassenweihnacht war sie aber wieder dabei. Sie berichtete, dass sie bereits damals am Abend nach dem Gebet Heilung erfahren hatte. Zudem berichtete sie voller Freude, dass sich nach dem einfachen Gebet ihr Leben völlig verändert hatte. Sie fand eine christliche Gemeinde, einen Job sowie einen Mann, der ebenfalls gläubig ist. Von alldem zu hören, überwältigte uns. Gott tut heute noch Wunder und verändert Leben, durch einfache Männer und Frauen wie dich und mich.

Und nun wieder zurück in die Zeit der ersten Gassenweihnachtsfeier: Nachdem dieser wunderbare Abend gut genutzt verstrichen war, gingen wir nach den Weihnachtsferien zurück ins Studium. In einer der ersten Unterrichtseinheiten gewährten wir den Kameraden einen Einblick in das Erlebte, was unter anderem den ebenfalls anwesenden ISTL-Gründer und Leiter freute. Er ist ein unkonventioneller Pionier, der ein weites Herz für solche Aktionen hat.

Innerhalb der Gemeinde vertrat ich die Meinung, dass es nötig wäre, mit der lebensrettenden Botschaft vermehrt auf die Straße zu gehen. Einer der Künstler der Gemeinde riet mir, zu prüfen, ob ICF noch meine Kirche war. Um mir Gedanken dazu zu machen, ging ich mit meinem steten Begleiter in die Natur. Ich betete: »Jesus, du siehst, dass ich in dieser Gemeinde vieles lernen kann und dass ich da auch wachse. Ich bin noch neu im Glauben. Was soll ich tun?«

Innerlich sah ich ein Bild von einem »Fünfliber«, der größten Münze im Schweizer Währungssystem, fünf Franken. Und so entschied ich mich zum Werfen eines solchen Geldstücks und legte fest, dass ich bei Kopf die Gemeinde wechseln würde, bei einer Zahl jedoch würde ich verbleiben. Nun, die Münze war mutig genug, nicht auf der Kante stehen zu bleiben, sondern einen Entscheid herbeizuführen, und dieser lautete: Aufbruch zu neuen Ufern. Ich setzte meinen Pastor in Kenntnis, dass ich die Gemeinde verlassen würde, und erklärte ihm alles. Natürlich fand er dies sehr schade und sagte: »Du wirst eine gute Karriere machen, du bist ein guter Leiter, ich sehe in dir ein großes Potenzial. Aber ich akzeptiere deine Entscheidung.«

In der Bibelschule wurde mein Entscheid ebenfalls mit Bedauern aufgenommen, da zu den Grundsätzen des Studiums gehörte, dass man in einer Gemeinde verankert ist, in der man das auf dem Institut Gelernte auch gleich in die Tat umsetzte. Dennoch verließ ich diese Gemeinde. Ich hatte Frieden mit allen gehalten, und somit konnte ich versöhnt weitergehen.

Da uns die Gassenweihnacht große Freude bereitet hatte und wir sahen, wie offen die Menschen eigentlich waren, beschlossen einige aus dem Kreis, im Sommer das Projekt »Papillon« zu starten. Papillon steht im Französischen für Schmetterling. Wie ein solcher wollten wir in der Innerschweiz um den Vierwaldstättersee ziehen und den Leuten von Jesus erzählen. Dieser Gedanke kam uns, als wir zu viert bei einer Pizza die Gassenweihnacht noch einmal feierten. Wir sagten, dass wir mehr wollten. Um dem Ganzen einen Rahmen zu geben, gründeten wir einen evangelistischen Verein, der christliche Musik macht, das Evangelium weitergibt und der wild und ungezähmt ist. Bei dieser Pizza, jeder hatte eine für sich beim »Pizza-Blitz« bestellt, besprachen wir, was uns eigentlich ausmacht. Dazu saßen wir gemeinsam im Kreis am Boden – ein paar idealisierte Theologiestudenten. Wir waren uns einig, dass wir Menschen näher zu Gott bringen wollten, dass wir Zeichen und Wunder sehen wollten, ja, dass wir Apostelgeschichte erleben wollten. Als die Pizza weg war, war der Verein »Fingerprint« da. Wir hatten viele verschiedene Namen bewegt, »Fingerprint« setzte sich durch, weil ein Fingerabdruck unsichtbar, aber dennoch da ist. So ist es mit Gott: Man sieht ihn nicht direkt, doch sein Handeln wird immer wieder offenbar, und so soll sein Fingerabdruck überall in den Leben der Menschen sichtbar werden.

Gleich das erste Projekt sollte ein evangelistischer Paukenschlag werden und schon in wenigen Monaten, im Sommer 2009, beginnen. Wir beschlossen, mit Ross und Wagen um den Vierwaldstättersee in der Innerschweiz zu ziehen und überall haltzumachen, um die Menschen mit der Guten Nachricht zu erreichen. Während der Planungsarbeiten lernte ich einen Bauern kennen, der bereit war, uns zwei Pferde und einen Planwagen zum Reisen zur Verfügung zu stellen.

Erste Erfahrungen sammelten Mykey und ich, indem wir ein Megafon kauften, um auf der Straße zu predigen. Wir starteten vor dem Großmünster in Zürich und erzählten von Jesus. Wir stellten uns auf das Mäuerchen und riefen: »Jesus liebt euch, Zürich« und dann predigten wir. Irgendwann fuhr die Polizei vorbei. Mykey und ich entschieden, den Ort zu wechseln, bevor es Probleme geben würde. Unsere Leidenschaft war groß, und es gab durchaus Passanten, die sich angesprochen fühlten. Auf uns traf zu, was das

Sprichwort sagt: »Wessen das Herz voll ist, dessen geht der Mund über.«

Zwei Fragen an dich:

- Hast du auch den Wunsch, die Apostelgeschichte zu erleben?
- Gibt es ein großes oder kleines Projekt, das du bei einem Pizzaessen mit Freunden vorantreiben könntest?

Vers zum Thema:

»Verkünde das Wort Gottes. Halte durch, ob die Zeit günstig ist oder nicht. In aller Geduld und mit guter Lehre sollst du die Menschen zurechtweisen, tadeln und ermutigen!«

(2. Timotheus 4,2)

6.

»FINGERPRINT«: GOTTES VISITENKARTE ENTSTEHT

Die Freude war groß, als wir in den Semesterferien in die Innerschweiz aufbrachen. Der Bauer fuhr uns mit den Rossen, die in einem Pferdeanhänger standen, in unseren »Zielraum« nach Ägeri im Kanton Zug. Viele dürften diese überwältigende Landschaft, die wohl jeder Japaner und jeder Koreaner einmal persönlich als Tourist besucht hat, von Bildern kennen. Nun, wir trafen diese Gegend völlig anders an. Es regnete, stürmte und manche Straßen erinnerten eher an Bäche als an Fahrbahnen. Um es anders zu sagen: Wir waren nicht alleine, sondern zig Millionen Regentropfen gesellten sich bereits bei der Abfahrt zu uns, und sie erwiesen sich als treue Begleiter. Kurz vor dem Ziel lagen Teile der Straße etliche Zentimeter unter Wasser, sodass das Vorankommen manchenorts sehr schwierig bis fast unmöglich war. Bis zu dem Zeitpunkt, als unsere »Floßfahrt« beendet war. Für uns war es wie ein geistlicher Angriff, und wir überlegten, ob wir dieses Sommerprojekt begraben sollten – denn übernachten wollten wir ja in Zelten, und ein Start in matschiger Erde entsprach sicherlich nicht unserem Traum eines sommerlichen Abends an einem lauschigen Plätzchen. Dennoch: Wir ließen die Gedanken an ein Aufhören nicht siegen. Der Sommersturm sollte unser Unternehmen nicht unterspülen und wegwischen. Wir entschieden uns, hindurchzugehen.

In kürzester Zeit triefnass zogen wir die Pferde aus dem Transportwagen. Für diese erste Nacht konnten wir die Tiere bei einem Landwirt in der Gegend unterbringen. Obwohl wir unser Zelt so schnell wie möglich aufstellten, waren wir etwa so trocken wie ein Zierfisch im Aquarium. Es konnte also nur noch besser werden – und das wurde es tatsächlich. Nach einer, diplomatisch gesagt, ungemütlichen Nacht und einem schon angenehmeren Frühstück spannten wir die Rosse ein, die uns alsbald die Hauptstraße entlangkutschierten. Unser eigentümliches Gefährt erweckte größte Aufmerksamkeit, auch weil sich die Autos hinter uns weit zurückstauten, als wir gemütlich diese zehn Kilometer stapften.

So streiften wir den nassharzigen Start ab und stimmten uns auf die kommenden Wochen ein. Die zweite Nacht verbrachten wir auf einer abgelegenen Wiese eines Bauern, wo wir unser Zelt unter wesentlich besseren Bedingungen aufschlagen konnten.

Am kommenden Tag stand unser erster Einsatz auf dem Programm. Mit dem Auto, das wir als Begleitfahrzeug dabei hatten, fuhren einige von uns an den Zugersee, voll bepackt mit Instrumenten. Mykey mit der Gitarre und ich mit der Bibel in der Hand standen auf einer Parkbank an der Seepromenade. Er sang Lieder, und ich predigte anschließend aus der Bibel. Die Passanten ermutigte ich: »Jesus will euch verändern. Eine neue Geschichte beginnt. Es gibt zwei Dinge, die wichtig sind: woher du kommst und wohin du gehst. Jesus hat einen Plan für dich.« Die Leute blieben zu unserer Überraschung nicht andächtig stehen, um an unseren Lippen zu hängen. Im Gegenteil, sie gingen dessen ungeachtet weiter. Im Laufe unserer Ansprache stellten wir fest, dass im Grunde nichts geschah. Perplex ernüchtert setzten wir uns auf eine Wiese und kamen zu dem Schluss, dass wir aus uns heraus nichts tun konnten. Uns wurde bewusst, dass wir den Heiligen Geist brauchten. Wir beteten: »Gott, du musst die Menschen offen machen für das Evangelium. Wir haben es aus unserer Kraft gemacht, doch das geht nicht. Nun wirke du.«

Nach diesem Austausch bemerkten wir, dass ganz in der Nähe ein paar junge Leute herumhingen. Wir gesellten uns zu ihnen, und wir sprachen normal mit ihnen. Als wir auf Jesus zu sprechen kamen, sagte einer: »Oh, das macht mir Angst. Willst du etwas Böses aus uns austreiben?« Just in diesem Moment stießen zwei türkische Muslime zu dieser Gruppe. Sie trugen weite Hip-Hop-Kleider und hatten Caps aufgesetzt. Gerade diese beiden wollten mehr wissen von dem Jesus, von dem wir vorher von der Parkbank aus erzählt hatten. Die beiden stellten viele Fragen. Die Antworten sogen sie regelrecht in sich auf. Einer der beiden wollte es unbedingt wissen und sagte: »Wenn Jesus wirklich Gottes Sohn ist, dann will ich ihn sehen.« Das war uns wichtig, und so betete ich, dass er ein wichtiges Dokument vom Arbeitslosenamt erhält. Irgendwie war er damit nicht restlos befriedigt: »Das könnte ein Zufall sein, ich könnte diesen Zettel so oder so erhalten. Wenn es ihn gibt, will ich ihn wirklich sehen. Jetzt.« Etwas mulmig und mit dem Glauben in der Größe von einer Erbse – was immerhin größer als ein Senfkorn ist – betete ich, dass Jesus sich zeigt und unser muslimischer Kamerad ihn sieht.

Kaum war das Gebet zu Ende, schaute er auf den Zugersee hinaus und brach mit weit aufgerissenen Augen in Tränen aus: »Ich sehe eine weiße Gestalt da draußen!« Ich sagte wortwörtlich zu ihm: »Hey, verarsch mich nicht!« Er entgegnete aber: »Nein, da draußen ist eine weiße Gestalt, es ist Jesus. Er winkt mir zu.« Die Tränen liefen ihm nun über das Gesicht, und er konnte sich kaum mehr unter Kontrolle halten. Nun wollten beide Jesus in ihr Leben einladen. Dabei halfen wir ihnen gerne, und wir erklärten ihnen das Evangelium.

Abends fuhren wir mit unserem Auto zu unserer Basis zurück in das schlammige Zelt. Denn während das Wetter mittlerweile besser war, blieb der Boden noch ein paar Tage wasserdurchtränkt. Das kümmerte uns aber nicht. Wir feierten einen großen Sieg voll Freude darüber, dass Jesus ein so großes Wunder getan hatte. Was für eine unglaubliche Geschichte, dass zwei Muslime in der Schweiz auf dem See Jesus gesehen hatten.

Am folgenden Tag zogen wir mit unserem Pferdewagen weiter. Wir übernachteten am prächtigen Lauerzersee, und ich nutzte die Zeit, um ein wenig zu fischen.

Zum zweiten Einsatz machten wir uns mit unserer Anlage nach Arth-Goldau auf. Irgendwo fanden wir einen Stromstecker. Durch den Tag hindurch führten wir zu christlicher Musik mehrere Breakdance-Choreografien auf. Wir predigten am Bahnhof und luden die

Leute für den Abend in unser Camp am See ein. Mehrere Menschen zeigten echtes Interesse, und am Abend fanden sich tatsächlich einige bei uns am Lagerfeuer ein. Wir hatten sehr gute Gespräche über Gott und die Welt. Am Schluss waren alle offen für Gebet. Unter anderem war eine Gruppe Albaner dabei. Am Anfang witzelten sie eher über den Glauben. Doch der Anführer stellte interessierte Fragen, und er wollte Gebet. Das veränderte die Atmosphäre, und die ganze Gruppe öffnete sich für Jesus.

Wir zogen weiter nach Brunnen, wo wir für ein paar Nächte bei einem Bauern im Stroh nächtigen konnten. Bei ihm konnten unsere durchnässten Sachen endlich richtig durchtrocknen.

In der Stadt Schwyz, der Hauptstadt des gleichnamigen Kantons, folgte unser nächster Einsatz. Mit den Pferden ritten wir mitten auf den Hauptplatz der Stadt, banden sie an und begannen zu singen. Eine Frau kam auf uns zu. Sie sagte, dass sie unsere Lieder kenne. Sie sei selbst Christin. Aus einem Impuls heraus fragte ich, ob sie bereits getauft sei, was sie verneinte. »Komm, wir taufen dich heute Abend am See.« Dieser Gedanke erfreute sie sichtlich, und sie dachte laut darüber nach, dass ihre Schwester auch gleich mitkommen könnte, um sich ebenfalls taufen zu lassen. Wir luden sie und ihre Schwester abends zu einem feinen Essen auf dem Bauernhof ein, auf dem wir übernachteten. So lernten wir uns besser kennen und konnten die Taufe auf einer persönlichen Ebene vollziehen. Ein paar Stunden später gingen wir den See entlang, um eine geeignete Stelle zu finden. Unterwegs begegneten wir der Frau eines Pastors, die uns tadelte, als sie mitbekam, was wir vorhatten: »Hier ist katholisches Gebiet, und die beiden Frauen haben einen katholischen Hintergrund. Wenn sie getauft werden, wird hier viel zerstört. Hier ist harter Boden.« Damit war ich überhaupt nicht einverstanden: »Ich verkündige das Evangelium, und die Bibel sagt uns, dass wir die Leute taufen sollen.« Sie rückte aber nicht von ihrer Sicht ab und entgegnete: »Nein, hier ist harter katholischer Boden.« Ich erwiderte, dass das mit dem harten Boden eine Lüge unseres Feindes ist. Sie diskutierte dann noch etwas mit Mykey weiter. Wir tauften die beiden zwischen großen Felsbrocken, die eine Uferpromenade darstellten. In einer wunderbaren Abenddämmerung gingen wir dazu ins eher kühle Wasser.

Ein paar Jahre später hörte ich, dass eine der beiden bei »Campus für Christus« ein Praktikum durchlief und dass sie sich mittlerweile in der Gassenarbeit engagiert. Für mich bestätigt sich damit, dass sie bei Gott drangeblieben sind, auch wenn sie aus einem angeblich harten Gebiet stammen.

Am Folgetag missionierten wir in der Stadt Brunnen. Unser Auftritt sprach einen jungen Mann an, der aus einer Ärztefamilie stammte. Spontan entschied er sich dazu, die nächsten Tage mit uns zu ziehen. Nach einiger Zeit sollte er sich für ein Leben mit Christus entscheiden. Bevor es so weit war, stellte er viele Fragen. Dann kam sein Durchbruch. Wir beteten zusammen, und er fand einen tiefen Frieden. 2016 drehte er eine Filmdokumentation über einen Christen, der früher tief im Drogensumpf steckte. Die Geschichte seiner dunklen Tage wie auch seiner Umkehr wurde unter anderem im Onlineauftritt der Schweizer Boulevardzeitung »Blick« publiziert.

An einem Tag übernachteten wir nahe beim Schloss Meggenhorn, das auf einer Landzunge am Vierwaldstättersee liegt und oft für Hochzeiten gebucht wird. Irgendwie rieben wir uns aneinander auf. Wir waren rund zehn Stunden mit den Pferden gelaufen, die meisten zu Fuß, ein paar auf dem Wagen. Es war heiß, wir waren müde. Und nun fand sich kein richtiger Schlafplatz. Derjenige, der ihn hätte organisieren sollen, hatte seine Aufgabe nicht richtig erfüllt. Nun entluden sich etliche Spannungen, bis jeder seinen späteren Schlafplatz gefunden hatte. Zugegeben, auch ich war laut geworden. Am Abend kamen wir jedoch gemeinsam vor Gott und erklärten vor ihm und vor einander, dass wir einander brauchen. Wir spürten, dass in den nächsten Tagen etwas Besonderes passieren würde. Wir beteten, schrien und sangen. Hatten wir uns zunächst ineinander verkeilt, so entwirrten wir uns nicht nur, sondern bald entwickelte sich ein gut gelauntes Anbetungsfest. Dazwischen schwätzten wir miteinander, bis jemand wieder ein Lied anstimmte. Wir gingen auf die Knie. Dann begaben wir uns zur »Jesus-Christ«-Statue, die direkt am See steht. Mein Freund sah im Laufe dieser Stunden im Gebet einen brüllenden Löwen – deshalb setzten wir die folgenden Tage, die wir der Stadt Luzern widmeten, unter den Titel »Burning Lion«. Wir sprachen uns Versöhnung zu, und ich entschuldigte mich dafür, dass ich laut geworden war. Wir waren alle müde und bereits lange gemeinsam unterwegs gewesen, und so war es zu diesem zwischenmenschlichen Gewitter gekommen. Entspannt legten wir uns nach unserem Anbetungsfest zur Ruhe.

Am nächsten Morgen fuhr die Polizei vor. Ich wollte ihnen schon erklären, dass wir keinen anderen Platz gefunden hatten, um unsere Zelte aufzuschlagen. Doch dies stand gar nicht im Brennpunkt ihres Interesses. Sie wollten vor allem wissen, was vorgefallen war. Etwas verdutzt erklärten wir, dass wir angebetet und zu Jesus geschrien hatten – offenbar derart, dass eine Beschwerde wegen nächtlicher Ruhestörung bei den Hütern des Gesetzes eingegangen war; wegen unserer Gebete ... Unsere Freunde und Helfer beließen es dabei.

Nun spannten wir die Rosse wieder ein, um die wenigen Kilometer unter die Wagenräder zu nehmen, die uns noch von der Hauptstadt des gleichnamigen Innerschweizer Kantons trennten. Bereits dies erregte etliches an Aufmerksamkeit, da diese Straße am See entlang viel befahren ist. Wir verursachten einen riesigen Stau bei unserem Einzug in die Stadt. Unsere galante »Sänfte« wurde wohlwollend begleitet von neugierigen Blicken, als wir die City im gemütlichen Pferdetrott durchquerten – wobei wir wohl den Zeitplan des ein oder anderen Autofahrers durchkreuzten. Hinter uns entstand zugegebenermaßen auch ein gewisses Chaos.

Bald spürten wir, dass uns Gott genau da haben will und dass hier Großes für ihn geschehen sollte. Unser Lager für die kommenden Tage schlugen wir bei einem Bauern am Stadtrand auf. Zunächst nahmen wir uns einen Tag frei, und ich entschied mich, mit einer sympathischen und hübschen Frau aus unserem Lager einen Ausritt an den See zu machen. Auf dem Rückweg kamen wir zufällig an einem McDrive vorbei, und ich kam auf die Idee, mich mit dem Pferd dort anzustellen. Vor und hinter mir reihten sich Autos ein. Die sichtlich erheiterten Fahrer zückten ihre Mobiltelefone, um diesen erinnerungswürdigen Moment aufzuzeichnen. Dann war ich an der Reihe. Blitzschnell ging das Fenster zu – durchaus verständlich, denn das Pferd wollte den Kopf hineinstecken, um seinen Horizont und Erfahrungsschatz zu erweitern. Immerhin stammen die verkauften Delikatessen ja aus landwirtschaftlicher Arbeit. Die Verkäuferin fuchtelte mit den Armen und donnerte hinter dem Fenster:»Das ist verboten, das ist verboten.« Ein solches Schild war freilich nirgends angebracht gewesen. Einzig die Maximalhöhe des Verkehrsmittels war angezeigt gewesen, und diese dürfte zwei Meter und irgendetwas betragen haben. Mein Pferd überschritt diese Einschränkung aber in keiner Weise. Und so machte ich geltend:»Das ist ein amerikanisches Restaurant, und im Herkunftsland macht man das auch so!« Die Autoschlange wurde länger, und relativ zügig erhielt ich nun meine beiden Cheeseburger, die ich genüsslich verputzte.

In die Zeit unseres Einsatzes in Luzern fiel das jährliche »Blue Balls Festival«. Dieses Künstlerfestival dauert jeweils rund eine Woche und zieht in der Regel mehr als 100 000 Besucher ans Luzerner Seebecken, wo im monumentalen »Kultur- und Kongresszentrum Luzern«, sowie auf dem Platz davor und an einigen anderen Stellen, Konzerte und artistische Einlagen zu bewundern sind. Für mich war klar, dass wir genau da hingehörten.

Direkt vor dem KKL fanden wir einen freien Platz. Den Strom zapften wir von einer Säule ab. Begleitet von einer Gitarre sangen wir Lieder, dann ließen wir mittels einer Verstärkeranlage Hip-Hop laufen. Dazu führten weitere Leute einen Breakdance auf. Unsere Veranstaltung war weit zu hören. Danach verkündigte ich das Evangelium in einer erwecklichen Atmosphäre. Viele hörten zu, als ich – kurz zusammengefasst – sagte:»Es gibt zwei Fragen im Leben, die wichtig sind – wenn du diese zwei Fragen beantwortet hast, wird dein Leben leicht und locker. Die erste Frage ist: Woher komme ich? Als Gott diese Erde schuf, machte er aus dem Tohuwabohu eine geniale Erde. Er setzte den Menschen mitten hinein und sagte:›Du sollst hier sein. Du sollst kreativ sein. Du sollst dich vermehren.‹

Wenn ich am Morgen aufstehe und weiß, dass ich mich vor keinem Menschen fürchten muss, dass mir egal sein kann, was in einem Modeheftchen steht, gleich, ob ich erfolgreich bin oder nicht, weil ich weiß, es gibt nur einen, der über mich urteilt, und das ist Gott. Wenn du so aufstehen kannst, dann ist der Tag locker. Die zweite Frage ist: Wo gehst du hin? Wir leben alle nicht ewig. Wir sind noch jung, die meisten. Aber irgendwann ist der letzte Tag erreicht. Was ist dann? Ich freue mich mega auf den Himmel. Eigentlich könnte ich jetzt sterben. Versteht mich nicht falsch, ich liebe das Leben. Ich bin wie ein Feriengast auf dieser Erde, ich genieße das Leben. Doch ich weiß, woher ich komme und wohin ich gehe. Die Bibel zitiert Jesus, der sagt, dass es im Hause seines Vaters viele Wohnungen gibt, wo ich werde wohnen können. Ich habe diese Entscheidung irgendwann getroffen und gesagt: ›Gott, ich will dich kennenlernen.‹ Die Kraft, die du erhältst, wenn du mit Gott durch das Leben gehst, macht dich unbezwingbar. Niemand kann dir etwas anhaben. Das ist kostenlos. Du kannst einfach hinknien und sagen: ›Gott, da bin ich. Ich möchte dich kennenlernen, zeige dich mir.‹ Dein Leben wird sich um 180 Grad drehen, es wird einen neuen Sinn erhalten. Mit Gott kann ich Berge bezwingen. Triff diese Entscheidung, triff sie heute. Es ist die einzige Entscheidung in deinem Leben, die du irgendwann treffen musst.«

Unser Spektakel zog viele Leute an. Sie standen dicht gedrängt beieinander, um unseren Auftritt mitzuverfolgen. Irgendwann gewannen wir noch zwei, drei weitere Zuhörer: Die Polizei. Sie war aber weniger an unserem Inhalt interessiert als vielmehr an der Frage, ob wir denn auch über eine Bewilligung verfügen. »Ja, natürlich haben wir eine«, erklärte ich den Beamten. Selbstverständlich waren sie daran interessiert, das auch schwarz auf weiß zu sehen. So zückte ich meine Bibel und zeigte, dass darin steht, dass Gottes Wort verkündigt werden muss. Und dieser Auftrag steht da schon länger als die gesamte Stadt Luzern und auch länger als die bürokratischen Regelwerke. Die Polizisten zeigten sich nicht restlos befriedigt und waren der Meinung, dass wir aufhören müssten. Da entgegnete ich in ihre verdutzten Gesichter hinein, dass das nicht ginge. Schließlich seien wir ja gerade mittendrin. Der eine telefonierte dann etwas herum, und bald kreuzte ein höherer Beamter auf. Er führte einen vergleichbaren Standpunkt etwas genauer aus und streute in seinen Lagevortrag Fachbegriffe wie »Sauerei« ein. Doch ich hielt dagegen: »Nein, es ist wichtig, was wir zu sagen haben, es muss verkündigt werden!« Im Hintergrund betete das Team. Der leitende Beamte war eigentlich gar nicht im Dienst und daher aufgrund der Festivität leicht beschwipst. Ich erklärte weiter: »Wir wollen Hoffnung vermitteln und den Menschen sagen, dass sie einzigartig sind.« Irgendwann hatte er wohl genug gehört und meinte dann – zu meiner Überraschung: »Macht mir künftig ein E-Mail im Vorfeld, dann wird das offiziell möglich sein.« Für diesmal durften wir unsere Show noch einmal durchspielen und mussten dann das Feld räumen. Tatsächlich konnten wir in den kommenden Jahren auf diese Konversation zurückkommen, um jeweils eine Bewilligung zu erhalten.

Nachdem wir in Luzern unseren Einsatz abgeschlossen hatten, zogen wir entlang dem Vierwaldstättersee weiter nach Stans. Dort sprachen wir eine Bauernfamilie an, die sehr berührt von unserer Ankunft war: Zur Familie hatte bis vor Kurzem ein behindertes Kind gehört, das mehrere Monate zuvor gestorben war. Es war von der Familie innig geliebt worden. Seine große Freude hatte den Schmetterlingen gehört. Genauso, wie unser Projekt hieß. An der Plane unseres Pferdewagens hatten wir sogar das Wort »Papillon« aufgemalt, und ich selbst trage ein Schmetterling-Tattoo spazieren, das zu sehen war. Wir fragten die Familie, ob wir für sie beten dürften, was gerne in Anspruch genommen wurde. Weiter teilten uns diese lieben Leute mit, dass sie zwar nicht besonders gläubig seien, es aber als Gottes Führung betrachteten, dass wir gekommen seien. In den kommenden Jahren bei gleichen Projekten sollten wir immer auf dem Hof willkommen sein. Im nächsten Jahr war die Familie zu diesem Zeitpunkt in den Ferien, doch sie überließen uns vertrauensvoll Haus und Hof. Zwischendurch halfen wir ihnen beim Heuen, um unsere Dankbarkeit auszudrücken. Es bereitete uns auch Freude, am Hang mit einem Rechen zu arbeiten. Auch das ist gelebtes Christentum.

In einem Gebiet, das als hart gilt, konnten wir über die Jahre Tausende von offenen Menschen auf das Evangelium ansprechen. Viele fanden zu Christus und wurden durch ihn berührt. Im Laufe dieses ersten Sommereinsatzes wurde »Fingerprint« richtig geboren. Das wilde Leben für Jesus zeigte, dass die Apostelgeschichte heute noch Realität ist. Es löste etwas aus in der christlichen Landschaft, das bis heute nachhallt.

Zwei Fragen an dich:

- Bist du bereit, verrückte Dinge zu tun, um die Menschen auf Jesus hinzuweisen?
- Glaubst du, dass irgendwo in Westeuropa ein Gebiet ist, das angeblich hart ist?

Vers zum Thema:

»Und er sagte zu ihnen: ›Geht in die ganze Welt und verkündet allen Menschen die gute Botschaft. Wer glaubt und getauft wird, wird gerettet werden. Wer aber nicht glaubt, wird verurteilt werden. Und diese Zeichen werden die begleiten, die glauben: Sie werden in meinem Namen Dämonen austreiben und sie werden neue Sprachen sprechen.‹«

(Markus 16,15-17)

7.

EIN DACH FÜR EINEN ...

Vor dem Sommerprojekt in der Innerschweiz hatte ich vorsorglich die Wohnung gekündigt, insbesondere, um Geld zu sparen. Die paar Habseligkeiten stellte ich bei meinen Eltern unter. Nachdem unsere Tournee rund um den Vierwaldstättersee abgeschlossen war, lieh mir ein Kollege seinen alten VW-Bus. In diesem lebte ich wie gehabt. Tags stand er da, wo ich gerade zu tun hatte, wie bei allen Leuten – und nachts schlief ich darin, dort wo es mir gerade gefiel, nicht selten irgendwo mit Blick über Zürich.

Der Tag kam jedoch, an dem mein Gefährte sein Gefährt, das mein Weggefährte war, wieder benötigte. Mehrere Wochen wohnte ich – vor dem zweiten Studienjahr – im Wald. Es gibt ja ab und an diese Dokumentationen über Waldmenschen, die aus der Zivilisation ausbrechen und irgendwo im Dickicht leben. Im Grunde hauste ich für einige Zeit ähnlich, wenn auch nicht gerade als Einsiedler. Ich lebte an einem kleinen Waldsee, wo ich mir ein Schlafplätzchen im tiefen Tannenwald eingerichtet hatte. Im warmen Sommer ist das nicht weiter schwierig, sondern vergleichbar mit Camping. Ich schlief in einem Schlafsack. Morgens las ich in der Bibel. Die Kleider lagerten bei meinen Eltern, wo ich hin und wieder meine Wäsche durch die Maschine schleuste. Die Dusche benutzte ich da und dort in einem Strandbad, da ich ohnehin oft in einem Fluss oder See badete.

Drei Wochen vor Beginn des zweiten Semesters befand ich, dass ich wieder ein eher herkömmliches Dach über dem Kopf brauchte. Eine Rechnungsadresse mit »Stephan Maag, Waldweg 17, Baum 31 in der Mulde« war bei Johannes dem Täufer in biblischer Zeit sicherlich geduldet, nicht aber bei einem Studenten in der Schweiz in der heutigen Zeit. So zog ich in eine WG.

Lange wohnte ich jedoch nicht da, denn als die Hausverwaltung bemerkte, dass ich einen Hund besaß, sollte ich mich entweder von ihm oder der Wohnung trennen. So verließ ich diese Wohnung und fand bei dem Bauer, der uns die Pferde für den Sommereinsatz gegeben hatte, für einige Zeit ein Dach über dem Kopf. Bei ihm hatte ich ein Zimmer zur Untermiete, bis ich heiratete. Ihm half ich mit den Pferden. Zudem nahm er Jugendliche auf, die Familien und Heime verlassen mussten, weil sie so schwer erziehbar waren, dass sie andernorts nicht tragbar waren. Zu ihnen fand ich einen guten Draht. Auf selbstverständliche Art lebte ich ihnen meinen Glauben vor.

Im zweiten Studienjahr wuchsen die Anforderungen, doch da ich dank dem Sozialstudium bereits eine Ausbildung in der Tasche hatte, bereitete es mir wohl mehr Mühe, mich zu integrieren, als den anderen. An zwei Episoden erinnere ich mich noch gut: Die erste ereignete sich in einer gewöhnlichen Unterrichtsstunde. Wir waren mehrere Studenten, die den Laptop vor sich geöffnet hatten. »Klappe den Laptop zu!«, ordnete der Lehrer an, doch das wollte ich nicht. Schließlich hatten die anderen ihren ja auch geöffnet. Ich weigerte mich und machte deutlich, dass das so gar nicht geht. Die andere Begebenheit geht auf eine im Lehrplan vorgesehene Debatte zurück. Der Dozent sprach über das Thema »freier Wille oder Prädestination« – also ob jemand sich wirklich frei für Jesus entscheiden kann oder ob im Grunde alles bereits vorbestimmt ist. Nachdem er seinen Vortrag beendet hatte, kündigte er an: »Morgen werden wir in Gruppen zu diesem Thema debattieren.« Er selbst war Anhänger der Erwählungslehre, sprich, dass der Mensch letztlich nicht selbst entscheidet, sondern dass alles in bereits vorgesehenen Bahnen läuft. Am kommenden Tag begannen wir, in Gruppen Streitgespräche zu führen. Mit Leib und Seele überrannte ich die anderen im Team in einem Wortspektakel von höchstem Unterhaltungswert. Als der Lehrer merkte, dass die »Gegenvertreter« untergingen und das Gespräch nicht nach seinen Wünschen verlief, schaltete er sich ein. Doch auch er konnte mich nicht bändigen. Bis zu dem Punkt, wo er mich vor die Türe zitierte und sagte, dass ich ab jetzt still sein sollte. Da sagte ich ihm, dass das natürlich gar nicht gehe. Für die Zuhörer war offensichtlich, dass ich ihn in Grund und Boden debattiert hatte. Sein Modell, das er salbungsvoll hatte gewinnen lassen wollen, war zerpflückt und ging langsam den Bach runter.

Ansonsten zogen die Monate lehrreich ins Land, einmal pro Woche wurde das Gelernte jeweils bei evangelistischen Straßeneinsätzen angewandt, das gefiel mir – rausgehen zu den Leuten und das Evangelium verkünden, nicht einzig drinnen brüten, wie man das eigene Gemeinde-Gärtchen noch galanter pflegen kann.

Im Winter folgte erneut eine Gassenweihnachtsfeier, die erste offizielle des Vereins »Fingerprint«, diesmal gleich an zwei Standorten, eine in Luzern und eine in Zürich. In Luzern stellten wir ein Zelt auf mit Bänken, wo wir Suppe und Würstchen ausgaben und Lieder sangen. Manche Menschen übergaben Jesus ihr Leben noch an diesem Tag. Auf dem Platz ist manchmal ein großes Drogenelend vorzufinden. Doch nun veränderte sich die Atmosphäre. Unser Zelt brachte Hoffnung herein. Und in Zürich luden wir diesmal in den Gassenraum der Heilsarmee. In Luzern geschah dabei ein ganz besonderes Ereignis, dem das nächste Kapitel gewidmet ist. Mehr dazu also später.

Zu Ostern 2010 ließen wir uns etwas Außergewöhnliches einfallen: Eine Kreuzigung im Maßstab 1:1 mitten in Zürich. In einer Pressemitteilung informierten wir die Verlagshäuser der Stadt. Wir wiesen darauf hin, dass viele Menschen gar nicht mehr wüssten, was eigentlich an Ostern passiert ist. Und so wollten wir wieder ins Zentrum rücken, dass damals Jesus Christus gestorben ist und dass es nicht um Osterferien im Tessin oder Italien geht oder um ein großes Shopping-Event mit vielen Schokohasen und verzierten Eiern. Sogar »Tele Züri«, das bis zu 100 000 Zuschauer erreicht, war dabei und filmte, wie ein blutig geschminkter Mann mit einem riesigen Kreuz durch die Stadt marschierte, hinter ihm als römische Soldaten verkleidete, grimmig dreinblickende Männer und eine laut skandierende Meute, die den Tod dieses armen Mannes forderte. Unterwegs schickte sich plötzlich ein Passant mit schwarzen langen Haaren und einer Bierdose an, ihm zu helfen – ähnlich dem biblischen Simon aus Kyrene. Bis heute denken wir, dass Gott diesen Mann geschickt hat und dass diese Begegnung sein Leben verändert hat. Manche aus unserem Team denken bis heute, dass er ein moderner Engel war. Schließlich wurde unser Hauptdarsteller »gekreuzigt«. Der blutige, angespuckte und erniedrigte Jesus wurde von uns auf das Kreuz gelegt. Wir banden ihn fest und taten so, als würden wir ihn festnageln. Dann fixierten wir das Kreuz an einem Baum. Das sah sehr heftig aus. Die Bilder gingen durch die Schweizer Presse, der Auftritt polarisierte, doch die Menschen wurden auf den wahren Grund des Festes hingewiesen.

Nur wenige Monate später ließen wir das zweite Sommerprojekt folgen. Dieses dauerte drei Wochen, und wir waren statt mit Ross und Wagen mit Autos unterwegs. Auch weiteten wir unser Einsatzgebiet aus, diesmal auf Basel, Bern, Luzern und Lausanne in der Romandie. Ähnlich wie im Vorjahr gingen wir auf Leute zu, fragten, ob wir für sie beten dürften, und verkündigten das Evangelium. Neu starteten wir ein »Pedalo-Team«. Pedalo nennt man in der Schweiz die kleinen Tretboote, in die zwei bis vier Leute passen. Der Clou war immer der gleiche: Ein Teil des Teams fuhr mit einem Plakat »Greenpeace rettet Wale« voraus, dann folgte jeweils die zweite Gruppe mit dem Slogan »Jesus rettet dich«. Ein weiterer Teil der Mannschaft sprach gleichzeitig an der Uferpromenade die Passanten darauf an. So fuhren wir beispielsweise in Basel den Rhein hinunter. Viele machten sich Gedanken über unsere Aktion. In Luzern mieteten wir ebenfalls Pedalos. Die Banner hatten wir in Rucksäcken dabei. Wir fuhren auf den See und fixierten die Banner. Dann schickten wir das erste Pedalo voraus und das zweite hinterher. Es gab sehr viel Diskussionsstoff an Land. Tausende Japaner fotografierten, wir fanden den Weg auf zig Bilder. Das Team sprach die Menschen an – sie erlebten einen offenen Himmel.

Beim Halt in Luzern kamen wir zudem auf das Angebot des Beamten zurück – und tatsächlich, in diesem Jahr zeugten gleich zwei Dokumente davon, dass wir unseren Auftritt in der malerischen Stadt in der Innerschweiz durchführen durften: Die Bibel, wie bereits im Vorjahr, und nicht zu vernachlässigen die polizeiliche Genehmigung. Denn tatsächlich erhielten wir diesmal eine offizielle Zulassung für unser Konzert, das wir mit Breakdance anreicherten und zu dessen Kernpunkten meine Ansprache über die Freiheit von Jesus Christus gehörte. Wir waren selbst überrascht, als mehrere hundert Menschen unsere Show anschauten und auch bis zum Ende meiner Predigt blieben. Wie es bei solchen Anlässen manchmal vorkommt, machen sich auch schon mal Störenfriede auf, um ihre Sicht der Dinge darzustellen. Hierbei beobachtete ich einen Mann, der immer wieder nahekam, um eine Aktion vom Stapel zu lassen. Leise, für die anderen – außer für ihn – unhörbar, sagte ich den Namen »Jesus«. Wenn er dieses Wort hörte, zog er sich jeweils an den Rand zurück. Wenn er wieder kam, sagte ich den Namen wieder sachte, und er ging für eine gewisse Zeit auf Distanz.

Im gleichen Zeitraum las ich davon, dass die FeG Winterthur einen Jugendpastor sucht. Zunächst ging ich davon aus, dass das mit mir nichts zu tun hat. Doch eine Woche später predigte ich in Zürich auf der Straße. Urplötzlich kam ein junger Mann auf mich zu und sagte, dass sein Vater nicht nur Pastor sei, sondern dass er auch einen Jugendpastor brauche – es handelte sich um die gleiche Stelle in der FeG. Es dauerte nicht lange, bis wir uns einig waren, denn im ISTL wollte ich sowieso pausieren. Nach dem Sommerprojekt nahm ich dort die Arbeit auf und heiratete kurze Zeit später – mehr dazu im nächsten Kapitel.

Kurz nach dem Sommerprojekt trennte ich mich zudem von einem »Götzen«. Erhalten hatte ich diesen etliche Zeit davor an meiner Arbeitsstelle, kurz nachdem ich die Stimme aus dem Baum vernommen hatte. Überreicht hatte ihn mir aus dem Nichts heraus eine junge Frau aus dem früheren Jugoslawien. Ohne mich wirklich näher zu kennen, war sie auf mich zugekommen und hatte sich als megagläubige Frau präsentiert. Sie war eine Mitarbeiterin bei meiner damaligen Stelle; aber viele Berührungspunkte hatten wir im Grunde nicht. Es handelte sich bei dem Gegenstand um ein Kreuz, das sie an einem Flughafen unverhofft von einem orthodoxen Priester erhalten hatte, ohne dass sie diesen zuvor bereits getroffen hätte. Er gab es ihr und sagte, dass es geheiligt und gesegnet sei und aus Jerusalem stammte. Und er sagte zu ihr:»Gib es jemandem, du wirst wissen wem.« Eine Zeit lang erachtete ich dies als heilig. Im zweiten Studienjahr riet mir mein Seelsorger jedoch, es auszuziehen. Denn in diesem Zusammenhang sei es ein Götze. Zuerst wollte ich es dennoch weiterhin um den Hals hängen haben, doch dann zog ich es etwas später doch aus, um es wegzuwerfen. Dass ich es abgelegt habe, war richtig. Dass ich es weggeschmissen habe, bereue ich ein wenig. Es war mir bewusst geworden, wie schnell Gegenstände zu einem Götzen werden können. Solche brauchen wir aber nicht, denn wir haben Jesus, der uns Freiheit schenkt.

Zwei Fragen an dich:
- Ist dir bewusst, dass auch du die Lizenz zum Predigen in deiner Tasche hast?
- Gibt es auch »Götzen«, die du mit dir rumschleppst?

Vers zum Thema:
»Jetzt sind sie auch in unsere Stadt gekommen und verkündigen, dass ein anderer König sei.«

(Nach Apostelgeschichte 17,6-8)

8.

DINNER FOR TWO

Es war eine atemberaubende Schönheit, die da anmutig graziös durch unsere Räume wandelte. Sie kam herein, und mein Herz machte einen Sprung. Ich war überwältigt, dass es so etwas Schönes gibt. Diese Frau was das absolut Schönste, was ich je gesehen hatte. Mir war klar: Diese Frau will ich unbedingt heiraten. Hierzu greife ich kurz etwas zurück, ins Frühjahr meines ersten Studienjahres am ISTL. Nadine war eine Augenweide, die es mir mit ihren neckischen Rastas sofort angetan hatte. Sie kam in »unser« Institut, um zu »schnuppern«. Diese hübsche Frau, ja, die musste ich unbedingt näher kennenlernen. Für mich war ja klar gewesen, dass ich keine mehr haben will, bis die Richtige aufkreuzt – und meine Augen ließen keinen Zweifel daran, dass dies nun der Fall war. Ich spürte, dass sie die Richtige ist. Wäre da nicht ein altes Plappermaul namens »Facebook«. Ihr Profil wusste mir nicht sonderlich Mut zu machen, indem es mir und den restlichen acht Milliarden Erdbewohnern schwarz auf weiß kundtat, dass Nadine einen Freund hatte.

Die Tage krochen deshalb etwas mühseliger als sonst ins Land. Ein paar Wochen später musste ich auf eine Vineyard-Konferenz nach Bern, sozusagen als Strafaufgabe; nicht etwa wegen zu vieler Figürchen im Joghurtbecher, sondern weil ich immer mal wieder mit Abwesenheit glänzte, musste ich Kredits nacharbeiten. Nun, im Nachhinein war dies eine fantastische Sache, denn vor Ort war die beste Freundin von Nadine, von der ich – natürlich nach außen hin ganz diskret, beiläufig und freundlich, aber innerlich mit dreifachem Rückwärtssalto – in Erfahrung bringen konnte, dass sie mittlerweile keinen Freund mehr hatte. Durch meine Anfrage wurde Nadines Freundin hellhörig und berichtete ihr brühwarm, dass ein ISTL-Student nach ihr fragte.

Und es kam noch besser: Nadine entschied sich dafür, das ISTL zu durchlaufen. Das neue Jahr startete mit einem gemeinsamen Event aller Studenten. Dazu gehörte unter anderem ein Gruppenspiel. Für mich war es Zufall, nicht aber für eine Mitstudentin, die uns beide kannte und heimlich organisiert hatte, dass Nadine und ich in derselben Gruppe landeten. Unsere Gruppe wirbelte, debattierte, war nicht zu bremsen und ging schließlich als Sieger hervor, was in den triumphalen Gewinn der Ice-Age-Figur Scratch mündete, jene, welche unaufhörlich nach der Nuss sucht. Und es schien, als würde ich das gleiche Schicksal wie dieses arme Hörnchen teilen, das unaufhörlich nach dem großen Schatz sucht, der zum Greifen nah scheint, der sich aber immer wieder als unerreichbar entpuppt. Denn Nadine verhielt sich mir gegenüber distanziert.

In einer Präsentation erzählten wir von der »Fingerprint«-Vision und wie wir den Sommer gerade luzerneroberned verbracht hatten. Gleichzeitig blickten wir nach vorne und machten den anderen Studenten schmackhaft, sich doch mit uns bei der nächsten Gassenweihnacht zu engagieren. Davon war Nadine sehr angesprochen, ohne dass sie das gesagt hätte. Sie hatte schon länger davon geträumt, eine Weihnachtsfeier für randständige Menschen zu organisieren. Aber sie hatte mit Gott ausgemacht, dass sie ein halbes Jahr lang keinen Mann wollte. Sie wusste, dass es wegen ihrer Abmachung nicht infrage kam, und so ließ sie mich immer mal wieder eiskalt abblitzen, während ich sie beeindrucken wollte. Ein Highlight war eine Begebenheit, die zur Nachahmung eher nicht empfohlen ist. Nun: Im Studium saß ich wie immer in meiner Schulzeit zuhinterst bei den coolen Jungs. Nadine musste auf dem Weg zu ihrem Platz immer an uns vorbei. Eines Morgens wollte ich sie und meine Kollegen tief beeindrucken, indem ich ihr sagte: »Hey, du hast so schöne rote Wangen. Weißt du, was das bedeutet?« Als Gentleman war ich selbstverständlich so freundlich, dass ich sie mit dieser nagenden Frage nicht lange alleine ließ, sondern gleich nachschob: »Das bedeutet, dass du gebärfreudig bist.« Ich werde ihren Blick niemals vergessen – man hätte damit Steine schleifen können.

Meine Kollegen fanden es einigermaßen witzig. Sie konnte damit sichtlich wenig anfangen und lief verärgert davon. Und so ging ich in der Pause zu ihr, um mich zu entschuldigen und den Hintergrund meiner doch etwas außergewöhnlichen Bemerkung zu erklären. Und so holte ich etwas aus, nämlich dass ich in einer Fernsehsendung über Affen gesehen hatte, dass wenn die Weibchen rote Wangen haben, sie dann gebärfreudig sind. Meine Ausgangslage verbesserte sich durch meine naturwissenschaftliche Ausführung nicht unbedingt, Nadine gab mir unmissverständlich zu erkennen, dass meine ebenso umwerfende wie dokumentarisch abgesicherte Darstellung nicht gerade zu ihrer Erheiterung beitrug. Wer gerne vor dem Traualtar ein »Ja, ich will« hören möchte, findet an jedem Straßenkiosk geeignetere Sprüche.

Zumindest etwas hatte ich in erheblichem Maße gewonnen: Luft nach oben war da. Das Glas war, sagen wir mal, noch etwa zu einem Hundertstel voll.

In den kommenden Wochen war mir natürlich klar, dass mein Einstieg weder würdevoll noch sonderlich förderlich gewesen war. So sah ich von weiteren »coolen« Sprüchen ab. Gleichzeitig setzte ich mich voll und ganz bei den Einsätzen auf der Straße ein und in der Sache mit Gott. Und schon bald rückte die Gassenweihnacht heran. Nadine gehörte zu den Studenten, die bei diesem Einsatz von »Fingerprint« mitwirken wollten. Sie entschied sich ebenfalls für den Standort Luzern. Es war das Jahr, in dem wir dieses Angebot in zwei Städten organisierten. Ich fasste einen Entschluss und bewegte diesen im Gebet vor Gott: Wenn sie mir etwas schenken würde, dann würde ich weiterhin um sie kämpfen, ansonsten nicht – für mich sollte dies ein Zeichen sein. Lange hatte sie mit sich selbst gerungen und sich dann dazu entschieden, mir eine Kaugummi-Dose zu überreichen. Mir wurde warm ums Herz. An diesem Abend verkündete ich das Evangelium wohl noch eine Spur glühender, als es mir für gewöhnlich auf dem Herzen liegt.

Nachdem der Abend verstrichen war, beantwortete Nadine erstmals ein SMS von mir, und so schickten wir uns gelegentlich Nachrichten hin und her.

Es dauerte nicht lange, bis wir gemeinsam auf einen Kongress gingen. Es war das erste Mal, dass wir alleine zusammen unterwegs waren. Es war eine Veranstaltung in Deutschland, wo Erwin McManus sprach, der in Los Angeles eine Künstlerkirche aufgebaut hatte. Das faszinierte uns beide, und gleichzeitig konnten wir so Kredits für das Studium sammeln. Um etwas flexibler unterwegs sein zu können, primär wegen Nadine, beschloss ich, bei einem Autohändler einer alten, klapprigen, kleinen, roten Karosse eine Chance zu geben. Für 500 Franken war ich nun stolzer Inhaber eines »Voitures«, wie man in Frankreich sagen würde. Von unseren unterschiedlichen Wohnorten fuhren wir getrennt zu diesem Kongress, an welchem wir eine gute Zeit verbrachten. Bei einer Studienkollegin aus Deutschland konnten wir während dieser mehrtägigen Veranstaltung übernachten. Wir konnten dort gemeinsam kochen. Dabei neckte ich Nadine, indem ich zum Beispiel die Tomaten ins Wasser warf und sie anspritzte. Ich merkte, dass sie reagierte, was mir wieder Auftrieb gab. Gegen Ende der Tagung fragte ich sie, ob ich sie heimfahren dürfe, was sie gerne in Anspruch nahm, mit der Bitte, auch noch eine Kollegin mitnehmen zu können. Wo waren meine Ninja-Wurfsterne aus meinen frühen Jugendjahren, jetzt, wo ich sie wirklich gebraucht hätte? Aber natürlich ließ ich mir nichts anmerken. Klar durfte diese Kameradin mitkommen. Auf dem Dachträger oder so war sicher noch Platz vorhanden (was ich ebenfalls nicht sagte). Wir fuhren nach Münsingen, wo sie wohnte. Der erste Halt erfolgte am Bahnhof, wo die Mitfahrerin auf den Zug wechselte. Nur zwei Minuten weiter weg wohnte Nadine. Ich überlegte schon, wie ich es anstellen sollte, diese 120 Sekunden möglichst weise zu nutzen. Wir kamen bei ihrer Wohnung an. Ich half ihr, die Gepäckstücke aus dem Wagen zum Hauseingang zu bringen. Als der letzte Koffer dort war, eröffnete mir Nadine, dass wir miteinander reden sollten. Ein Stein fiel mir vom Herzen. Ich lud sie zu einem Kaffee ein. »Stephan, du bist zwar ein netter Kerl. Aber du bist viel zu sehr ein Rebell, als dass ich mich auf dich einlassen könnte. Deshalb hör bitte auf, mich ständig irgendwie anzumachen.« Diese Worte hallten in meinen Ohren nach. Am Eingang der Gaststätte wurden wir höflich gefragt, ob wir zum Essen kommen, doch ich lehnte ab: »Nein, danke, nur ein Kaffee«, sagte ich vorsorglich, damit ich nach dem Korb möglichst schnell würde verschwinden können. Doch der Dialog entwickelte sich völlig anders. Sie erklärte mir, dass sie nach ihrer letzten Beziehung mit Gott vereinbart hatte, dass sie sechs Monate lang nichts mit einem Mann anfangen wolle. Dass sie zwar durchaus schon Interesse an mir gefunden hätte, eigentlich sogar schon zu Beginn, aber dass sie einfach noch warten wollte. Ich wurde entspannter und entspannter. Der Kaffee mündete in eine Pizza, und feierlich beschlossen wir, dass wir uns nun richtig kennenlernen wollten. Noch während des Essens erhielt sie eine SMS von ihrer Schwester, die uns mit dem Gepäck gesehen hatte. Sie fragte, ob ich ihr neuer Freund sei.

Am Abend fuhr ich dann im Schneegestöber nach Hause auf der übel zugeschneiten Autobahn. Lüftung und Heizung funktionierten nicht mehr, und so musste ich mit heruntergekurbelter Scheibe in dieser klirrenden Kälte nach Hause fahren. Doch innerlich war mir so warm, dass ich sang, jauchzte und johlte. Wenige Tage später stand der Vorführtermin für den Wagen auf dem Programm. Der Mechaniker sprach von einem Wunder, dass mir mit dieser Karre nichts passiert war. Die sei nicht mehr straßentauglich, so viele verschiedene Dinge wären da kaputt. Sie war reif für den Schrottplatz – doch sie hatte mir geholfen, das Herz von Nadine zu erobern.

Ich wusste nicht, dass Nadine sich drei Zeichen gewünscht hatte. So wie ich vorher mit der Kaugummi-Dose. Ohne es mir zu sagen, wollte sie, dass ich ihr meine Lebensgeschichte erzählte, dass ihre Studienmentorin bestätigt, dass sie stark genug für mich ist, sowie ein besonderes Zeichen von mir – von dem ich jedoch nichts wusste. Alle diese drei Dinge kamen innerhalb einer Woche zusammen. Schon nach wenigen Tagen erzählte ich ihr von meinem Leben und dem völligen Wandel. Ohne dass sie ihre Mentorin überhaupt nach ihrer Meinung gefragt hatte, sagte diese: »Eure Beziehung kann fruchtbar für das Reich Gottes sein.« Und der dritte Punkt war, dass ich von mir aus sagen würde, dass ich bereit bin, mit der Hochzeit zu warten, bis sie bereit ist – denn zu einem früheren Zeitpunkt hatte ich gesagt, dass ich in einer Beziehung grundsätzlich schnell würde heiraten wollen. Dass ich bereit war zu warten, sagte ich ihr bereits nach wenigen Tagen, ohne dass ich gewusst hatte, dass dies ein Zeichen war, das sie gebraucht hatte.

Nach der im vorangegangenen Kapitel beschriebenen Kreuzigung fuhren wir für ein paar Tage ins Engadin in die Berge. Kaum angekommen, stellten sich bei mir grauenhafte Bauchschmerzen ein. Ich wurde übelst krank. Dennoch war ich mir sicher, dass ich Nadine nicht nur heiraten wollte, sondern dass ich ihr den Antrag noch in diesen Tagen machen würde. Beim Wandern sagte ich an einer Stelle, dass sie einen Moment warten soll. Ich eilte etwas voraus und sprayte an eine Felswand, die sie noch nicht sehen konnte: »Nadine, willst du mich heiraten?« Dann ging ich zurück, um sie zu holen. Im ersten Moment sah sie die Schrift noch gar nicht. Als sie

sie dann entdeckte, war sie sehr berührt. Und sie sagte »Ja!«. Somit waren wir verlobt. Wir waren uns sicher, wir hatten die gleiche Vision, das gleiche Herzensanliegen. Wir entschieden uns, noch im gleichen Herbst zu heiraten. Manche sagten, dass dies schon etwas überstürzt sei, aber grundsätzlich fanden unsere Freunde und Bekannten es gut.

Wir organisierten eine Feier, bei der alle dabei sein konnten, jeder der wollte. Freunde, Verwandte, Bekannte, Studienkollegen, alle. Mich berührte, dass 500 Leute in die Kirche kamen und später 240 zum Fest. Das ging mir sehr nahe. Damals, während meiner Alkoholzeit, hatte ich allein im Krankenhaus gelegen. Kaum jemand war gekommen. Ich hatte keine echten Freunde, keine wirklichen Weggefährten, keine Vision, die ich mit jemandem hätte teilen können. Nun standen wir da auf unserer Hochzeit, und wir sahen eine große Schar geliebter Menschen, bei denen wir Gunst hatten.

Öfter hört man von Paaren, dass sie nach der Hochzeit zu müde für Sex gewesen seien. Irgendwie hatten wir noch die Energie. Bei mir war es, als hätte ich es vorher noch nie erlebt. Gott kann Sexualität wieder total neu machen.

Anschließend verbrachten wir wunderbare Tage auf einer Alp, wo wir viel Zeit miteinander verbrachten. Wir wanderten, bewunderten Gottes Schöpfung und hatten heiße Nächte.

Dann reisten wir weiter in die Ferienwoche der FeG. Es war der Auftakt zu meiner Arbeit in dieser Gemeinde.

Seither sind wir gemeinsam für Gott unterwegs. Nadine ist meine stärkste Kritikerin; im positiven Sinne. Und sie ist die Person, die mich am stärksten fördert. Ohne sie wäre der Verein »Fingerprint« nicht da, wo er heute ist. All das wäre gar nicht in dieser Form möglich geworden. Es ist entscheidend, dass ein Mann oder eine Frau ein Gegenüber hat und man gemeinsam für Jesus brennt. Denn man kann gemeinsam für Gott brennen oder ausbrennen. Ob Nadine stark genug für mich ist? Längst haben wir festgestellt, dass sie viel stärker ist als ich.

Ach ja, die Ice-Age-Figur haben wir heute noch ...

Drei Fragen an dich:

- Was war dein »Du-hast-aber-schöne-rote-Wangen«-Erlebnis?
- Hilft dir deine Ehe oder deine Freundschaft, Vollgas zu geben für Gottes Reich?
- Was hast du für ein Bild von Sexualität – bist du dir bewusst, dass Gott Sex liebt?

Vers zum Thema:
»Deine Lippen sind wie ein scharlachrotes Band und dein Mund ist wunderschön. Deine Schläfen hinter deinem Schleier schimmern wie eine Scheibe vom Granatapfel.«

(Hohelied 4,3)

9.

MIT SÄRGEN DURCH BASEL

Der Flitterwoche folgte eine Woche mit der Gemeinde FeG Winterthur in der Toskana, jener mittelitalienischen Region, in der Florenz die Hauptstadt ist. Einmal während einer Anbetungszeit spürte ich Gottes Gegenwart so stark, dass ich mich einfach hineingab und auf den Boden legte. Die anderen Gemeindemitglieder schauten mich schräger an als den schiefen Turm von Pisa, der übrigens ebenfalls in der Toskana steht. Spätestens jetzt stellte ich fest, dass ich wohl in einer doch eher gutbürgerlichen Gemeinde angekommen war. Gleichzeitig genoss ich auch viel Gunst. Die Leute mochten diesen jungen Kerl, der sich nicht davor scheute, von Gott auf den Straßen von Winterthur zu zeugen. Zudem »schützte« mich der Pastor, wenn der Jugendmitarbeiter vielleicht da und dort in den Augen anderer Besucher etwas über die Stränge geschlagen hatte.

Die Wochen zogen dahin, nein, sie jagten ins Land. Innerhalb von wenigen Monaten hatte ich geheiratet und eine neue Arbeitsstelle angetreten sowie den zweiten Sommereinsatz organisiert. Das Jahr 2010 sauste im Schnellzugtempo vorbei, und schon stand wieder die Gassenweihnachtsfeier auf dem Programm, jener Anlass, bei dem ich ein Jahr zuvor auf ein Zeichen in Form eines Geschenks gewartet hatte. Obschon Heiligabend in diesem Dezember unglaublich kalt gewesen war, blickten wir alsbald auf einen gelungenen Abend zurück. Wir luden viele Leute ein, viele kamen, viele gute Begegnungen fanden statt. Dennoch blieben keine großen Erinnerungen mit besonderen Highlights – was nicht negativ zu sein braucht. Manchmal wird ausgerechnet bei solchen Ereignissen wesentlich mehr ausgelöst, als man mitbekommt. Selbstverständlich waren die Menschen auch bei dieser Ausgabe offen. Es gab mehrere, die eine geistliche Erfahrung mit Jesus machten. Die Besucher fühlten sich wohl und erlebten übernatürliche Annahme und Liebe.

Wieder verflog die Zeit wie ein geölter Blitz, und schon stand das Jugend-Osterlager der FeG an. Das grundlegende Thema lautete, die verschiedenen Gaben zu erleben. Munter predigte ich über die Bibel, Heilung, Evangelisation und alles, was mir auf dem Herzen war. Während einer dieser Input-Sessions hatte ich den Eindruck, dass ich die Jugendlichen dazu einladen sollte, sich taufen zu lassen und – sofern dies nicht schon geschehen war – umzukehren, Buße zu tun und Gott ganz nachzufolgen. Der Heilige Geist wirkte stark im Leben dieser jungen Menschen. Ich hatte es nicht vorbereitet und bis dahin eher gedacht, dass es eine trockene Sache werden würde.

Nicht weniger als zwölf waren da, die sich taufen lassen wollten. In der Bibel erfolgen Umkehr, Taufe und Nachfolge ganz natürlich. Nun, hinter dem Haus, wo wir das Ferienlager oben nahe dem Jaunapass durchführten, floss ein eiskalter Bergbach mit Schmelzwasser dahin. Doch die Kälte hielt uns nicht davon ab, den Aufbruch weiterzuführen. Ich taufte und taufte. Das Wasser war nur wenige Grad warm. Ich spürte meine Beine und Hände nicht mehr. Am nächsten Tag kamen weitere Jugendliche, die sich ebenfalls taufen lassen wollten. Am Ende hatten sich 17 Leute taufen lassen, obwohl das gar nicht offiziell vorgesehen war. Übrigens: Im Folgejahr taufte ich bei gleicher Gelegenheit wieder, diesmal sogar im Schneegestöber. Ob in den letzten Jahrzehnten in der Schweiz oft mitten in den tanzenden Flocken getauft wurde, entzieht sich meiner Kenntnis. Man ließ mich machen, aber einige Leute wälzten doch ihre Vorbehalte. Ihnen passte nicht wirklich in den Kram, dass die jungen Menschen getauft wurden, ohne dass sie vorher eine Schulung durchlaufen hatten. Zudem erhielten sie erst hinterher ein Zertifikat mit Taufvers, und auch die Eltern und Verwandten waren nicht dabei.

Aber ich vertrat die Meinung, dass wenn Gottes Geist wirkt, man ihn wirken lassen soll. Und wenn es in der Form einer Taufe ist, werden jene, die es wollen, getauft – ohne Zertifikat, Standing Ovations und Konfettiregen (obwohl in der unsichtbaren Welt vielleicht genau das in besonderer Weise stattfindet). Ich will richtig verstanden werden: Gegen Taufvorbereitungen habe ich nichts. Diese sind teils berechtigt. Und natürlich ist es schön, wenn zum Beispiel die Eltern dabei sind. Aber wenn etwas überreguliert ist, kann auch vieles gebremst werden.

Ungebremst verlief dagegen das Sommerprojekt 2011, nun bereits das dritte dieser Art. Erneut besuchten wir mehrere Städte. Stationiert in einem Lagerhaus in der Innerschweiz, erreichten wir Menschen in Basel, Bern, Luzern und Zürich. Wir hatten den Eindruck, dass wir etwas mit einem Sarg tun sollten. Von einem Gefängnis, in welchem Särge hergestellt werden, erhielten wir zwei Kindersärge, die nicht benötigt wurden. Sie teilten uns mit, dass die Kindersterblichkeit zum Glück sehr zurückgegangen sei. So erhielten wir sie kostenlos. Sie passten auf den Zentimeter genau in den Anhänger, auf dem wir unser Material zu den Einsatzorten transportierten. Wir fuhren mit den Särgen nach Basel und liefen mit diesen in der Stadt herum, um die Passanten darauf hinzuweisen, dass das Leben nach dem Tod weitergeht. Wir stellten die Frage: »Bist du bereit für den Tod?« Heute würde ich dies wohl nicht mehr mit Kindersärgen tun. Dieser Einsatz war sogar für meine Verhältnisse etwas zu makaber. Später bewahrte ich die beiden Särge noch zwei, drei Jahre bei mir auf. Als ich dann selbst Vater mehrerer Kinder wurde, entsorgte ich sie. Sie wurden für mich unangenehm.

Es dauerte einige Jahre, bis ich wieder bereit war, Särge einzusetzen und sogar aus einem heraus zu predigen (mehr dazu später).

Doch zurück zum Sommereinsatz 2011. Wieder einmal wurde ich von der Polizei angesprochen, diesmal in Bern. Vor dem Bundeshaus steht als Statue eine Person, die ein Buch liest. Die Idee, an ihr hochzuklettern und eine Bibel auf das Buch zu legen, schien mir naheliegend. Ebenso naheliegend war es wohl für die Polizei, einzuschreiten. Schon zwanzig Sekunden nach dem Beginn meiner Operation waren die Ordnungshüter zugegen und wollten natürlich wissen, warum ich am nationalen Regierungsgebäude herumturnte.

Ich erklärte ihnen das Evangelium, verzichtete aber in diesem Falle darauf, eine mir biblisch zugeteilte Klettergenehmigung geltend zu machen. Angezeigt wurde ich von den Beamten freundlicherweise nicht, aber sie bestanden darauf, dass ich die Bibel wieder herunterholte.

Apropos biblisch zugewiesene Auftritts- und Handlungsberechtigungen: Am »Blue-Balls«-Festival in Luzern erhielten wir erneut eine Genehmigung für unseren evangelistischen Auftritt. Zudem zeigten wir hier den Tretbooteinsatz mit Greenpeace und Jesus. Tausende Menschen fotografierten uns, darunter auch zahlreiche Japaner und Koreaner, welche Luzern jeweils touristisch bevölkern. Gleichzeitig waren wieder Leute an Land unterwegs, um den Schaulustigen unsere Botschaft zu erklären.

Weiter ging es in Zürich. Dort gingen wir mit einem Anspiel auf die Straße, nahe dem Zürichsee. Doch wir wurden eher etwas belächelt. Mir kam es vor, als hätten wir sehr viel Kraft aufgewendet, trotz der letzlich wenig passierte. Wir setzten uns hin. Irgendwie waren wir ausgelaugt, keiner hatte mehr Energie, obwohl wir noch geplant hatten, anschließend im berüchtigten Rotlichtbereich einen weiteren Einsatz folgen zu lassen. Doch es wurde schon dunkel, und wir waren kaputt. In dieser Verfassung schleppten wir uns dennoch in die besagte Gegend, wo wir uns auf einem Platz hinknieten. Wir beteten: »Jesus, hier sind wir. Wir haben keine Kraft mehr.« Unser Gebet wurde immer lauter, bis es in Gesang und Tanz mündete. Ringsherum standen Bordelle, wo das Nachtleben seinen Lauf nahm. Ich kletterte auf einen Stromverteiler, also einen etwa eineinhalb Meter hohen Betonklotz, und begann, von da aus das Evangelium zu predigen. Eine Prostituierte kam dazu und begann, mitzutanzen. Eine andere kam, legte sich auf den Boden und weinte. Sie wollte Vergebung und ein anderes Leben. Wir beteten für Befreiung, und weitere Menschen strömten herzu. Und das kurz nachdem wir völlig k. o. gewesen waren, als wir bereits hatten aufgeben wollen. Als wir uns einfach wieder ganz Gott ausgehändigt hatten, geschah ein Aufbruch. Es wurde eine richtig große Party, sodass der Verkehr daneben nur noch schleppend vorankam, wie wenn nach einem Fußballspiel der Sieg einer Mannschaft gefeiert wird. Immer mehr Leute kamen dazu. Die Atmosphäre war fröhlich und heilig. So stelle ich mir Kirche vor.

Wir sahen, dass wir damit den Nöten der Menschen begegnen konnten. Dazu gehörte ein schick angezogener Mann, mit dem ich ins Gespräch kam. Wir redeten nur kurz und über eher belanglose Dinge. Dann ging er weiter. Doch irgendwie zog es ihn immer wieder zu uns. Als er das dritte Mal auf mich zukam, erwähnte er, dass er ein Headhunter sei. Seine Aufgabe war es, kurz zusammengefasst, internationale Topmanager in internationalen Topfirmen in schwindelerregend hohe Positionen zu bringen, wo sündhaft hohe Gehälter großflächig über dem höheren Kader ausgeschüttet werden. Dieser Headhunter war gerade aus Finnland zurückgekehrt, wo er gerade einen Sensations-Deal abgeschlossen hatte. Doch sein Leben befriedigte ihn nicht restlos. Er sagte, dass er gerade vor Kurzem geschieden worden sei. Er habe aber sonst alles und dazu ganz viel Geld. Er berichtete noch weiter aus seinem Leben. Weltlich gesehen wäre er wohl zu beneiden gewesen. Schier endlose Macht oblag ihm, und Geld scheffelte er ohne Ende. Dennoch war er unglücklich. Ich fragte mich, was ich diesem Headhunter wohl von Gott erzählen sollte. Da fragte ich ihn, ob ich für ihn beten dürfe. Er bejahte. Mitten drin »hörte« ich, dass ich das Wort »Abba« und einen Bezug zu Gott einflechten sollte. Insgeheim dachte ich mir, dass ich das doch nicht würde tun können. Doch ich blieb gehorsam und sagte: »Tschuldigung, ich habe das Gefühl, ich sollte noch etwas sagen: Gott ist ein liebevoller Vater.« Da begann er zu weinen, die Tränen rollten seine Wangen herunter, und er sagte mit stockender Stimme: »Ich hatte nie einen liebevollen Vater.« Dieser Mann umarmte mich und gab mir dann einen Kuss auf die Wange. Es war ein unheimlich starker Augenblick. Die Begegnung, die dieser Mann mit dem liebevollen Vater hatte, der Gott ist, bewegte auch mich.

Nach dem Sommerprojekt wollten wir umziehen. Bald fand ich ein Inserat, in dem ein altes Zweifamilienhaus angeboten wurde. Innerlich wusste ich, dass das unser neuer Wohnort sein würde. Als ich mich bei der angegebenen Nummer meldete, erfuhr ich, dass das Haus in der Nähe von Winterthur noch zu haben war. Nadine und ich entschieden uns dazu, das Gebäude zu übernehmen, um eine WG für Christen und Nichtchristen zu eröffnen. Ein offenes Haus, in dem wir auch Randständige und geistlich Suchende aufnehmen wollten. Für uns als Frischverheiratete war dies eine All-In-Übung, die wir aber riskierten. Wir hatten von Gott her den Eindruck, dass es so sein soll, auch wenn uns Leute davon abrieten und sagten, dass wir finanziell damit eine zu große Last auf uns nehmen würden.

Apropos All-In: Als Mitarbeiter der FeG Winterthur begann ich, ein Netzwerk aufzubauen, bei dem fast sämtliche Gemeinden der Stadt dabei waren. Eine Art Allianz, die regelmäßig Straßeneinsätze bestritt – die Zeit war reif für ein solches Projekt. Alle zwei Wochen gingen wir zusammen raus, gleich ob eher konservativ oder charismatisch, mit einem gemeinsamen Ziel: nämlich, die Menschen zu erreichen. Im Laufe der nächsten Jahre konnten so mehrere Tausend Personen auf den Glauben angesprochen werden.

Wie jeder typische Schweizer habe auch ich ein paar Geschichten aus der Armee zu erzählen. Diese widerspiegeln genau meinen Lebenslauf, wie ich ihn bisher geschildert habe. Deshalb erfolgen an dieser Stelle meine Militärerlebnisse gebündelt auf einmal.

Das System der Schweizer Armee funktioniert so, dass zunächst ein beachtlicher Teil der jungen Männer im Alter von zwanzig Jahren in die Rekrutenschule gehen muss. Diese dauert rund 17 Wochen (mal länger, mal weniger, die Modalitäten werden alle paar Jahre etwas verändert). Ein paar müssen weitermachen. Wenn es zu wenige Freiwillige gibt, kann man dazu gezwungen werden, zum Beispiel Unteroffizier zu werden. Alle paar Jahre muss man einmal für drei Wochen in den Wiederholungskurs, landesweit schlicht und einfach »WK« genannt. Verteidigungsminister Ueli Maurer nannte vor ein paar Jahren in aller Öffentlichkeit seinen Vorsatz, unsere Army zur »besten Armee der Welt« zu machen. Nun, zumindest ich wurde nicht zum besten Soldaten der Welt (und auch nicht zum zweitbesten).

In gewisser Weise fühlte ich mich im Militär wohl. Schnell hatte ich da »Freunde«, die ebenfalls gerne im Ausgang herumhängten. Bald schon wurde ich beim Kiffen erwischt, was in der weltbesten Armee natürlich ein erhebliches Vergehen ist. Deshalb wurden mir sieben Tage Arrest aufgebrummt. Tagsüber musste ich selbstverständlich das teils harte Programm mitmachen und abends bis zum nächsten Morgen hinter Gittern verschwinden. Zum tieferen Nachdenken brachte mich das jedoch nicht. Es gehörte für mich irgendwie dazu.

Auf »dem Feld«, wie man die Ausbildung im Grünen, im Wald oder in den Häuserkampfanlagen nennt, gehörte ich zu den Kämpfertypen, zu den Draufgängern. Und engagierte Leute landeten schnell auf den feinsäuberlichen Listen der Kandidaten, die zum Weitermachen vorgesehen waren. Es sei denn, jemand entpuppte sich als Psycho oder Rambo; diese wurden nicht in Betracht gezogen. Die Beförderung geht in der Schweiz damit einher, dass man zusätzliche 15 Wochen einzurücken hat sowie zusätzliche WKs leisten muss. Um nicht in Gefahr zu geraten, auserkoren zu werden, beschloss ich, mich als Psycho zu positionieren. Selbstredend gibt es immer etliche Rekruten, die sich verstellen, um dem »Weitermachen« entkommen zu können. Bei manchen wurde das durchschaut. Dennoch versuchte ich mein Glück.

Deshalb rannte ich bei einer Kampfübung auf und davon und versteckte mich im Gebüsch. Gegen Ende des Manövers kratzte ich meine Handschuhe vorne auf, kroch ein paar Meter durch den Dreck und stellte sicher, dass der Kampfanzug richtig übel verschmutzt war. Dann eilte ich keuchend herbei, so, als wäre ich meilenweit gerannt, und schrie: »Ich habe alle Feinde eliminiert!« Mein Auftritt wurde sichtlich mit einer gewissen Verwirrung zur Kenntnis genommen.

Ein paar Wochen später nutzte ich dann eine weitere Topchance, um einer höherrangigen Dienstkarriere zu entgehen. Mein »Glück« rollte in der Form und Uniform eines tüchtigen Berufsoffiziers heran, der früher seinen Dienst als Panzergrenadier geleistet hatte.

So ein richtig taffer, strenger, aufrechter »Militärgring« (»Militärkopf«). Er begutachtete uns bei einer Übung, bei der wir scharfe Übungshandgranaten warfen. Diese sind in der Lautstärke gleich donnernd laut krachend wie die echten Handgranaten, ihre Detonation ist ebenfalls heftig. Sie unterscheiden sich gegenüber dem Kriegsmaterial einzig darin, dass sie nicht mit Splittern versehen sind, die bis zu hundert Meter weit geschleudert werden. Aber auch eine solche Granate kann tödlich sein. Bei unserer Übung nun explodierte eine Granate nicht. »Entschärft« werden kann sie nur, indem man zu ihr hingeht und eine Sprengladung unmittelbar daneben in die Luft jagt. Der wackere Offizier, der gehört hatte, dass ich bei der Großübung ein paar Wochen zuvor einen auf Kämpfer gemacht hatte, sagte: »Ich suche einen Mutigen, der mit mir kommt, um die Granate zu sprengen!« Mit diesen Worten deutete er auf mich. Sobald die Sprengladung angebracht sei, würde man nur ein paar Sekunden Zeit haben, um davonzurennen und sich flach auf den Boden zu werfen, erklärte er vor uns neugierigen Rekruten. Etlichen war allein deshalb schon mulmig, weil das in ihrer Nähe geschehen würde, obwohl sie alle in sicherer Deckung saßen. Während wir in Richtung der noch nicht detonierten Granate gingen, wollte mir der Berufsoffizier wohl etwas Respekt einflössen. Er sagte: »Maag, das ist jetzt etwas für richtige Männer!« Worauf ich zustimmte und sagte: »Der von uns, der vor dem Wegrennen länger vor der Ladung stehen bleibt, ist ein richtiger Mann!« Das war ihm dann des Guten zu viel. Er nannte mich einen »Spinner«, schickte mich zur Truppe zurück und ließ die Granate allein hochgehen.

Jahre später, kurz nachdem ich die Stimme aus dem Baum vernommen hatte, musste ich ein weiteres Mal in die Armee, diesmal in einen WK. Diese werden in der Regel legerer geführt als die Rekrutenschule. Es war mein erster Dienst als Christ. Wie üblich gingen wir abends in den Ausgang. Plötzlich wurden wir in einer Bar von Schlägertypen angepöbelt. Einer meiner Kameraden bekam bereits eine gedonnert. Ich entgegnete ihrem Rädelsführer:»Ich halte auch die andere Wange hin!« Aus ihm heraus fuhr:»Ich bin das Böse!« Die Gang verzog sich nach draußen. Wir warteten drinnen und hätten eigentlich langsam aufbrechen sollen. Nach einiger Zeit machte ich mich schließlich auf. Tatsächlich lauerten sie uns auf, und ich wurde niedergeschlagen. Dann rannten sie weg. Durch den Angriff wurden bei mir ein Finger und das Handgelenk gebrochen – ich musste ins Krankenhaus, und ich erhielt eine Strafe, weil ich zu spät aus dem Ausgang zurückgekehrt war.

Wesentlich bessere Erinnerungen folgten in einem späteren WK. Ein Offizier hielt – wie dies jeweils beim Einrücken am ersten Tag üblich ist – eine Rede. In seiner Ansprache fluchte er auch. Er hieß uns mit gewichtigen Worten willkommen und stellte eine taffe Zeit in Aussicht. Unter anderem sprach er in diesem Zusammenhang den Fluch»Gott verdamm' mich« aus. Als er geendet hatte, fragte er vor der Hundertschaft, ob jemand noch eine Frage habe. Da streckte ich die Hand auf und fragte:»Wollen sie wirklich in die Hölle kommen? Ich will nicht, dass Ihnen das widerfährt. Jedenfalls bitte ich Sie, in meiner Gegenwart solche Worte nicht mehr zu sagen.« Er war perplex. So hatte ihn wohl noch nie ein Soldat vor der gesamten Truppe angesprochen. Kaum war dieser Anlass vorbei, wollten natürlich viele Kameraden wissen, warum ich das gesagt hatte. Und kurz darauf folgte ein kleines Grillfest, bei dem ich über den Glauben ausgefragt wurde – bald wurde ich

»der tätowierte Pfarrer« genannt. Während der ganzen Militärzeit folgten nun mit vielen Leuten sehr gute Gespräche über den Glauben. Ich stellte fest, dass die Männer in der Armee vielleicht sogar noch offener sind als im Zivilen, gerade auch, weil mehr Zeit zum Reden vorhanden ist. Während meiner Zeit als Fahrer spielte ich im Auto, wenn ich andere Soldaten herumfuhr, christliche Musik von »Hillsong« ab.

Zwei Fragen an dich:

• Hast du auch schon beim Versuch, anderen von Jesus zu erzählen, über die Stränge geschlagen?

• Gibt es in deiner Ortschaft ein Netzwerk, einen Verband, einen Verein oder etwas Ähnliches, das versucht, andere Menschen zu gewinnen – falls nein, wäre es etwas für dich, ein solches zu gründen?

Vers zum Thema:

»Ich weiß, dass der Herr immer bei mir ist. Ich will nicht mutlos werden, denn er ist an meiner Seite.«

(Psalm 16,8)

Am Nordkap:
Stephan auf Sinnsuche. Leben im Bus

Erstes Sommerprojekt (Projekt Papillon) 2009 in der Innerschweiz

Nadine und Stephan 2010

Tretboot-Aktion Sommer 2013: »Greenpeace saves whales, Jesus saves you!«

Frühjahr 2016: Krawalle beim No-Longer-Music-Konzert in Zürich

Sommer 2015: Verteilaktion im Stau vor dem Gotthard-Tunnel:
»Don't worry be happy!«

Taufparty beim Löwendenkmal in Luzern Sommer 2013

Frühjahr 2011: Flashmob am ersten Global-Outreach-Day

Sommer 2015: Aktion für verfolgte Christen beim Löwendenkmal in Luzern

Sommer 2013: Kreative Aktion: Kunst mit Passanten am Hauptbahnhof

Demonstration »Wem gehört diese Stadt?!« in Zürich 2013

Taufe eines ehemaligen Muslims und seiner Frau in der Badewanne

Ostern 2013: Banner am linksautonomen Zentrum in Bern:
»Zur Freiheit hat uns Christus befreit«

Nun-Banner am Großmünster in Zürich 2014

Kreuzigung in Zürich Karfreitag 2016

Herbst 2013: Aktion »VERFOLGUNG.JETZT« am Tag der verfolgten Christen

15. Januar 2015: Solidaritätsaktion für die Christen in Nordkorea vor der Nordkoreanischen Botschaft in Bern

Die Gassenweihnacht: Das Fest der Liebe für Randständige

Das Leben im Abbruchhaus 2015:
Die Lebensgemeinschaft und die Gäste
der Notschlafstelle beim Nachtessen

Die Lebensgemeinschaft im Frühjahr 2016

Gottesdienste im Abbruchhaus

Herbst 2015: Ein neubekehrter Bewohner der Notschlafstelle lässt sich taufen

Stephan in den Bergen

Bei »Woodstock 2016« in Polen: Ein Festival erlebt Jesus

Familie Maag 2016

10.

EIN DACH FÜR VIELE

Wir erhielten tatsächlich den Zuschlag für das Zweifamilienhaus, und genau bis zu dem Tag, an dem wir einziehen sollten, hatten wir das letzte Zimmer untervermietet. Die vier ersten Mitbewohner waren Christen oder wurden es in den kommenden Monaten oder Jahren. Einer lebte etliche Jahre bei uns. Manche würden ihn als etwas eigen bezeichnen, was nicht allzu weit hergeholt ist. Er fuhr mit einem schnittigen Jaguar mit einem vierstelligen Autokennzeichen aus Basel vor. Solche tiefen Nummern werden in der Schweiz nicht selten von eher Gutbetuchten spazieren gefahren. Ich ging zunächst davon aus, dass er ein junger reicher Typ ist, der sich eine günstige Wohngelegenheit sucht. Doch irgendwie kam er mir seltsam vor. Immer war er ein paar Tage da, dann fehlte er wieder einige Zeit. Er konsumierte teures Fleisch und verfügte über Gegenstände, die auf eine gehobene Klasse hindeuteten. Eines Tages hatte er seinen Wagen jedoch nicht mehr und fehlte erneut einige Zeit. Es stellte sich heraus, dass er ihn gemietet und dann nicht mehr zurückgebracht hatte. Die Polizei nahm ihm den schnittigen Wagen ab. Im gleichen Zeitraum rief seine Mutter an und erzählte, dass er psychisch krank sei. Als er ein paar Tage später wieder da war, redeten wir miteinander, und ich brachte ihn in eine Klinik. Wir blieben in Kontakt, und ich betete zum Beispiel am Telefon für ihn und besuchte ihn gelegentlich. Als er dann wieder aus der Einrichtung austreten konnte, lebte er in unserer Garage, da sein früheres Zimmer mittlerweile vermietet war.

Er fand in einer Gemeinde zu Jesus Christus. In diesem Gottesdienst erlebte er Jesus stark, weinte und ging auf die Knie. In seiner ersten Nacht danach machte er eine übersinnliche Erfahrung: Er sah, wie Geister und böse Gestalten um unser Haus schlichen. Er betete. Die Erscheinungen verschwanden und kamen nicht wieder. Bald schloss er sich einer Gemeinde an und begann, anderen Menschen von Jesus zu erzählen. Dies tat er mit Leidenschaft und trotz seines Handicaps. Dennoch kämpft er heute noch mit Stimmungsschwankungen. Ich spreche viel über Heilung, und ich erlebe immer wieder, wie Menschen geheilt werden, manchmal sogar direkt an Ort und Stelle durch ein einfaches Gebet. Aber dieser Mann wird Stück für Stück geheilt. Bei ihm ist es ein Prozess.

Leute wie er gehörten zum Sinn unserer WG. Eine solche Gemeinschaft zu leben, heißt, Menschen wie ihn durchzutragen. Gott ist mit ihm schon ganz viele Schritte gegangen. Ich wünschte mir, dass mancher Mensch die gleiche Leidenschaft für Jesus hätte wie er. Ich mag ihn sehr. In den letzten Jahren ist er zu einem treuen und guten Freund geworden.

Bald erhielt unsere WG auch auf biologischem Weg Zuwachs. Unser erster Sohn Eli kam zur Welt. Doch kaum hielten wir dieses

Wunder des Lebens in den Armen, nahm ihn die Hebamme uns ab und die Ärztin wurde unruhig. Der Arzt dagegen zischte aggressiv: »Warum hast du den Alarmknopf nicht gedrückt?« Der Kleine atmete nicht richtig. In Windeseile waren mehrere Ärzte zur Stelle, und ich hörte, dass es sich um einen Lungenriss handeln könnte und er beatmet werden musste. Das war sehr schlimm für uns. Ich ging heim, weinte und lief später einen Bach entlang. Da hatte ich den Eindruck, dass ich einen bestimmten Psalm lesen sollte. Dieser begann mit einer traurigen Nachricht. Dadurch kam in mir das Gefühl hoch, dass dies ein Hinweis dafür sein könnte, dass mein Kind sterben würde. Doch der Psalm war damit noch nicht zu Ende gewesen. Er schloss damit, dass Gott ein Ereignis zum Guten führt. Das gab mir wieder Boden unter den Füssen. Für mich war dadurch klar, dass mein Sohn überleben würde. Am nächsten Morgen wurde uns mitgeteilt, dass es sehr knapp gewesen war. Unser Baby hatte hohe Infektionswerte, seine ersten zehn Lebenstage musste es im Krankenhaus verbringen. Der Arzt sagte uns, dass sein Überleben nicht gesichert gewesen war. Dennoch fühlte ich mich in dieser Zeit von Gott getragen. Viele Leute aus unserer Kirche nahmen Anteil. Mich bewegte, wie sie mit uns litten und im Hintergrund für uns beteten. Diese Tage waren für uns Eltern sehr herausfordernd. Wir waren möglichst oft bei unserem Jungen. Diese Zeit brachte uns näher zu Gott. Als Mensch kann man sich in einer solchen Situation immer von Gott entfernen oder sich näher zu ihm ziehen lassen. Wir sind Gott enorm dankbar, dass es gut ausgegangen ist.

Bald gesellte sich ein weiterer Untermieter zu uns. In der Garage hatten wir noch einen Platz frei. Es war ein Obdachloser, den ich aufgelesen hatte. Er roch nicht gut und war etwas wirr – so klebte er sämtliche Auspuffe ab, weil er Angst hatte, sonst vergast zu werden. In der recht geräumigen Garage standen in der Regel ein Auto sowie mehrere Mofas. Nun waren ein Bett, ein Nachttisch und ein Sofa da. Wer jeweils in der Garage wohnte, verbrachte seine Zeit jedoch wie die anderen Mitbewohner oft im Gemeinschaftsraum im Haus. Nur die Übernachtung erfolgte quasi »outgesourct«. Der neue Mitbewohner duschte eine Stunde lang und wusch in der Badewanne seine Kleider. Die Vorhänge waren hinterher schwarz; was nicht ihre Ausgangsfarbe gewesen war. Mehrfach klopfte ich an die Tür und sagte, dass er nun rauskommen müsse. Er sagte immer: »Okay, nur noch fünf Minuten.«

Unsere WG blieb illuster und wechselhaft. Wir erweiterten die Anzahl der Betten, die zur Verfügung standen, mit dem Ziel, immer wieder Bedürftige aufzunehmen, denen wir dadurch den Sprung zurück in die Gesellschaft ermöglichten. Bei manchen war dies nach ein paar Wochen geschehen, bei anderen erst nach Monaten. So zum Beispiel jener Mann, der eines Tages sagte, dass er ein Dach über dem Kopf brauchte. Er kam durch eine andere Institution zu uns. Bei den Behörden war unsere WG schnell bekannt. Sie wussten, dass bei uns unkompliziert auch schwierigere Fälle unterkommen konnten. Aus Datenschutzgründen durfte die Dame uns nicht mitteilen, weshalb der Mann andernorts nicht unterkommen konnte – und so nahmen wir ihn auf. Gleich zu Beginn eröffnete er uns, dass er beschuldigt worden war, Kinderpornografie konsumiert zu haben. Als noch sehr junge Eltern fuhr uns dies durch Mark und Bein. Nadine und ich berieten, was wir tun sollten, und schließlich betonte meine Frau: »Was würde Jesus tun? Wir müssen uns genau das immer wieder fragen.« Und so nahmen wir ihn auf. Er war sonderbar. Er nahm keine Medikamente und spazierte nachts im Dorf herum und kämpfte und rang mit den Stimmen, die er hörte. Wo außer bei uns hätte er Aufnahme erfahren? Doch dieser Mann fand zu neuer Kraft in Jesus. Er besuchte regelmäßig eine Gemeinde und begann, mitzuarbeiten. Tatsächlich wurde aus ihm ein völlig neuer Mensch. Später durchlief er eine Jüngerschaftsschule und schrieb mir eine Nachricht, in der er sich erinnerte, wie wir jeweils für ihn gebetet hatten. Es zeigte, dass Jesus Menschen neu machen kann, die für die Welt hoffnungslos sind.

Bereits etliche Monate lief unser WG-Projekt gut, als die Occupy-Wall-Street-Bewegung groß wurde. In der Schweiz entstand ebenfalls eine Protestwelle, womit für mich klar war, dass ich da ebenfalls dabei sein wollte. Ich sagte, dass wir dort hinmüssten. Schließlich waren alle speziellen und sonderbaren Vereinigungen und Gruppen ohnehin bereits da. So gingen wir als »Fingerprint« mit einem Team hin. Auf einem Schild hob ich einen Bibelvers hoch, auf dem aufgeschrieben stand: »Denn Geldgier ist der Beginn allen Übels«. Das wiederum wurde im »Tages-Anzeiger« aufgegriffen, der von Rechtsradikalen und Evangelikalen schrieb, die sich unter »Occupy« mischten. Die »Tageschau« des Schweizer Fernsehens kam daraufhin auf mich zu, um mich zu interviewen. Ich hielt in diesem Gespräch fest, dass Gott ein sozialer Gott ist und soziale Ungerechtigkeit nicht haben will. Dies wurde so nicht gesendet. Es wurde einzig das soziale Anliegen, das ich äußerte, transportiert: dass ich glaube, dass Spekulationen mit Nahrungsmitteln falsch sind und einen direkten Einfluss auf die hungernden Menschen in Afrika haben. Dass die Lösung Gott ist und der Glaube an die Bibel, wurde dann rausgestrichen. Ein Teammtglied lebte mit den anderen Protestlern die ganze Zeit vor Ort und machte es zu seinem Projekt, sich auch als Christ unter ihnen für das soziale Anliegen einzusetzen. Das Gleiche taten wir nur wenige Tage später bei einer weiteren Gassenweihnachtsfeier, die sich nun langsam zu einer Tradition entwickelte, bei der viele Menschen tief berührt wurden. Personen, die am Rande der Gesellschaft stehen und von vielen als nutz- und hoffnungslos angesehen werden. Doch in Gottes Augen sind sie wertvoll. Vor Gott werden sie in der gleichen Reihe stehen wie der Präsident der USA, wie die Queen und wie Che Guevara.

Während diese Gassenweihnacht also ein »fortwährendes Produkt« von »Fingerprint« geworden war, folgte im Frühling 2012 eine neue »Produktlinie«: Der »Global Outreach Day« mit der umwerfenden Abkürzung G. O. D. Dieser war in den Monaten zuvor ins Leben gerufen worden durch den tüchtigen Evangelisten Werner Nachtigall. Seine Idee ist simpel und vom Impact her brillant: Statt dass in einer einzigen kostspieligen Großevangelisation schlussendlich ein paar Tausend Leute in ein Stadion gezerrt werden, um einem einzigen Redner zuzuhören, geht der ganze Leib Christi raus. Jeder Christ kann eine andere Person erreichen, auf der Straße, im Bekanntenkreis, am Arbeitsort, wo auch immer. »Jeder kann jemanden erreichen, zusammen erreichen wir die ganze Welt«, lautet der Leitsatz. Laut Studien haben mehr als 90 Prozent der Christen nie in ihrem Leben evangelisiert. Einmal im Jahr sollte dies jedoch möglich sein, so der Grundgedanke hinter dem »Global Outreach Day«. Jemand hatte über Freunde davon gehört, und ich spürte, dass es genau das ist, was dran ist. Als »Fingerprint« hatten wir die Ehre, den Tag als Pionierprojekt in die Schweiz zu holen. Mit insgesamt mehreren hundert Leuten gingen wir auf die

Straße. In Bern, Winterthur, Zürich und im Wallis sowie in der Romandie wurden teils viele individuelle Einsätze durchgeführt, und an mehreren Orten organisierten wir Flashmobs. Unter anderem stellten wir in Winterthur im Stadtpark, natürlich mit Bewilligung, eine Musikanlage auf. Wir musizierten, und ich predigte. Dann ließen wir eine Prozession mit weißen Masken durch die Marktgasse folgen. Unterwegs erhielt ich den Eindruck, ich solle zu zwei jungen Frauen hingehen. Eine der beiden würde auf eine Missbrauchsgeschichte zurückblicken. Ich fragte die beiden, ob ich etwas sagen darf. Sie waren einverstanden, und ich erläuterte meine Gedanken. Die Betroffene fragte: »Woher weißt du das?« Und ich erzählte, dass ich Christ bin und die Eingebung von Gott gekommen war. Darauf erklärte ihre Kollegin. »Ich bin auch gläubig.« So fragte ich sie, ob sie ihrer Freundin schon von Jesus erzählt habe, und sie erwiderte: »Noch nicht so recht.« Und so berichteten wir ihr beide davon, wie Christus unser Leben verändern kann, und ich betete für sie. Es war, als würde etwas von ihr abfallen, eine schwere Last. Sie weinte und war enorm bewegt. Es war, als würde wirklich physisch etwas Schweres von ihr weggenommen, als wäre Gottes Herrlichkeit ein Stück weit auf die Erde heruntergefallen, um ihr neue Würde und Identität zu geben. Auch für mich war es in dieser Hausecke berührend, wie Gott einen Menschen verändert und wieder auferbaut. Mich begeistert, dass ganz normale Leute auf die Straße gehen und von Jesus erzählen. In den letzten Jahren sah ich, wie mehrere Hundert Personen den Schritt gewagt haben, rauszugehen und auf die Mitmenschen zuzugehen. Sie erlebten, wie Angesprochene verändert worden sind. Erweckung wäre dann, wenn alle Gläubigen anderen Menschen von Jesus erzählen würden. Gott braucht nicht nur die Superstars, sondern ganz normale Menschen wie dich und mich.

Zudem führten wir im Rahmen des G. O. D. die Aktion »Jesus wäscht dich rein« durch. Dazu zeigten wir ein Transparent, auf dem dieser Slogan stand. Gleichzeitig setzten sich Personen in öffentliche Brunnen rein und wuschen sich mit Schwämmen, während andere die Passanten ansprachen. Sie fragten: »Haben sie in ihrem Leben auch Schmutz?« Dies ist bei den meisten der Fall, und bald ist man über das Thema Sünde und Vergebung im Gespräch. Auf eine witzige Weise wird Tiefgang vermittelt – und für die jungen Teilnehmer ist es ein Abenteuer. Das führten wir in Winterthur durch, aber auch in Luzern vor dem KKL, als mehrere Tausend beim Blue-Balls-Festival angestanden sind. Später ließen wir diese Aktion in verschiedenen weiteren Städten folgen, im Sommer 2016 auch in Dresden.

Nachdem wir die geplanten Einsätze teils in verschiedenen Teams durchgeführt hatten, trafen wir uns zu einer Austausch-Runde. Eine Frau berichtete, dass sie einer Muslimin ein »gottkennen.ch«-Kärtchen gegeben habe. Doch die Muslimin war fast blind und konnte es nicht lesen. So betete die Christin für sie, worauf sie Heilung erfuhr und wieder lesen konnte. Einfach so. In der Schweiz. Auf der Straße. Aufbrüche sind möglich auf europäischem Boden. Wenn wir Christen bereit dazu sind, uns von Gott gebrauchen zu lassen.

Nur wenige Wochen nach diesem Akt 2012 folgte ein weiterer Pionier-Meilenstein. Wir hatten die Ehre, als »Fingerprint« die Aktion »God belongs in my city« nach Europa zu holen. Wir konnten rund 250 Menschen mobilisieren, welche mit T-Shirts, die diesen Schriftzug trugen, durch die Stadt Zürich gingen, untermalt mit fetziger Lobpreismusik, die aus tragbaren Lautsprechern erschallte. Wir waren davon überzeugt, dass wir damit ein Feuer in ganz Europa würden entfachen können, ja, dass in wenigen Jahren in sämtlichen europäischen Großstädten solche Events als sichtbare Zeichen der Anbetung durchgeführt werden würden. Doch es sollte anders kommen. Mehr dazu später.

Drei Fragen an dich:
- Hast du auch schon bei einer Aktion wie dem »Global Outreach Day« mitgemacht?
- Hast du bemerkt, dass im Grunde jeder Mensch suchend ist – und du die Person sein könntest, durch die jemand finden kann?
- Bist du bereit, dich von Gott gebrauchen zu lassen?

Vers zum Thema:
»Und der König wird ihnen entgegnen: ›Ich versichere euch: Was ihr für einen der geringsten meiner Brüder und Schwestern getan habt, das habt ihr für mich getan!‹«

(Matthäus 25,40)

11.

TAUFE VOR DEM LÖWENDENKMAL: DIE APOSTELGESCHICHTE GEHT WEITER

Im Sommercamp 2012 gerieten wir erneut mit der Polizei in Kontakt. Diesmal waren wir wirklich zu weit gegangen. Wir campten bei uns im Garten und fuhren zu den Einsätzen, oft nach Zürich. Ein wichtiger Teil unseres Programms war die künstlerische Ebene, weil wir der Meinung sind, dass die Kunst ein Ausdruck der Kreativität ist, die Gott in uns hineingelegt hat. Wir malten zum Beispiel und bezogen die Passanten mit ein. Auf beiden Seiten der Brücke zwischen dem Bahnhof und der Altstadt stellten wir ein Team auf. Auf einer Leinwand konnten die Passanten ihre Sicht zum Thema Schatten und Licht mit einem Pinsel anbringen. Jemand, der provozieren wollte, malte bei dem Team, das meine Frau leitete, einen großen Penis und ging weiter. Wenig später kam ich dazu und überlegte, was wir tun sollten. Entfernen? Wir entschieden uns, abzuwarten. Wenn Gott das weghaben wollte, würde er das problemlos tun können. Nur wenige Minuten später kam ein Mädchen und übermalte den Penis mit einem großen Herzen. Für mich war das symbolisch, wie Gott einschreitet – er kann aus dem Minus ein Plus machen. Einmal mehr waren wir zudem täglich am »Blue-Balls«-Festival in Luzern vor Ort.

Doch wir wollten mehr. Und so machten wir uns Gedanken dazu, wie wir Tausende erreichen könnten. Allmählich entstand eine Idee, die in zwei riesige Transparente mündete. Auf dem ersten stand: »Highway to Hell« (»Autobahn zur Hölle«). Mitten in der Rushhour hängten wir dieses an einer Brücke über die A1 zwischen St. Gallen und Zürich auf. Wir erkannten, wie die Autofahrer sich daran freuten. Sie machten Handzeichen und Kopfbewegungen, die zu dem gleichnamigen Song von »AC/DC« passten. Nun, die A1 machte an dieser Stelle einen leichten Bogen. Bald danach sahen die Wagenlenker an der nächsten Brücke ein zweites riesiges Banner hängen. Auf diesem stand: »Jesus, Highway to Paradise« (»Jesus, Autobahn ins Paradies«). Nicht alle Autofahrer waren genauso begeistert wie beim ersten Transparent.

Eine halbe Stunde lang ging alles gut. Tausende von Autos fuhren vorbei. Doch es kam, wie es kommen musste. Ich erkannte aus der Distanz, dass ein Team von der Polizei befragt wurde. Schnurstracks rannte ich hin. Die Beamten wollten wissen, was wir da täten. »Wir wollen die Menschen auf die Botschaft von Jesus Christus hinweisen.« Daran hatten die Ordnungshüter im Grund nichts auszusetzen, jedoch an etwas anderem: »Wisst ihr, dass das eine grobe Gefährdung der Verkehrssicherheit ist?« Daran hatten wir in der Euphorie gar nicht gedacht. Es stimmte natürlich. Durch unser Handeln lenkten wir einen erheblichen Teil der Fahrer zur Hauptverkehrszeit zwischen zwei prägenden Schweizer Städten ab und minderten deren Konzentration. Das freilich wollten wir nicht. Für uns war es einfach eine kreative Idee gewesen. Es hieß, dass wir die Aktion sofort abbrechen sollten, aber dass wir nicht angezeigt würden. Selbstverständlich nahmen wir die Tücher mit den Aufschriften umgehend ab. Grob gerechnet, dürften zwischen 30 000 und 40 000 Autos unter den Slogans durchgefahren sein.

Wieder in Luzern am Festival stießen wir am Bahnhofplatz auf große Offenheit. Zunächst zeigten wir ein Anspiel, dann predigte ich auf dem Platz. Plötzlich hatte ich den starken Eindruck, dass ich zur Taufe aufrufen sollte. Doch ich überlegte, warum ich das tun sollte. Im Publikum waren ja womöglich gar keine Christen. Dennoch gehorchte ich und sprach den Aufruf aus: »Vielleicht bist du heute da, und du willst dich taufen lassen.« Tatsächlich meldeten sich einige junge Menschen, die bereits gläubig waren, aber die sich noch nicht hatten taufen lassen. Ich war überrascht, dass sich Menschen mitten auf dem Platz angesprochen wussten. Diese jungen Christen hatten schon länger über die Taufe nachgedacht. Sie hatten einen Ausflug nach Luzern gemacht – und sich entschieden, diesen Schritt nun zu machen.

Obschon es in Luzern viel Wasser im Vierwaldstättersee gibt, wählte ich einen anderen, besonderen Ort für die Täuflinge: Das weltberühmte Löwendenkmal, das zu den europäischen Magnetpunkten für Touristen aus Asien gehört. Vor diesem übergroßen sterbenden Löwen stehen pro Jahr rund 1,4 Millionen Touristen. Das Tier erinnert an die 1792 gefallenen Schweizergardisten in Paris, die beim Tuileriensturm gekämpft hatten. Über dem Monument ist in Stein gemeißelt: »Helvetiorum fidei ac Virtuti«, oder aus dem Lateinischen übersetzt: »Der Treue und Tapferkeit der Schweizer«. Vor diesem Denkmal ist ein kleiner See angelegt. Hier sollte die Taufstätte sein. Noch einmal predigte ich vor den teils verwunderten Touristen, und dann stiegen wir ins Wasser und tauften die jungen Menschen. Darunter waren solche, die bei uns am Camp teilnahmen, und jene, die dem Aufruf auf der Straße gefolgt waren. Viele Japaner ließen es sich nicht nehmen, diesen erinnerungswürdigen Moment fotografisch festzuhalten. Nach der Taufe tanzten wir, und wir sangen Worshiplieder.

Neben diesen evangelistischen Highlights beschäftigte uns der »Alltag« in unserem Aufnahmehaus. Bei einem Einsatz sprach ich auf der Straße ein Paar aus Mazedonien an, das in der Schweiz nach Asyl suchte. Ich gab ihnen eine Bibel und lud sie zum Gottesdienst in die FeG ein. Sie kamen tatsächlich und machten einen Anfang mit Jesus. Ich lud sie auch zu uns in die WG zum Essen ein. Sie kamen gerne. Weil sie aus einem muslimischen Hintergrund kamen, würden sie nun aber ein Problem in ihrer Heimat haben. »Christen haben es da schwer«, sagten die beiden. Ich wurde stutzig und überlegte: Einerseits wollte ich diesen Leuten helfen. Was wäre aber andererseits, wenn das nur ein vorgeschobener Grund war, um in der Schweiz bleiben zu können? Dann kam mir folgender Einfall: »Ich taufe euch als sichtbares Zeichen vor der sichtbaren und der geistlichen Welt.« Während wir normalerweise draußen tauften, entschieden wir uns in ihrem Falle dazu, es in der Badewanne in der Wohnung zu tun. Die ganze WG war aus dem Häuschen. Wir drängten uns alle in das enge Badezimmer und hatten kaum Platz. Zuerst tauften wir ihn und dann sie. Wir erkannten, wie die Taufe in ihnen sichtlich etwas bewirkte. Sie waren zunächst unsicher, was nun mit ihnen passieren würde. Als sie aus dem Wasser kamen, war der Frieden von Jesus auf ihrem Gesicht. Es kam, wie es kommen musste: Bald rückte ein Termin auf dem Migrationsamt heran. Dort hieß es, dass die Familie die Schweiz würde verlassen müssen. Ich war mit dabei bei diesem Gang zu den Behörden und betonte, dass sie nicht nach Mazedonien gehen könnten, weil sie dort verfolgt werden könnten. Nur drei Tage später erschien in einem Blogbeitrag im »Tages-Anzeiger« eine Wehklage darüber, dass Freikirchler unter Flüchtlingen missionieren würden. Auf Facebook schrieb ich einen Beitrag, wo ich den Artikel publizierte und festhielt, dass ich vor Kurzem einen ehemaligen Muslim getauft hatte. Fast umgehend schrieb ein Leiter einer theologischen Akademie und kritisierte mich mit überraschend scharfen Worten. Offenbar hatte er sich der Deutungshoheit über den Missionsbefehl von Jesus bemächtigt und entschieden, dass das Leiden und der Tod Christi nicht für Menschen gilt, die aus welchem Grund auch immer in die Schweiz einwandern. Er störte sich daran, dass ich das via Facebook verbreitete.

Unser Freund aus Mazedonien rief mich am kommenden Tag an und bedauerte, dass er nicht Christ werden konnte. Der Druck auf ihn war zu groß geworden. Ich hörte, wie in seinem Haus geschrien wurde. Landsleute dürften via Skype zugeschaltet gewesen sein, die ihn dazu drängten, den Glauben wieder zu verlassen und mir dies mitzuteilen. Ich hatte das Gefühl, hier alles falsch gemacht zu haben. Er glaubte nicht mehr, in der Zeitung wurde das Missionieren angegangen, und Christen griffen mich an. Dabei schien mir, dass ich doch genau all das getan hatte, wozu Jesus aufruft: Leute wurden angesprochen, zum Glauben eingeladen und getauft. An dieser Stelle sei erwähnt: Ein Jahr später fuhr der Mazedonier extra in die Schweiz, um ein paar wenige alte Freunde zu besuchen. Dazu gehörte auch ich. Es war ein regnerischer Tag, und ich wollte gerade mit dem Auto wegfahren. Da kam eine nasse Person auf mich zu und sprach mich in gebrochenem Deutsch an. Zuerst erkannte ich ihn nicht, dann merkte ich, dass es der Mazedonier war. Seine Augen leuchteten. Er fragte: »Kennst du mich noch?« »Ja, natürlich«, antwortete ich. Nun berichtete er, dass er im Herzen immer noch an Jesus glaube und seine Familie den christlichen Glauben lebt. Zudem zeigte er ein Bild von einem Baby. »Ihr hattet damals für ein Baby für uns gebetet. Sieben Jahre lang war ich überzeugter Muslim, aber wir konnten keine Kinder bekommen. Dann wurde ich Christ, ihr habt für uns gebetet, und kurz darauf wurde meine Frau schwanger.« Lustig ist, dass ich mich gar nicht mehr an dieses Gebet erinnern konnte, doch Gott hält sein Wort.

Einen anderen besonderen Menschen lernten wir ebenfalls durch unsere WG kennen, einen Rapper. Er wusste nicht, wo wir wohnten, doch er hatte das Gefühl, dass er zunächst in einen bestimmten Zug einsteigen sollte und dann in einen bestimmten Bus. In diesem Bus fuhr gerade jemand von unserem Team mit, sprach ihn an und lud ihn zu uns ein. Er war bereits Christ und wohnte bald für einige Zeit bei uns. Er betete am Morgen lange und ging dann in den Vorgarten und malte. Unterwegs sprach er alle Leute auf Jesus an und zeigte mehreren Menschen den Weg ins göttliche Königreich. Es war für mich eine inspirierende Erfahrung, eine Person kennenzulernen, die vom frühen Morgen bis spät am Abend den ganzen Tag über außergewöhnliche, übernatürliche Erlebnisse hatte. Er brachte mich dazu, selbst mehr Zeit im Gebet zu verbringen. Er hatte dann den Eindruck, dass er Missionar werden sollte. Zwei Tage später sprachen ihn Leute in der Gemeinde an, ob er nicht in der Türkei Missionar werden wollte. Noch mal einen Tag später schenkte ihm jemand ein Flugticket – Zielort: Türkei. Innerhalb einer Woche war dies alles aus dem Nichts heraus klar geworden.

Langsam erkannte ich, dass sich meine Zeit bei der FeG dem Ende zuneigte und ich weiterziehen sollte. Einzelne in der Gemeinde hatten ohnehin Mühe mit mir, weil ich zum Beispiel immer wieder für Menschen beten wollte, die krank waren. Meine Meinung ist, dass dabei immer etwas passiert, aber dass es in Gottes Händen liegt, ob die Person völlig geheilt wird. In den vergangenen Jahren machte die FeG große Schritte in diesem Bereich. Inzwischen ist es normal, dass man für Kranke betet. Die Gemeinde hat ein großes Verlangen nach dem Wirken des Geistes Gottes. Ich blicke auf eine gute und lehrreiche Zeit zurück.

Teilzeitlich widmete ich mich meiner evangelistischen Tätigkeit, und gleichzeitig nahm ich eine Teilzeitstelle in einer betreuten WG für Menschen mit psychischen Problemen an. Um über die Runden zu kommen, begannen wir, einen Freundesbrief zu versenden. Gleichzeitig hatte ich das Gefühl, dass ich den Zehnten geben sollte. Mit diesem Gedanken kam ich jedoch ins Ringen, weil ich im Grunde ja ohnehin schon alles in den Dienst gab. Nadines Gedanken dazu waren, dass wir gehorsam sein sollten. Kurz darauf fand ich beim Spazieren zwei 100-Franken-Noten. Ich rief die Polizei an und erzählte von diesem Fundstück. Die Antwort war, dass ich das Geld behalten könne, sofern sich niemand in den nächsten Tagen auf der Wache melden würde. Zwei oder drei Tage später fand ich wieder auf einem Weg einfach so eine 100-Franken-Note. Vorher und nachher hatte ich nie in meinem Leben Geld gefunden, aber genau jetzt, wo ich mich mit dieser Finanzfrage beschäftigte, geschah genau das. Für uns beide war es eine Bestätigung, dass Gott der Herr über das Geld ist und dass er uns versorgen würde.

Seine Fürsorge erlebten wir bald auch während der Geburt unseres zweiten Sohnes Lyam. Weil er in der Steißlage im Bauch war, wurde uns zu einem Kaiserschnitt geraten. Während einer Worshipzeit hatten zwei Freunde jedoch den Eindruck, dass er durch eine natürliche Geburt zur Welt kommen würde. Tatsächlich geschah es wenig später auf diese Weise. Für uns war es ein Beleg dafür, dass alles so geschieht, wie Gott es zusagt.

Unser Haus erhielt jedoch nicht nur auf biologischem Weg Zuwachs, sondern auch durch einen Blitz-Ausbau. Wir kauften einen Wohnwagen und stellten diesen in den Garten. Darin quartierten wir zwei Wirtschaftsflüchtlinge aus Südamerika ein. Die Nachbarn waren von uns ja bereits einiges gewohnt: stetig wechselnde, manchmal etwas sonderbare Leute, die bei uns ein- und ausgingen, laute Feste und friedliches Beisammensein von Menschen unterschiedlichster Kulturen und Lebensstationen. Aber dass wir nun im beschaulichen Seuzach auch noch Menschen in unserem Garten in einem Wohnwagen einquartierten, war für manche doch etwas erstaunlich.

Eigentlich hatten wir uns den Wagen zunächst zugelegt, um ein Café für Randständige daraus zu machen. Doch was nützte dieser heiße Bohnensaft den Leuten, die kein Dach über dem Kopf hatten? Und so wurde daraus ein Auffangbecken für gestrandete Gestalten. Diese nächtigten vorerst im Wohnwagen, und wenn im Haus ein Zimmer frei wurde, folgte dann der »Sprung« rein zu uns.

Einer unserer etwas sonderbareren Freunde lebte im Keller, in welchem leider nur ein Bett Platz hatte. Er war ein junger Mann mit einer Psychose: Er predigte nicht nur öffentlich auf der Straße, sondern er war zudem davon überzeugt, dass er ins Fernsehen müsse, um dort zu predigen. Tatsächlich schaffte er es beim Schweizer Fernsehen bis ins Studio, ehe ihn die Security packte und vor die Tür setzte. In den folgenden Tagen nahm er immer wieder neue Anläufe, was dazu führte, dass das SRF das Sicherheitspersonal aufstocken musste. Wir führten Gespräche mit ihm und erklärten ihm: »Das bringt so nichts.« Er stammte aus einer netten, gutbürgerlichen Familie. Seine Eltern waren sehr bewegt von unserer Einstellung und davon, dass wir ihren Sohn nicht fallen ließen, selbst dann nicht, als er in eine Klinik musste. Selbstverständlich beteten wir auch für seine Heilung. Manchmal heilt Gott sofort, manchmal ist es ein längerer Weg. Und wenn sich keine Heilung einstellt, gehen wir den Weg mit einer Person trotzdem weiter. Immer wieder erlebten wir, dass im Namen Jesu eine Macht liegt. Oft stellten wir fest, dass es sich bei unseren Gästen jeweils um psychische Probleme handelte, wie etwa bei jenem Mann, der alle Auspuffe abgeklebt hatte. Da spürte ich nichts Dämonisches. Manchmal aber steht wirklich mehr dahinter. Das bemerkte ich beispielsweise bei einem Flashmob, den wir am Bahnhof Winterthur durchführten. Aus dem Nichts heraus stürzte ein Mann auf mich zu, um mir eine Bierflasche ins Gesicht zu schlagen. Ich konnte nur noch »Jesus«

schreien. Kaum war dieser Name ausgesprochen, stoppte er mit der Flasche kurz vor meinem Gesicht, verharrte so wie versteinert mehrere Sekunden lang und ging weg, als wäre nichts vorgefallen. Wenn ich den Namen von Jesus sage, dann geschieht etwas.

Wir blieben nicht vor schwierigen Momenten verschont. Einmal vermieteten wir ein Zimmer an einen jungen Anbeter. Das brachte jedoch keinen zusätzlichen Drive in unsere Gemeinschaft, im Gegenteil. Bald erkannten wir, dass er ungemein knausrig war im Vergleich zu den anderen. Er wollte sogar für alles eine genaue Abrechnung, zum Beispiel für die Lebensmittel, die wir ja immer gemeinsam aßen und zu denen jeder einen Teil beizusteuern hatte. Jeder konnte sich jeweils in eine Liste eintragen, bei welchen Mahlzeiten er zugegen war und bei welchen nicht. Er wollte seinen Anteil immer genau berechnet haben. Bei den Zimmern hatten wir feste Mietpreise, aber jeder sollte geben, was er geben konnte und wollte; Studenten und Leuten mit wenig Geld kamen wir großzügig entgegen. Der junge Mann wollte möglichst viele Vorteile für sich persönlich rausholen, während wir die Gemeinschaft ins Zentrum stellten. Wir erkannten, dass wir in seinem Falle Gott nicht gefragt hatten, ob wir ihn aufnehmen sollten. Dies taten wir sonst bei Leuten, die ein Zimmer als »echte« Mieter wollten und die wir nicht aus einer Notfallsituation zu uns holten. Er zog die Stimmung in die Tiefe, bis ich ihm einmal eine Schelte erteilte – danach wurde es für einige Tage besser. Dann aber wollte er plötzlich nicht mehr mit uns reden. Dies würde ab sofort nur noch über seinen Anwalt geschehen. Ich erklärte ihm, dass er dabei war, unsere Vision zu zerstören. Da lief er davon. Ich rannte ihm hinterher, bis ich auf gleicher Höhe war, dann ging ich neben ihm her. Ich fühlte mich provoziert. Da schubste ich ihn ins Dornengebüsch. Ich entschuldigte mich später bei ihm in aller Form, was er nicht annehmen wollte. Am nächsten Tag zog er unversöhnt aus – er zeigte mich an. Für mich war es eine Lehre, zuerst auf Gott zu hören. Seit diesem Vorfall sitzen wir immer zusammen, wenn sich in irgendeiner Form ein Konflikt auftürmt, damit dieser sofort gelöst werden kann.

Zwei Fragen an dich:
- Wo bist du getauft worden? Falls nicht, hättest du nicht Lust, dies zu tun?
- Hast du die Macht des Namens »Jesus« auch schon kennengelernt?

Vers zum Thema:
»Aber wenn der Heilige Geist über euch gekommen ist, werdet ihr seine Kraft empfangen. Dann werdet ihr den Menschen auf der ganzen Welt von mir erzählen – in Jerusalem, in ganz Judäa, in Samarien, ja bis an die Enden der Erde.«

(Apostelgeschichte 1,8)

12.

»KLAR HELFE ICH DIR, DICH UMZUBRINGEN!«

Er suche die »Dignitas«, sagte ein verwirrter Russe an einer Haltestelle immer wieder. Vitali (Name geändert) ging eigentümlich auf und ab. Meine damalige Chefin Lea aus der WG für psychisch Kranke ergründete schnell, dass da ein behutsames Vorgehen ratsamer war als die simple Vermittlung einer Adresse. Sie lud ihn – wohlwissend, wer die »Dignitas« ist – zum Kaffee in die WG ein. Und da sie in einer Lobpreisband spielte, konnte er am Abend auch gleich noch zuhören. Zu verlieren hatte er ja nichts. Die »Dignitas« ist eine Sterbehilfeorganisation, und ihr Gast war ganz offensichtlich lebensmüde. Er übernachtete in einem Hotel, und am nächsten Tag folgte er der erneuten Einladung zum Kaffee. An dieser Stelle kam ich ins Spiel. Genau an diesem Tag arbeitete ich da, und dies war außergewöhnlich, da ich eigentlich frei hatte. Kurz vorher war ich gefragt worden, ob ich an diesem Tag würde aushelfen können.

Normalerweise war es völlig aussichtslos, irgendwo bei der Arbeit eine freie Minute aufzutreiben. Doch diesmal ging es tatsächlich. Und so stand ich alsbald vor Vitali, einem dünnen, schmächtigen, blonden Russen, liebenswert und etwas in sich gekehrt. Er eröffnete mir, dass er bereits bei der Sterbehilfe-Organisation gewesen sei. Dieser Schweizer Verein hilft Menschen, die zum Beispiel unheilbar krank sind, sich in einem gewissen Stadium das Leben zu nehmen. In manchen Ländern ist dies verboten, und so kommen manche extra dazu in die Eidgenossenschaft. In der Schweiz spricht man von einem »Sterbetourismus«, ein Politikum, das an dieser Stelle nicht diskutiert werden muss. Allerdings wird auch bei diesem Verein nicht einfach so jeder »genommen«, um nicht zu sagen »getötet«: Rund 2000 Menschen wurden bereits »in den Tod begleitet«, aber laut dem Verein sei gleichzeitig bis zu 40000 Personen geholfen worden, vom Wunsch nach dem »Freitod« abzukommen. Und unser guter Vitali war ebenfalls abgewiesen worden. Wir fanden nun heraus, dass er auf der Suche nach dem Vereinsgründer war. Da hätte er wohl noch lange an der Haltestelle auf und ab gehen können. Bei Dignitas hatte man ihm mitgeteilt, dass er zunächst einmal ein ärztliches Zeugnis brauche, bevor der Fall überhaupt näher angeschaut werde. Und nun wollte er, dass ich ihm dabei helfe.

Frei heraus sagte ich zu ihm: »Klar helfe ich dir, dich umzubringen.« Ich werde seinen Blick nie vergessen. Das überraschte selbst ihn. Doch ich versicherte ihm, dass dies tatsächlich mein Ernst sei. Da sein Deutsch nicht gerade vorzüglich war, zeigte ich ihm im Internet anhand einer russischen Bibelübersetzung, was ich meinte, nämlich, dass der alte Mensch sterben muss und dass er neu geboren wird. Es handelte sich um die Passage im Römerbrief Kapitel 6, Verse 4 bis 8. Dort steht:»Denn durch die Taufe sind wir mit Christus gestorben und begraben. Und genauso wie Christus durch die herrliche Macht des Vaters von den Toten auferstanden ist, so können auch wir jetzt ein neues Leben führen. Da wir in seinem Tod mit ihm verbunden sind, werden wir auch in der Auferstehung mit ihm verbunden sein. Unser früheres Leben wurde mit Christus gekreuzigt, damit die Sünde in unserem Leben ihre Macht verliert. Nun sind wir keine Sklaven der Sünde mehr. Denn als wir mit Christus starben, wurden wir von der Macht der Sünde befreit. Und weil wir mit Christus gestorben sind, vertrauen wir darauf, dass wir auch mit ihm leben werden.«

Staunend hörte Vitali zu. Darauf erklärte ich ihm das Evangelium und betete für ihn. Bereits in diesem Moment gelang ihm der Durchbruch, was das Thema Selbstmord anbelangte. Er wollte sich nun nicht mehr das Leben nehmen. Die Verwirrung war mit einem Mal abgefallen und nicht mehr relevant. Am Tag danach luden wir ihn zu uns nach Hause ein. Ein Übersetzer war ebenfalls organisiert. Er wollte noch mehr über den christlichen Glauben wissen, und er fand noch in dieser Stunde zu Jesus Christus. Meine Chefin organisierte für ihn einen Flug nach Moskau, und es gelang, Kontakt zu einer dortigen christlichen Gemeinde zu knüpfen. Ein Mitglied holte ihn am Flughafen ab. Seine Gedanken waren wieder frei, er hatte ein geistliches Zuhause gefunden, und nach ein paar Wochen erhielten wir ein Foto zugeschickt, das einen gut gelaunten Vitali bei seiner Taufe zeigte. Es war für uns alle schön, zu sehen, wie Gott wirkt, wenn verschiedene Gläubige zusammenarbeiten und zusammenstehen.

Nach der »Premiere« in Zürich führten wir im Frühling 2013 erstmals auch eine Kreuzigung in Bern im Maßstab 1:1 auf der Straße auf. Viele Passanten waren sichtlich aufgerüttelt, schockiert und aufgewühlt. Das Gesehene hatte so rein gar nichts mit dem friedlichen Eiersuchen im Garten und den Schokohasen im Rummel des Osterbusiness zu tun. Unser Team führte viele gute Gespräche mit den Zuschauern, und viele wünschten sich ein Gebet.

Für diesen Auftritt waren wir als Team nach Bern gereist und das gleich für die ganze Osterzeit. Ich erwachte am Ostersonntag am Morgen und überlegte, was wir noch Kreatives tun könnten. Beim Zähneputzen sah ich plötzlich das Bild von einem weißen Banner, das an der Reithalle hing. Dieses alternative, linksautonome Zentrum liegt gleich beim Berner Bahnhof, mitten in der Stadt. Bei vielen Menschen im Kanton Bern und etlichen in der restlichen Schweiz ist sie verrufen, weil sich immer wieder Chaoten dorthin zurückziehen. Die »Reithalle« gilt als rechtsfreier Raum. Die Polizei hat so gut wie keine Zugriffsmöglichkeit, außer über eine mühselige Straßenschlacht. Auch mehrere christliche Großveranstaltungen wurden bereits von Leuten aus diesem Umfeld gestört. Und ausgerechnet dieser offen christenfeindliche Ort kam mir jetzt in den Sinn. Im Team überlegten wir, was nun zu tun wäre. Nach einem kurzen Brainstorming entschieden wir uns, ein Banner mit der Aufschrift »Zur Freiheit hat uns Christus befreit« anzufertigen. Bei unseren Einsätzen haben wir immer die nötigen Materialien dabei, um Blitzideen-Banner anzufertigen. Gesagt, getan, gesprayt. Wir bereiteten alles vor und beteten um Schutz und die richtige Gelegenheit. Der Inhalt dieses Banners griff im Übrigen einen zentralen Gedanken der Personen aus dem Umfeld der Reithalle auf.

Sie wollen Freiheit und Gleichwertigkeit für jeden Menschen, dass kein Mensch illegal sei, und Toleranz für jeden; eine Toleranz, die sie Andersdenkenden übrigens nicht zugestehen. Wir als »Fingerprint« leben jedoch genau das: Wir nahmen und nehmen die Menschen auf, die durch jedes Netz fallen, den Flüchtling, den Bettler, den Obdachlosen, und wir geben ihnen Würde. Das was die Leute aus der Reithalle propagieren, leben wir.

Unser Auto parkten wir unauffällig in der Nähe und schlenderten diskret in Richtung Reithalle. Nahe dem Eingangsbereich voll Graffiti kehrte gerade eine alternativ angezogene junge Frau mit strähnigen schwarzen Haaren und Kopfhörern in den Ohren Glas zusammen. Scherben gehören auf diesen Quadratmetern mitten im Zentrum zum Alltagsbild. Als sie uns bemerkte, hielt sie kurz inne und steuerte dann schnurstracks auf uns zu. Sie bellte uns an: »He! Ihr habt hier nichts verloren. Haut ab, los, zieht Leine.« Dann kniff sie ihre Augen zusammen und deutete mit ihrem Besen auf mich: »Du mit deinem Hund hast hier eh nichts zu suchen.« Und zu einer weiteren Begleiterin: »Und du sowieso nicht!« Dabei kannte sie uns gar nicht, und obendrein waren wir selbst jung und alternativ angezogen. Zumindest mit menschlichen Augen wären wir problemlos als Reithallen-Publikum durchgegangen – also ein völlig schräger Auftritt. Wir trotteten schulterzuckend weiter, und sie wandte sich nach einem Moment wieder ab. Unser Ziel war ohnehin nicht der Haupteingang gewesen.

Wir gingen vorerst einmal um das uralte Gemäuer herum, das namensgebend früher tatsächlich einmal eine Reithalle gewesen war, um zu schauen, ob es irgendwo eine Möglichkeit gab, auf das Dach zu klettern und das Banner zu befestigen. Spähend zogen wir hintereinander ringsherum, was wohl urkomisch ausgesehen haben muss. Leider fanden wir nirgends einen Weg nach oben. Dazu kam, dass die merkwürdige Frau kurz davor Dinge über uns gesagt hatte, die sie nicht hatte wissen können, und sie hatte uns genau da getroffen, wo wir besonders verletzlich waren: Ich beim Thema Hund und unsere Kollegin, zu der sie »Und du sowieso nicht« gesagt hatte, konnte mit diesen Worten aufgrund ihrer früheren Lebensgeschichte besonders tief getroffen werden. Uns wurde bewusst, dass wir es hier nicht einfach mit irdischen Mächten zu tun hatten. Wir beteten noch einmal innig und legten es bewusst in Gottes Hände. Sollte es sein Wille sein, dass dieses Banner auf dem Dach festgemacht wird, dann würde er den Weg zeigen. Wir gingen noch einmal um die altehrwürdige Halle. Und siehe da, auf der Seite der Bahngleise lag plötzlich eine Leiter am Boden. Sie war vorher nicht da gewesen, oder wir hatten sie übersehen, was eher unwahrscheinlich war, da etliche Augenpaare nach nichts anderem als Möglichkeiten zum Aufstieg Ausschau gehalten hatten. Nun war er also da: Unser Weg auf das Reithallendach.

Als wir oben angekommen waren, entdeckten wir gegenüberliegend auf einer Dachterrasse ein paar weitere Alternativen. Gebückt zogen wir weiter, was für mich nicht so einfach war, da ich nicht schwindelfrei bin – draußen in der Natur, in der Bergwelt kann ich mich ohne Probleme bewegen, aber nicht auf Leitern und Dächern. Zwei junge Männer, darunter der Bruder meiner Frau, gingen dann ganz nach oben, während ich auf dem Vordach Schmiere stand. Ich war froh, dass ich nicht da hochklettern musste. Ich bewunderte die zwei, wie sie weit oben das Banner an der Reithalle anbrachten. Denn wenn wir von den Alternativen ertappt worden wären, hätten die uns wohl ganz übel zugerichtet. Doch unentdeckt konnte unsere Schrift angebracht werden. Wir kletterten behutsam wieder nach unten und waren froh, dass wir noch lebten. Was einen möglichen Rechtsbruch betraf, hatten wir kein schlechtes Gewissen. Schließlich hingen da noch andere Banner, und zudem konnten sie wieder weggenommen werden, während die Graffitis an diesem eigentlich historischen Gebäude wohl als echte Schäden zu werten sind. Von den Zügen aus, die aus dem Osten nach Bern fuhren, waren die Banner bestens zu sehen. Also alle Reisenden von Basel, Luzern, St. Gallen oder Zürich hatten die Gelegenheit, die Banner zu entdecken. Außerdem fuhren an diesem Wochenende noch etliche Extrazüge nach Bern, da der Schweizer-Cup-Final zwischen dem FC Basel und GC auf dem Programm stand, der von über 27 000 Fußballfans besucht wurde. Unser Banner blieb mehr als 24 Stunden hängen, etliche Tausend Personen hatten es wohl in der Zwischenzeit gesehen. »Zur Freiheit hat uns Christus befreit.« Was für eine Botschaft an einem alternativen Ort, genau da, wo die Botschaft von Jesus hingehört.

Vielleicht liest sich dieses Buch so, als würden wir mit unserem Verein von Erfolg zu Erfolg rennen, geradeso als würden die Menschen nur darauf warten, von uns auf Jesus hingewiesen zu werden und diesen Schritt dann auch zu gehen. Dem ist nicht so. Wir sind nicht Helden, denen einfach alles zufällt und die keine Probleme hätten. Nicht immer bringt jede Aktion den gewünschten Durchbruch. Längst nicht alle sind an unserer Botschaft interessiert. Diverse Passanten gehen einfach vorüber. Wir werden auch mal schräg angeschaut oder als Frömmler belächelt. Manchmal wird uns auch ins Gesicht gesagt, dass man daran nicht interessiert sei – das kann durchaus beleidigend formuliert sein. Doch wenn man treu den Glauben weitergibt, findet man jene, die sich dafür nicht nur interessieren, sondern die genau diese Rettungsbotschaft zu genau diesem Zeitpunkt brauchen. Wenn man aus Scham (und in aller Regel ist es nur das) nicht zu seinem Glauben steht und diesen verheimlicht, findet man diese Menschen nicht.

Dabei kann auch mal etwas nicht so herauskommen, wie man sich das gedacht hat. Als gesamter Verein erlebten wir ein solches Beispiel. Einige Zeit nach der erfolgreichen Kreuzigungsszene und der bildgewaltigen Banner-Aktion auf dem Reithallendach zu Ostern folgte im Laufe des Jahres 2013 ein weniger glanzvoller Moment: Euphorisch erwarteten wir den zweiten »God-belongs-to-my-city«-Marsch, nachdem der erste im Vorjahr ja ein voller Erfolg gewesen war. Wir gingen davon aus, dass sich diese »Marke«, die wir nach Europa geholt hatten, spätestens nach drei bis fünf Jahren auf den ganzen Kontinent ausdehnen würde und viele mit diesen besonderen T-Shirts erreicht werden würden. Waren wir 2012 in einer Stadt unterwegs, planten wir 2013 gleich in drei Städten, in Bern, Luzern und Zürich. Doch bedauerlicherweise waren pro Ort jeweils nur sechs bis zehn Christen dabei. Zwar zogen wir den Einsatz jeweils durch, sahen es danach aber als gescheitertes Projekt an. Wie ein kleines versprengtes Grüppchen waren wir in den einzelnen Städten unterwegs. Wir waren weit von der Menschenmenge entfernt, die wir uns erträumt hatten. Aber klar ist trotzdem: Manchmal muss man etwas wagen und halt auf die Nase fallen. Aber hier gilt: Aufstehen, weitergehen und etwas Neues wagen. Wir verlieren dabei nichts, weil wir mit der Beziehung zu Gott schon alles haben.

Zwei Fragen an dich:

- Wenn du Christ bist, bist du es deshalb, weil dir irgendwann irgendjemand von diesem Glauben berichtet hat – möchtest du nicht eine solche Person im Leben eines anderen Menschen sein?

- Lässt du dich von Rückschlägen entmutigen, oder stehst du danach mit noch mehr Kraft wieder auf?

Vers zum Thema:

»Würden sie schweigen, dann würden die Steine schreien!«

(Lukas 19,40)

13.

FLASHMOB AM HAUPTBAHNHOF UND ABBRUCHHAUS IN DER INNENSTADT

Zu den Höhepunkten im Sommer 2013 gehörte das Sommerprojekt in Luzern. Wieder waren wir eine Gruppe junger Menschen, die dort den christlichen Glauben auf kreative Weise bekannt machte. Neben bereits bewährten Tools wie »Greenpeace rettet Wale« setzten wir neue Dinge ein. Unter anderem wandelten wir das neapolitanische Volkstheater »Pulcinella« in Straßenkunst um. Unsere Anspiele in der Stadt wurden von neugierigen Zuschauern mitverfolgt. Dazu gehörte auch die Performance »The crazy Story of God«, bei der wir mimisch in rund vier Minuten die biblische Geschichte des Sündenfalls sowie des Todes von Jesus darstellten.

Bei diesem Einsatz fuhren wir manchmal auch in entlegenere Ortschaften, um dort die Menschen zu erreichen.

Zurück vom Einsatz zogen nicht sonderlich viele Wochen ins Land, bis die große Diskussion aufkam, wem eigentlich die Stadt Zürich »gehörte«. Hintergrund war der ausgetrocknete Wohnungsmarkt, der zu immer höheren Mietpreisen führte – diese sind in Zürich tatsächlich eklatant hoch. Die Linksautonomen beanspruchten die Stadt für sich. Mehrere Bewegungen luden deshalb zur Demonstration »Wem gehört Zürich?« ein. Bei dieser sollte der Ruf erschallen nach bezahlbarem Wohnraum für alle, für Gewerbe und Kultur sowie nach Freiräumen und Selbstverwaltung – was im Grunde Räume wie die Reithalle in Bern bedeutet. Und natürlich das übliche »Nieder mit dem Kapitalismus!« Da die Frage »Wem gehört Zürich?« lautete, sahen wir vom Verein »Fingerprint« uns natürlich direkt angesprochen – unsere Antwort war sonnenklar: »God belongs in my City«. Mit einem solchen Spruchband mischten wir uns unter die Teilnehmer und marschierten mit. Dazu trugen wir Mönchskostüme. Manche fanden das zunächst einmal lustig und meinten, wir würden einen Witz machen. Nach einiger Zeit stellten andere Kundgebungsteilnehmer fest, dass wir es ernst meinen. Die Stimmung begann, langsam, aber stetig zu kippen – womit wir wieder beim Thema Toleranz wären ... Wir spürten, dass wir nicht mehr willkommen waren. Doch mutig beteten wir und zogen innerhalb des ja eigentlich für alle offenen Umzugs weiter mit. Innerlich waren wir natürlich etwas angespannt. Ich beobachtete jedoch, wie sich mehr und mehr Mitglieder des Schwarzen Blocks, also der linken Schlägerszene, um uns herum positionierten. Diese Unruhestifter schienen also nicht nur zur Demo dazuzugehören, sondern auch zu Einsätzen »abrufbar« zu sein. Wir marschierten bei wachsender Anspannung noch etwa zwanzig Minuten weiter. Nach der Hälfte der Demonstrationsroute gingen wir dann raus, und das war wohl gerade gut so, denn lange hätte es nicht mehr gedauert, und jene, die für Liebe und Sonnenblumen demonstrierten, hätten eine Prügelei angezettelt. Wir werteten die Aktion dennoch als Erfolg, weil wir dabei gewesen waren.

Noch einmal: Eigentlich lebe ich genau so, wie es das linke Ideal fordert: Ich biete Wohnraum für Menschen, die keinen Platz in der Gesellschaft haben. Ich lebe sozial mit jenen, die ausgegrenzt sind. Ich setze mich ein gegen Ungerechtigkeit, gegen Hunger und dafür, dass alle Menschen gleich sind. Mein großes Vorbild war Che Guevara in seinem Einsatz für die Unterdrückten. Und von wem werde ich ausgeschlossen? Nicht von Leuten am rechten Politrand, sondern von jenen am linken.

Kurze Zeit nach dieser Demo in Zürich organisierte ich selbst eine – in der gleichen Stadt. Dieses Event war weniger direkt evangelistisch, obschon wir ebenfalls Gebet anboten, was auch hier etliche Personen in Anspruch nahmen. Dieser Einsatz galt jedoch in erster Linie den verfolgten Christen weltweit. Sie liegen mir besonders am Herzen. Denn obwohl sie unterdrückt werden, halten sie an ihrem Glauben fest. Ein mutiger Christ aus einem Land in Südasien sagte einmal, dass er bereit sei, für Jesus zu sterben. Doch ich frage mich, ob meine Glaubensgeschwister im Westen bereit sind, für Christus zu leben. Ein oder zwei Jahre später ist dieser Christ wegen seines Glaubens ermordet worden. Den Einsatz organisierten wir im Spätherbst gemeinsam mit »Open Doors«, einem Hilfswerk für verfolgte Christen, bei dem mein Schwiegervater mitarbeitet. Für diese Leidenden wollte ich schon lange einen Einsatz durchführen, denn die Gesellschaft muss mehr darüber wissen. Ein breiter Teil der Bevölkerung würde dieses Anliegen mittragen, wenn sie wirklich darüber informiert wäre. Doch wir haben keine Macht in den Medien, in der Politik oder finanziell. In diesen drei Segmenten sind wir Christen nicht stark – aber wir können den Pöbel mobilisieren, denn der Pöbel regiert Rom. Wenn man ein Anliegen lange genug transportiert, findet ein Wandel statt. Und mein Ziel ist, dass das Anliegen der verfolgten Christen auf die Straße getragen wird. Es gibt zwei Gründe dafür, dies noch verstärkt zu tun: Zum einen ruft die Bibel dazu auf, für jene einzustehen, die keine Stimme haben. Und zum anderen, weil die Verfolgten uns vorleben, klar im Glauben zu stehen und nicht andere Dinge wichtiger zu nehmen.

Zu diesem Zweck organisierten wir in der Zürcher Bahnhofstraße einen Gefängnisstand mit Gittern und Wänden. Immer war jemand darin eingekerkert und schrie um Hilfe, während andere Mitglieder von »Fingerprint« und »Open Doors« die Passanten ansprachen und ihnen die Lage erklärten. Zwischendurch sangen wir Lieder und sammelten Unterschriften. Mehr als 300 kamen in diesen paar Stunden zusammen. Das Interesse war groß. Wir stellten fest, dass breite Teile der Bevölkerung sich solidarisch mit der verfolgten Kirche zeigen.

Zum Einsatz gehörte auch ein Flashmob am Hauptbahnhof. Auf den schrillen Pfiff einer Trillerpfeife rannten plötzlich viele Jugendliche laut schreiend in Panik herum, was für verdutzte Gesichter bei vielen Reisenden sorgte. Beim nächsten Pfiff gingen sie alle auf die Knie und verharrten in einer Gefangenenposition. Dann hielt ich eine kurze Ansprache, in der ich auf das Leiden der verfolgten

Christen hinwies und auch dazu aufrief, hier im Westen ein klares Bekenntnis zu Jesus abzulegen. Danach verteilten wir Flyer mit weiteren Informationen. Etwa zwanzig Minuten später wiederholten wir den Flashmob vor unserem Gefängnisstand in der Bahnhofstraße. Bei beiden Flashmobs hörten mehrere Hundert Personen zu. Bei der aktuellen Terrorlage freilich dürfte man einen solchen Flashmob heute nicht mehr durchführen. Die Gefahr einer Massenpanik wäre zu groß.

Daneben beschäftigte uns der Alltag in unserer WG. Wir besuchten unsere Nachbarn, auch jene im Asylheim drei Häuser weiter. Wir verbreiteten das Evangelium vor unserer Haustüre und luden die Mitmenschen zu uns zum Essen ein. Gerade die Asylsuchenden freuten sich über unsere Gesellschaft. Mittlerweile hatten wir die Garage zu einem Aufenthaltsraum ausgebaut. Nach dem Essen gingen wir einmal wöchentlich runter in die Garage und feierten da einen Gottesdienst, der immer auch von Leuten außerhalb der WG besucht wurde.

Gleichzeitig spürte ich, dass es von Gott her dran war, wieder regelmäßig Gasseneinsätze in Zürich zu machen. Wir gründeten die Aktion »Reach Zürich« mit dem Ziel, alle zwei Wochen auf die Straße zu gehen. Durch Kreativität und Liebe wollten wir so Menschen für Jesus gewinnen. Das Echo war erstaunlich positiv. Manchmal war ich allein, manchmal waren wir zu zweit oder als kleine Gruppe unterwegs. Es war ausnahmslos lohnenswert. Viele Kontakte zu Randständigen und Menschen in Not entstanden, wir konnten ganz viele Samen säen.

In Not gerieten wir gegen Ende 2013 nun selbst, und zwar betreffend unsere WG. Die politische Gemeinde machte geltend, dass bei uns zu viele Menschen wohnten. Aus bauhygienischen Gründen sei dies aber nicht in Ordnung. Juristisch gesehen hatte die Gemeinde gar nicht das Recht, sich in dieser Weise zu äußern. Meine Vermutung jedoch ist diese: Weil die Gemeinde reich war und bei uns viele Randständige aus- und eingingen, fürchteten sie, dass diese Personen früher oder später zu den lokalen Behörden gehen würden, um Sozialhilfe zu beantragen – etwas, was wir übrigens selbst nicht wollten. Wir fördern die Menschen, damit sie gesund werden, Boden unter den Füßen gewinnen, erste Schritte gehen und wieder für sich selbst und auch andere sorgen können. Von nun an legte uns die Gemeinde Steine in den Weg. Eine Frau ging auf die Gemeindekanzlei, um sich in der Ortschaft anzumelden, da sie bei uns ein Zimmer mietete. Zunächst wurde sie freundlich und zuvorkommend behandelt. Als jemand dann hörte, wo sie wohnen würde, rief er aus einer anderen Abteilung herüber: »Das ist beim Maag! Dort kann niemand mehr einziehen!« Obwohl sie einen gültigen Mietvertrag mit eigenem Zimmer besaß. Dazu kam allerdings noch ein ganz anderer Aspekt: Wir hatten eine Größe erreicht, durch die wir tatsächlich aus allen Nähten platzten. Zur richtigen Zeit sollten wir einen Ersatz finden. Die FeG Winterthur hatte ihre Büroräume in einem alten Abbruchhaus gehabt. Dieses war größer als unser Zweifamilienhaus, in einem Dorf in der Nähe. Als nun die FeG just in diesem Zeitraum auszog, konnten wir die Liegenschaft übernehmen. Beim Anbruch des Winters konnten wir mit dem Einrichten beginnen. Wir installierten in einem Kellerraum ein komplettes Bad mit Badewanne und Waschmaschine. Dieser Raum wurde von uns allen benutzt. Zudem setzten wir das Haus für unsere Bedürfnisse instand. Weil es sich um ein Abbruchhaus handelte, war die Heizung bereits ausgebaut, damit es nicht von Hausbesetzern in Beschlag genommen würde. Deshalb mussten wir mit Elektroöfen heizen. Das war teuer. Deshalb beheizten wir nicht jeden Winkel, und es war entsprechend frisch im Gebäude. Wir sorgten dennoch für eine warme Atmosphäre. Als Familie fühlten wir uns vom ersten Tag an wohl in unserer Villa Kunterbunt.

Zuletzt hatten wir aus jedem nur erdenklichen Raum ein Zimmer mit einem Bett gemacht. Und im Kellergeschoss war noch aus der FeG-Zeit ein Gottesdienstraum eingerichtet. Diesen ließen wir so, da wir selbst regelmäßig hausinterne Gottesdienste für die Randständigen abhielten. Mitten in der Stadt, nahe beim Bahnhof, hatten wir in kürzester Zeit Platz für eine große Lebensgemeinschaft geschaffen – wohl wissend, dass ein Abbruchhaus eines Tages wirklich abgerissen werden würde.

So waren wir beschäftigt bis zur Gassenweihnacht 2013, die noch einmal größer als in den Vorjahren geworden war. Erneut suchten wir dazu in Zürich einen neuen Veranstaltungsort. Familien waren dabei, Randständige, Künstler – eine bunt gemischte Gesellschaft. Auch ein Gewerbefunktionär war dabei. Er sagte, dass er noch nie eine so schöne Feier erlebt habe. Zu Beginn des Abends hatten wir die Helfer in Teams losgeschickt, um Menschen zum Fest einzuladen. Dabei beschenkte eine Gruppe beispielsweise Prostituierte mit Rosen und Pralinen und lud sie zum Fest ein. Ein anderes Team gab am Hauptbahnhof rund 2 000 Reisenden die Verteilzeitung »Jesus. ch-Print«. Die Exemplare stammten von meiner neuen Teilzeitstelle als Missionar in der Schweizer Abteilung von »Every Home for Christ« (früher »Christus für alle«).

Der Saal füllte sich bis auf den letzten Platz. Neben Menschen mit Suchtproblemen und psychischen Schwierigkeiten saßen Asylsuchende, alte Menschen, Alleinstehende und mehrere Familien. Daneben war eine externe Küche unterwegs: Ein Suppenteam verteilte im Rotlichtviertel warme Mahlzeiten und ließ so das Licht von Jesu scheinen. Viele Menschen wünschten sich ein Gebet, und manchen bedeutete es viel, dass sich jemand überhaupt Zeit für sie genommen hatte.

Mich persönlich begeisterte die Vielfalt der Menschen, die zusammenkamen und die Liebe von Jesus ganz praktisch erfahren konnten. Das ist echtes Weihnachten, das begeistert und richtig ansteckt. Wir wünschen uns, dass dieses Projekt zu einem Lebensstil wird, der sich durch das Jahr hindurch fortsetzt.

Dieser Heiligabend hallte noch länger nach. Mit dabei war ein Mann aus Deutschland, der gerade eben aus dem Gefängnis entlassen worden war. Er war mit dem Zug in die Schweiz gefahren und hier von einer Frau angesprochen worden, die ihn zur Gassenweihnachtsfeier eingeladen hatte. Ein Mitarbeiter kümmerte sich um ihn, vermittelte ihm einen Schlafplatz und verbrachte auch an den kommenden Tagen immer wieder Zeit mit ihm. Dieser Mann öffnete sein Herz für Jesus und lud ihn in sein Leben ein. Die Gassenweihnacht hat sein Leben verändert – und er war nicht der Einzige.

Zwei Fragen an dich:

- Weißt du, dass es Christen gibt, die wegen ihres Glaubens verfolgt werden, und setzt du dich für sie ein?
- Bietet deine Gemeinde auch etwas Besonderes zu Weihnachten an? Falls nein: Was spricht dagegen, etwas zu beginnen?

Vers zum Thema:

»›Deshalb geht hinaus an die Straßenecken und ladet jeden ein, dem ihr begegnet.‹ Also brachten die Diener alle, die sie finden konnten, gute und schlechte Menschen, und der Festsaal war voller Gäste.«

(Matthäus 22, 9-10)

14.

DER MANN AUS DER KOSOVARISCHEN BEFREIUNGSARMEE

Wir wurden nicht nur im Flüsterton und nicht nur hinter vorgehaltener Hand als Spinner bezeichnet, als wir in unser Abbruchhaus einzogen. Immerhin war unsere neue Bleibe schlecht beheizbar, und wir wurden gefragt, warum wir uns und den Kindern ein solches Zuhause antun würden, bei der Schimmelgefahr und so weiter. Doch wir wussten, dass es richtig war. Und wenn die Isländer die Fußballeuropameister der Herzen sind, dann war dieses altehrwürdige Gemäuer unsere Villa der Herzen – vor allem aber wurde es bald zu einer Zufluchtsstätte für viele gestrandete Seelen. Denn schon kurz nach unserem Einzug nahmen wir erste Flüchtlinge und Obdachlose bei uns auf.

Im Gottesdienstraum richteten wir eine Notschlafstelle ein, wo in dringenden Fällen zusätzliche Menschen übernachten konnten. Jeden Abend um 21 Uhr standen alle Hausbewohner in diesem Raum zusammen: Schulter an Schulter bildeten wir einen Kreis, und ich betete jeweils für die Anliegen. Diesen »Brauch« zogen wir die ganze Zeit über durch. Nie war das für einen unserer Besucher und Gäste eine Problem, gleich aus welchem Hintergrund er stammte, ob er ein Flüchtling war, der bei uns ein Dach über dem Kopf fand, ob ein Drogensüchtiger, ein Reisender, ein Muslim – wer auch immer. Alle standen zusammen und beteten.

Öfter fanden bei uns Nigerianer eine Bleibe, weil im Gottesdienstraum eine nigerianische Kirche ihre Gottesdienste durchführte. Die Matratzen für die Notschlafstelle wurden dafür von uns zur Seite gestellt. Diese afrikanische Gemeinde hatte sich bereits hier getroffen, als das Gebäude noch von der FeG verwaltet wurde, und wir mochten diese frohe, bunte Konfession. Es gab Sonntage, an denen fast keine Besucher der Einladung des Pastors folgten. Doch er predigte auch dann immer so, als wären Tausende von Leuten da. Dieser vorbildliche Prediger inspirierte mich dazu, nicht darauf zu schauen, ob das Publikum aus zehn, hundert oder tausend Zuhörern besteht, sondern man predigt einzig und allein für Jesus. Manchmal feierten wir gemeinsam Gottesdienste, und ihre Mitglieder waren bei jedem unserer Hausfeste dabei.

Seine Gemeinde vergrößerte sich zusehends. Mit der Zeit mussten sie einen anderen Raum suchen. Wir schenkten ihnen viele Stühle und blieben mit ihnen freundschaftlich in Verbindung. Dieser Pastor arbeitete neben seinem Gemeindedienst noch zu hundert Prozent, und zudem war er Ehemann und Vater von vier Kindern.

Von ihm lernte ich viel darüber, was der Einsatz für Gottes Reich bedeutet.

Unsere Notschlafstelle wuchs. Immer mehr Menschen suchten bei uns Zuflucht. Erstmals seit Langem wohnte ich nun wieder in Winterthur, doch was für ein Unterschied verglichen mit meiner Gangster-Zeit. Diesmal suchte ich nicht mehr Ärger, Suff und nachhaltiges Totschlagen der Zeit – sondern ich suchte der Stadt Bestes, indem ich mich um die Bedürftigen kümmerte und jedem Einwohner die Hoffnung nahebringen wollte, die in Jesus zu finden ist.

Ein besonderer Gast war ein muslimischer Kosovare, der über Belgien in die Schweiz eingereist war. Wir nennen ihn hier Blerim. Im Internet hatte er gesucht, wo ihm jemand den christlichen Glauben würde erklären können. Zunächst suchte er in Belgien nach Pastoren. Dann sah er, dass es in der Schweiz offenbar viele Gläubige gab. Und so landete er in Zürich. Ein Freund brachte ihn zu uns ins Haus. Ausgerechnet an diesem Tag feierten wir jedoch das Abendmahl. Blerim konnte als Muslim eigentlich nicht daran teilnehmen. Da er aber hungrig war, wäre es irgendwie komisch gewesen, wenn wir ihn ausgeschlossen hätten. Außerdem wollte ich gastfreundlich sein. Dieser Mann aus dem Kosovo sollte mitmachen können, schließlich hatten wir ihn ja eingeladen. Ich betete still um Gottes Führung. Innerlich merkte ich, wie der Heilige Geist mir mitteilte, dass ich ihn fragen sollte, ob er nicht Jesus als seinen Heiland und Erlöser annehmen wollte. Zugegeben, eine etwas steile Frage – aber ich gehorchte. Zu meiner Verblüffung sagte er tatsächlich:»Ja, natürlich. Genau aus diesem Grund bin ich in die Schweiz gekommen. Ich bin hierher gereist, um die Religion des Friedens anzunehmen.«

Da staunten wir alle nicht schlecht. Er begann, aus seinem Leben zu erzählen. Er hatte in den Tagen zuvor schon Begegnungen mit Christen gehabt, in der Bibel gelesen und das Evangelium gehört. Aber er wusste noch nicht, dass eine bewusste Entscheidung für Jesus erforderlich war. Gerne nahm er das Evangelium an, und er übergab sein Leben noch in diesen Stunden Jesus Christus. Gemeinsam feierten wir nun das Abendmahl.

Am nächsten Morgen betonte er, dass er seit vielen Jahren nicht mehr so gut geschlafen hatte wie nun in dieser Nacht. Seit seinem 16. Lebensjahr hatte er unter entsetzlichen Albträumen gelitten. Diese waren nun auf einen Schlag weg.

Gerne verbrachte ich viel Zeit mit ihm. Er erzählte mir seine Lebensgeschichte, und diese war schrecklich. Seine Eltern, Muslime, waren zu Beginn des Balkankrieges von Serben, also auf dem Papier Christen, vor dem Haus der Familie umgebracht worden. Als er von der Schule heimgekommen war, fand er sie aufgeschlitzt vor seinem Zuhause am Dach hängen. Das war mehr, als er ertragen konnte. Er schloss sich im Alter von 16 Jahren der kosovarischen Widerstandsarmee UÇK an und zog mit dieser in den Krieg. Er sah viele schlimme, unmenschliche Dinge.

Durch seine Bekehrung wandelte sich nun vieles in seinem Leben. Gerne erzählte er auch anderen von Jesus. Weil er aus einem islamischen Umfeld stammte, konnte er besonders gut anderen Muslimen von seinem neu gefundenen Glauben erzählen. Er wohnte vorerst bei uns und beteiligte sich an unseren Einsätzen. Die Bewohner unserer Lebensgemeinschaft investierten viel Zeit in die Jüngerschaft mit ihm. Er sog die Botschaft dieses liebenden Jesus voll und ganz in sich auf. Er wollte eine Bibelschule durchlaufen und sammelte bereits entsprechende Informationen. Für uns war es sehr schön, diese Leidenschaft zu sehen. Viele unserer Aktionen wurden nun im Jahr 2014 langsam zur Tradition. Wir fühlten uns als Verwalter von dem, was uns Gott anvertraut hatte. Gleichzeitig wollten wir die Aktionen nicht einfach durchführen, damit sie »abgehakt« werden konnten, sondern sie sollten stets voll von pulsierendem Leben sein.

Die Tage zogen ins Land, und mit diesen entwickelte sich unsere Notschlafstelle prächtig, auch wenn von Zeit zu Zeit mal die Polizei vorbeischaute und hie und da jemanden verhaftete. Dies geschah auch einem Afrikaner, der bei uns wohnte und keine Aufenthaltsberechtigung mehr hatte. Er wurde mitgenommen und in Abschiebehaft gesteckt, sprich, er musste mehrere Monate dort bleiben, bis eine geeignete Maschine in seine Heimat abheben würde. Ich besuchte ihn mit dem Ziel, ihn zu unterstützten und ihm Mut zu machen. Doch ich stellte fest, dass es ihm sehr gut ging. Er betete für mich, und zuletzt war ich es, der erfrischt und gestärkt war – durch einen Mann, der hinter Gefängnismauern saß. Unsere Hände waren durch die gepanzerte Scheibe getrennt, aber wir fühlten uns stark miteinander verbunden. Ich stellte fest, dass ein Christ, der gefangen ist, nicht wirklich gefangen ist. Ich hatte letztlich einen freien Mann hinter Gittern besucht.

Angesichts der vielen Begegnungen und Erlebnisse schien es mir, als würde das Jahr 2014 schneller als jedes bisher da gewesene verstreichen. Mit ein Grund dürften auch die Kinder sein, die einen stetig auf Trab hielten. Kurz vor dem Sommerprojekt gesellte sich der dritte Junge, Len, zu unserer florierenden Familie. Er kam ein paar Tage später zur Welt, doch das war gut. Seine Nabelschnur war in der Gebärmutter an einem nicht optimalen Ort angewachsen. Deshalb war es gut, dass seine Geburt eingeleitet worden war. So erlebten wir bei jedem Kind, das zur Welt kam, besondere Umstände. Vor allen Geburten kaufte Nadine eine christliche CD, die wir während der Geburt abspielten.

Beim jüngsten Sommerprojekt kam vieles in Bewegung. Zu Beginn fuhren wir mit dem Auto nach Luzern. Bei einem Gebäude, das ich nicht kannte, hatte ich den Eindruck, dass wir anhalten sollten, was ich zunächst nicht tat. Schließlich hatten wir ja das Camp gerade erst aufgebaut und waren noch gar nicht richtig angekommen. Und der Impuls, anzuhalten, konnte ja immer mal kommen. Doch es war, als würde eine innere Stimme sagen: »Stephan, kehr um, geh zu diesem Haus.« Schließlich wendete ich. Beim Anhalten vor dem Gebäude stellte ich fest, dass es eine Anlaufstelle für Migranten war. Ich begegnete einem Mann, der über Schulterschmerzen klagte. Ich betete für ihn, und er wurde tatsächlich geheilt. Andere Mitglieder vom Team sprachen etwa eine halbe Stunde später mit ihm, und er fand dabei zum Glauben an Jesus. Wir blieben in Kontakt mit ihm und vermittelten ihn an eine lokale Gemeinde. Nun war klar, warum wir an diesem Ort anhalten mussten.

Aus Solidarität mit den unterdrückten und vertriebenen Christen im Irak und in Syrien änderten in jenen Tagen viele christliche Facebook-Nutzer für eine gewisse Zeit ihr Profilbild. Sie ersetzten es durch den arabischen Buchstaben »N«, als »Nun« ausgesprochen. Der Hintergrund ist der, dass die Anhänger der radikal-islamischen Terror-Miliz »Islamischer Staat« (IS) mit diesem Buchstaben die Häuser von Christen markierten. Das »N«

steht für »Nazarener«, also für Christen. Wir Camp-Teilnehmer versammelten uns dort, wo die alten Eidgenossen anno 1291 den berühmten Rütli-Schwur geleistet und letztlich die Nation gegründet hatten. Unter der Schweizer Flagge mit dem Kreuz hielten wir betend das arabische »N« in die Höhe, um mit dieser Aktion ein Zeichen gegen die Verfolgung zu setzen. Wir sahen dies gleichzeitig auch als ein Versprechen, unsere verfolgten Geschwister im Gebet zu tragen.

Wir erlebten in diesem Sommercamp weitere besondere Begegnungen. Beim Wandern kam jemand von unserem Team mit einer Person ins Gespräch. Die Frau bekehrte sich noch an Ort und Stelle. Oder in einem Problemviertel – ja, das gibt es auch in Luzern, ohne dass dies auf den Postkarten ersichtlich wäre – gingen wir von Haus zu Haus. Wir klingelten und erklärten jenen, die öffneten, das Evangelium. Eine unserer Gruppen traf dabei einen alten Schuhmacher. Eigentlich war sein Lebenswunsch früher gewesen, einmal Priester zu werden, was sich aber nicht ergeben hatte, und so war er im Leben ganz anders unterwegs, als er einst gedacht hatte. Nun besann er sich neu, und er lud Christus in sein Herz ein. Eine andere Gruppe ging in eine Arztpraxis mit der Frage, ob es in Ordnung wäre, wenn sie mit den Kranken beten würden. Der erste Blick war irritiert und fragend, als ob sie gesagt hätten: »Einmal das Bic-Mac-Menü mit Cola und Pommesfrites, bitte!« Doch dann ließ die Praxisassistentin für sich beten. Auch die Tretboot-Aktion führten wir wieder durch. Wir waren viel unterwegs und hörten auf die leise Stimme in uns. Dabei trafen wir unter anderem einen Mann, der schwer an Krebs erkrankt war. Auch ihm konnten wir das Evangelium erklären, und er nahm ebenfalls Jesus in sein Herz auf.

Zwei Fragen an dich:

- Gott begegnet Muslimen in besonderer Form, zum Beispiel in Träumen. Wie gehst du mit Ausländern um? Wir haben die Chance, diesen Menschen von Jesus zu erzählen.
- Die Apostelgeschichte geht weiter – möchtest du diese Geschichte mitschreiben?

Vers zum Thema:
»›Du sprichst von vielem, wovon wir noch nie gehört haben, und wir wollen wissen, was es damit auf sich hat.‹ Die Athener und auch die Fremden, die sich in Athen aufhielten, verbrachten ihre Zeit vor allem damit, die neuesten Ideen zu hören und darüber zu reden. Als Paulus nun vor dem Rat stand, rief er: ›Männer von Athen, ich habe bemerkt, dass ihr den Göttern besonders zugewandt seid, denn als ich umherging, sah ich eure vielen Altäre. Einer davon trug die Inschrift: *Dem unbekannten Gott*. Ihr habt ihn angebetet, ohne zu wissen, wer er ist, und nun möchte ich euch von ihm erzählen.‹«

(Apostelgeschichte 17,20-23)

Jeder Mensch, der Gott nicht kennt, ist letztlich von einer inneren Leere betroffen. Helfen wir, diese Leere, die auch als »unbekannter Gott« bezeichnet werden kann, zu füllen.

15.

ZÜRCHER GROSS-
MÜNSTER GEENTERT

Sicherlich ist den meisten Lesern der Name «Pussy Riot» ein Begriff. Die Punkband aus Russland war eigentlich kaum bekannt, dann aber brachte es die Girlband zu Weltruhm, weil sie einen Gottesdienst stürmten und kurz ein paar Dinge gegen Vladimir Putin ins Mikrofon schrien. Obwohl es nur ein paar politische Statements waren, sprachen westliche Medien schließlich von einem »Punk-Gebet«. Diese Aktion schlug Wellen bis an die Ufer des Zürichsees und der Limmat, denn plötzlich hing am historischen Zürcher Grossmünster – von Aktivisten hingehängt – ein Banner, auf dem sich Protestierende für die Mädels einsetzten. Für mich war klar: Wenn die Kirche für den Politprotest herhalten musste, dann sollte sie dies auch für die verfolgten Christen tun. Und so machte ich mich am Eidgenössischen Dank-, Buß- und Bettag, am 21. September, auf, um mit einer besonderen Aktion auf dieses

Anliegen aufmerksam zu machen und die Bevölkerung dadurch zur Solidarität mit den Glaubensunterdrückten aufzurufen. Wir besprühten ein riesiges Banner mit dem »Nun«-Zeichen, also dem arabischen »N«. In einem Rucksack trug ich dieses bei mir. Beim Grossmünster angekommen, löste ich brav ein Ticket für den Turm. Nachdem wir uns bis nach oben geschleppt hatten, befestigten wir das riesige Leintuch und rollten es dann gut sichtbar über der Stadt aus. Gleichzeitig versendete jemand von unserem Team von »Fingerprint« eine Medienmitteilung, was dazu führte, dass unter anderem die »Neue Zürcher Zeitung« (NZZ) in ihrer Onlineausgabe über unsere Aktion berichtete. Eine Stunde später prangte das weiterum gut erkennbare Zeichen immer noch über der City. Nun aber kamen zusehends weniger Leute bis nach ganz oben und mit der Zeit gar niemand mehr. Irgendwann schleppten sich keuchend zwei Kirchenangestellte zu uns nach oben und heischten, dass wir das Banner wegnehmen müssten. Ich war völlig perplex. Immerhin schien das damals bei »Pussy Riot« eine untergeordnete Rolle gespielt zu haben. Ich entgegnete: »Moment, ihr wisst ja gar nicht, um was es überhaupt geht.« Doch sie donnerten: »Das spielt überhaupt keine Rolle, dieses Banner muss jetzt weg.« Aber ich hielt an meinem Standpunkt fest: »Es geht mit diesem Zeichen um die Solidarität mit verfolgten Christen.« Davon aber wollten die beiden nichts wissen: »Das spielt jetzt keine Rolle!« Sie stießen uns zur Seite, rissen die Anbindungen weg und zerrten das Tuch hoch. Mich verletzte das enorm, ich war den Tränen nahe. Dabei wurde ich laut und polterte, dass das in keiner Weise richtig sei. Schließlich gehe es um die verfolgten Christen, und wir seien hier in der freien Welt und müssten uns mit ihnen solidarisch zeigen. Die Stimmung wurde zusehends hart und angespannt. Sie legten uns nahe, die Kirche umgehend zu verlassen, aber da hielt ich entgegen:»Das ist eine Kirche. Sie haben nicht das Recht, uns hier rauszuwerfen. Das ist Gottes Haus.« Und nebenbei bemerkt, was ich damals jedoch nicht sagte: durchaus auch unseres, denn unterhalten wird es durch die Steuern von der Allgemeinheit.»Nein, das ist nicht Gottes Haus, das ist unser Haus«, behauptete einer der beiden Angestellten. Rasch merkte ich, dass die ganze Debatte zu nichts führte, sondern sich zusehends verschlimmerte. Wir machten uns an den Abstieg. Unten angekommen, wartete bereits die Polizei. Ich hatte das Gefühl, die Turmwächter hätten sich völlig dämlich und danebenbenommen, und war deshalb noch außerordentlich angespannt. Die Polizei dagegen nahm es ziemlich locker, als ich erklärte, was vorgefallen war. Ein solcher Einsatz war ihnen natürlich wesentlich lieber, als in Kastenwagen irgendwelchen irren Hooligans oder dem schwarzen Block gegenüberzustehen, der ihnen Steine entgegen wirft. Die Ordnungshüter nahmen das Banner mit auf den Posten, und sie sagten, dass ich mich melden sollte. Am nächsten Tag erklärten sie mir am Telefon, dass ich es abholen könnte. Die Kirche hatte auf eine Anzeige verzichtet. Eine solche Anzeige wäre jedoch auch der Negativ-Höhepunkt gewesen. Schließlich hatte es bei den Aktivisten, die sich für»Pussy Riot« eingesetzt hatten, auch keine gegeben. Sie hätten also schlecht gegen uns eine solche Maßnahme ergreifen können, weil wir uns für die verfolgten Christen eingesetzt hatten. Und als Randbemerkung: Die Mehrheit der Christen in Nahost, an die wir mit dem»Nun«-Banner erinnerten, stammte aus orthodoxen und katholischen Konfessionen, welchen der Grossmünster eigentlich ökumenisch gesehen besonders nahestehen müsste.

Neben all diesen Aktionen beschäftigte mich mein Alltag bei einer teilzeitlichen Therapiestelle. Diese hatte einen christlichen Hintergrund. Von dort aus ging ich für Beratungen und Gespräche in verschiedene Akutpsychiatrien. Dort kann der Glaube eine Herausforderung sein. Man spricht nicht gerne über Jesus. Manche dieser Akutpsychiatrien sind eher christenfeindliches Gebiet. Eines Tages sah ich in einer solchen Einrichtung jemanden durch die Glastür nahe am Eingang sitzen, einen jungen Mann, den ich nicht kannte. Jene, die das Weite suchen wollen, sitzen oft an dieser strategisch geeigneten Position. Ob dieser kräftige junge Bursche auch gerade ans Ausbüxen dachte? Innerlich machte ich mich mal auf den nötigen Hechtsprung gefasst. Er sagte: »Hallo Stephan!« Ein Fluchtversuch sieht anders aus. Ich kannte ihn gar nicht – aber er mich. Er hatte mich in einer Kirche sprechen gehört. Wir wechselten ein paar Worte, und ich betete kurz für ihn, doch dann musste ich in der Anstalt an einer Sitzung teilnehmen. Ich saß jedoch unruhig da, weil mir eine leise Stimme sagte, dass ich noch einmal für diesen jungen Mann beten und ihn fragen sollte, ob er nicht Jesus annehmen wolle. Dieser nette Kerl hatte ja vorhin nicht da auf der Bank gesessen, weil ihm langweilig war, sondern weil er sich das Leben hatte nehmen wollen. Und ich saß da in dieser Sitzung. Ich hielt es nicht mehr auf dem Platz aus, doch was sollte ich tun? In einer Umgebung, die eher weniger gut auf Christen zu sprechen ist, sagen: »Ähm, … hüstel …, entschuldigen Sie mich, ich will mal eben nur rasch zu diesem jungen Mann gehen und ihn fragen, ob er sich nicht bekehren möchte.«? – Da wäre ein: »Sie sprechen etwas lahm heute. Damit ich nicht einschlafe, hole ich deshalb kurz einen Kaffee« wohl wesentlich besser angekommen. Doch ich spürte, dass es wichtig war. Ich entschuldigte mich deshalb damit, dass ich noch mal »ein seelsorgerliches Gespräch« hätte. Zu meinem Erstaunen war das gar kein Problem. Der junge Mann saß noch immer da, und so fragte ich ihn unumwunden, ob er nicht einen Neuanfang mit Jesus machen wolle. »Ja, natürlich«, lautete seine Antwort. Dies geschah durch ein gemeinsames Gebet, und es war zu erkennen, dass eine Last von ihm abfiel. Mitten in der Akutpsychiatrie freuten wir uns beide. Wir umarmten uns und jubelten an einem sonst eher tristen Ort. Übrigens: Dieser Schritt veränderte sein Leben völlig, er wurde aufgefangen, die Probleme konnten abgearbeitet werden. Er hatte noch ein paar Höhen und Tiefen, ehe der endgültige Durchbruch bei einem christlichen Jugendcamp erfolgte. Heute ist er ein feuriger Nachfolger von Jesus. Was wäre gewesen, wenn ich einfach in der Sitzung geblieben wäre? Es waren nicht viele Minuten, die ich dort gefehlt hatte – doch im Leben dieses Menschen machten sie einen enormen Unterschied; und nicht nur in seinem, sondern auch in all jenen, die er seither berührt hat.

Mehr als je zuvor investierte ich die Gassenarbeit. Ich ging nun sogar wöchentlich auf die Straße. Für mich war es mehr, als einfach ein wenig nett zu sein zu den Leuten und ein wenig zuzuhören. Denn es handelte sich um Menschen mit echten Nöten, Sorgen und Problemen. Und auch um solche, die nicht mehr lange leben würden, wenn sie sich nicht grundlegend ändern würden. Deshalb betete ich mit allen, die das wünschten. Meist sind es nur wenige, die ein Gebet ablehnen. Mit der Zeit hatte ich die Telefonnummern des halben Rotlichtviertels in meinem Handy gespeichert. Obdachlose, Prostituierte, Drogenabhängige, Dealer, alles Menschen, denen die meisten nicht nachts auf der Straße begegnen möchten. Doch niemand versuchte, mich auszunutzen, und ich wurde auch nie telefonisch belästigt.

Besonders nahe ging mir eine Begegnung. Auf der Gasse kam ich ins Gespräch mit einem sichtlich gezeichneten, schwerst alkoholkranken Mann, der zudem Heroin spritzte. Er litt an Leberzirrhose und Hepatitis. Menschlich gesehen, ein hoffnungsloser Fall. Hilfe suchend fragte er, ob er bei uns wohnen könnte. Er wünsche sich die Geborgenheit einer Familie. Leider hatten wir im Moment keinen freien Raum. Selbst die Notschlafstelle war bereits überfüllt. Zudem konnte ich mir nicht vorstellen, diesen Schwerkranken bei mir in der Stube aufzunehmen. Doch ich versicherte ihm, dass ich ihn besuchen würde. In den kommenden paar Wochen fehlte mir aber die Zeit dazu, und so betete ich für ihn, ohne ihm aber das Evangelium zu erklären. Ich dachte, dass ich ihn so bald wie möglich besuchen würde, um ihm von Jesus zu erzählen. Dann erhielt ich einen Telefonanruf von einer mir unbekannten Frau, die fragte, wer ich sei. Ich stellte mich kurz vor und fragte, warum sie das wissen wolle. Sie sagte, dass sie meine Nummer bei diesem Mann gefunden hatte – sie war daran, seine Wohnung zu räumen. Er war ein paar Tage zuvor gestorben. Er hatte den Zettel mit meinem Telefonkontakt auf einem Stapel mit Dingen, die für ihn wichtig waren. Dass ich ihn nicht mehr hatte treffen können, traf Nadine und mich. Da beschloss ich, dass wir in Zukunft wirklich jeden Menschen aufnehmen würden, egal, ob wir Platz hatten oder nicht. In irgendeiner Ecke würde es sich immer noch einrichten lassen. Die Lage der Personen würde uns egal sein, gleich, ob jemand an der Nadel hängt oder sogar bei uns daheim stirbt. Denn so würden sie noch eine Chance haben, sich auf dieser Seite der Ewigkeit für eine Zukunft mit Jesus entscheiden zu können und nicht ohne Errettung zu sterben. Ich entschied mich noch einmal ganz neu, dass wir jedem eine Chance geben wollten, Jesus als Erlöser anzunehmen. Hätte ich mir damals diese Stunden genommen, würde ich in der Ewigkeit diesen Mann wiedersehen. Jetzt wissen wir nicht, was in seinen letzten Lebenstagen geschehen ist. Immer mehr Leute kamen in unser Haus. Wir bauten die Notschlafstelle aus. Manchmal legten wir noch zusätzliche Matratzen irgendwo auf den Boden, sodass in Notfällen bis zu 14 obdachlose Menschen bei uns ein Dach über dem Kopf finden und bei uns leben konnten. Kostenlos verpflegten wir sie. Wir saßen immer alle gemeinsam am Tisch. Ob reich oder arm, ob Christ oder Nichtchrist, ob direkt von der Straße gekommen oder solide im Leben unterwegs. Gemeinsam zu essen ist etwas, das immer sehr heilend wirkt. Bei spontanen zusätzlichen Gästen waren nicht alle vorher auf der Mahlzeitenliste eingetragen, sodass manchmal für jeden nur ein Drittel einer Wurst übrig blieb – aber das war uns, buchstäblich, wurst: Wichtiger war, dass rastlose Seelen bei uns zur Ruhe finden und womöglich in ein neues Leben aufbrechen konnten.

Die meisten Personen, die auf diese Weise zu uns stießen, waren zunächst schmutzig und stanken. Die letzte Dusche lag bei vielen schon länger zurück, und die Kleider waren völlig abgetragen. Das warme Wasser im Hause reichte nur für acht Personen. Dies war bereits ein Wunder, weil der Boiler eigentlich nur für zwei bis drei Leute ausgelegt war. Aus diesem Grund lösten wir im nahen Schwimmbad ein Abo, damit unsere Gäste ab und an da eine Dusche nehmen konnten.

Bei unserer Arbeit erkannten wir, wie groß das Bedürfnis nach innerer Heilung und die Sehnsucht nach einem stabilen Leben war. So etwa bei jenem feinen jungen Mann, der ebenfalls bei uns wohnte und der bei einem Mord dabei gewesen war. Er war nicht beteiligt, hatte ihn aber auch nicht verhindert. Das Gesehene nagte an ihm, er wurde Zuhälter. Rund ein Jahr lang lebte er bei uns, er aß bei uns und lebte mit uns zusammen. Er beobachtete uns im Alltag und schaute, wie wir lebten. Nach einem Jahr wollte er sich taufen lassen; diese Entscheidung kam plötzlich. Er hörte auf, zu trinken, und veränderte sich total.

Da war ein Roma aus Bulgarien. Weil er kein Dach über dem Kopf hatte, nahmen wir ihn bei uns auf. Er hatte sich von seiner Frau getrennt, weil sie sich in einem anderen europäischen Land prostituiert hatte, was er nicht wollte. Er war eigentlich für die beiden Kinder zuständig, welche in Bulgarien bei seinen Eltern untergebracht waren. In die Schweiz war er gekommen, um Arbeit zu suchen. Bei uns fand er nach einigen Tagen zum christlichen Glauben. Er begann, die Bibel regelrecht zu verschlingen. Ich bemerkte, wie sein Gesichtsausdruck an Härte verlor und wie er sanft wurde. Nach einer Woche wollte er den Glauben, den er gefunden hatte, auch nach außen sichtbar machen, indem er sich taufen ließ. Wir fuhren an einen Fluss, wo unsere Lieblingstaufstelle war. Dann kehrte er in seine Heimat zurück, um die familiären Verhältnisse zu klären. Regelmäßig telefonierte er mit uns und bat um Gebet – was wir gerne taten. Ein anderer Obdachloser kam und erzählte uns ebenfalls seine Lebensgeschichte. Zwanzig Jahre lang hatte er im Gefängnis gelebt, weil er einen Polizisten getötet hatte. Nun war er wieder draußen. Eine Kirche hatte ihn auf uns aufmerksam gemacht. Dies ausgerechnet wenige Tage, bevor ich einen einwöchigen missionarischen Einsatz im Ausland durchführen sollte.

Das ging mir ans Eingemachte. Was sollte ich tun? Ihn abweisen? Doch da war das Versprechen, das wir vor Gott und uns geleistet hatten, dass wir keinen mehr verloren geben würden. Ich ging – einmal mehr – mit dem Hund raus, um den Kopf freizukriegen. Ein sprechender Baum wäre ebenfalls willkommen gewesen. Ich wälzte meine Gedanken – ich konnte doch nicht meine Frau mit den drei kleinen Kindern, einem Dutzend Obdachloser und nun auch noch einem Mörder in einem Abbruchhaus alleine zurücklassen … Diesmal redete kein Baum mit mir, doch Gott legte mir seine Gedanken dennoch klar aufs Herz. Ich erkannte, dass Nadine in diesem Haus daheim ist. Und die Aufgefangenen würden alles tun, um sie zu schützen. Als ich zurück war, nahm ich den harten Kern unserer Mitbewohner zusammen und fragte: »Passt ihr auf meine Familie auf, wenn ich unterwegs bin?« Es kam deutlich heraus, dass sie ebenfalls hier daheim waren, dass wir ihnen Hoffnung vermittelten und dass sie ihr Leben dafür geben würden, dass das so bleibt und dass wir gut aufgehoben sind. Innerlich wurde ich frei, und ich erkannte, dass ich ohne Sorgen zum Einsatz gehen konnte. Ein Haus voller Obdachloser, Zuhälter und Mörder, von denen viele Jesus gefunden hatten, war wohl der sicherste Ort auf diesem Planeten, da sie alle bereit waren, ihr Leben für meine Familie zu geben.

Wir blieben auch vor unangenehmen Situationen nicht verschont. Nicht jedes Erlebnis wurde zur Erfolgsgeschichte. Doch wir entschieden uns, uns davon nicht unterkriegen zu lassen – denn wir sahen, wie viele Menschen positiv verändert wurden. Doch auch die andere Hälfte des halb vollen Glases soll an dieser Stelle nicht ausgeklammert werden. Von den vielen, die wir aufnahmen, gab es immer wieder welche, die spurlos verschwanden. Obdachlose haben keine Nachsendeadresse. Einer jedoch ging zu weit. Bei seinem Auszug tobte er längere Zeit außerhalb des Hauses und schlug Fensterscheiben ein. Er hatte etwas vergessen gehabt. Der Gegenstand konnte aber nicht mehr gefunden werden. Da tickte er aus. Es war ein Mann, der psychisch schwer krank war. Für die Leute drin war das äußerst unangenehm. Ich selbst war leider nicht vor Ort. Das Team reagierte dann aber souverän. Im Gespräch konnte er besänftigt werden. Die Polizei brachte ihn in eine Klinik.

Dennoch hielten wir an unserem Leitsatz fest, alle aufzunehmen, egal, in welchem Zustand sie vor unserer Haustüre standen. Und oft waren die schwer gezeichneten Menschen, zum Beispiel Alkoholiker, pflegeleichter als auf den ersten Blick weniger schwierige Fälle. Zur ersten Sorte gehörte ein schwer Süchtiger, der mit dem Auto bei uns vorfuhr. Ich gewann ihn schnell sehr gern und verbrachte viel Zeit mit ihm. Er lebte längere Zeit bei uns. Vorerst kam er nicht richtig aus sich heraus. Ich erklärte ihm, dass er sich ändern müsste, doch lange konnte – oder wollte – er alles so bleiben lassen, wie es war. Verschiedentlich wurde ich deutlicher. Manchmal muss man das Kind beim Namen nennen: »Wenn du so weitermachst, säufst du dich zu Tode. Wir wollen dir helfen und nicht zuschauen, wie du untergehst.« Er musste uns dann leider verlassen, weil er nicht weniger trinken konnte oder nicht wollte. Gleichzeitig zeigten wir ihm unsere Liebe. Einmal pro Woche ging ich mit ihm auf der Straße irgendwo essen. Wir hielten den Kontakt aufrecht und ermöglichten ihm eine Reise in sein Heimatland, damit er seinen Sohn besuchen konnte, der dort lebte. Weiterhin boten wir ihm ein stets offenes Haus, setzten ihm aber Grenzen. Langsam, aber stetig reduzierte er seinen Alkoholkonsum. Inzwischen hat er eine eigene Wohnung gefunden, er trinkt immer weniger, aber er ist noch nicht völlig clean. Ob er ohne unsere längere Begleitung den gleichen Weg gegangen wäre? Kaum. Die Wahrscheinlichkeit ist groß, dass er dann einfach täglich seine Flaschen geöffnet und sich dabei gedacht hätte: »Irgendwann fange ich ein neues Leben an. Übermorgen oder nächste Woche. Einfach nicht heute und nicht morgen.« Ähnliches erlebten wir mit einem jungen Mann, den wir aus einer Drogentherapie-Station bei uns aufnahmen. Wir tauften ihn, und er wohnte bei uns und machte Schritte zurück ins Leben. Zwar durchlief er noch einen Rückfall, musste noch einmal stationär behandelt werden, kam dann aber wieder zu uns und blieb diesmal frei. Inzwischen hat er sogar eine Lehrstelle gefunden. In der Jüngerschaft gelangen ihm zudem große Schritte. Heute arbeitet er in einer lokalen Kirche mit. Gott hat sein Leben total verändert. Er ist nicht nur erfolgreich in seiner Lehre, sondern er fand ein neues Zuhause bei einer Bauernfamilie.

Schon kurz nachdem er clean geworden war, wurde er selbst zum Seelenretter: Er ging in Winterthur durch die Stadt und beobachtete auf der Straße eine außergewöhnliche Szene: Ein Mann saß stundenlang auf einem Stuhl und demonstrierte eigentümlich. Der zerzauste Kerl war drogensüchtig sowie abhängig von Medikamenten. Rings um sich hatte er Kartonschilder platziert, auf denen er sich dafür entschuldigte, dass er jahrelang von Sozialhilfe gelebt hatte. Als unser Mitbewohner ein erstes Mal an ihm vorbeigegangen war, hatte er den Eindruck, dass der Heilige Geist ihm sagte, dass er diesen Mann ansprechen solle. Doch das kannte er noch nicht. Beim dritten Anlauf getraute er sich schließlich, diesen Mann anzusprechen.

Er lud ihn zum Gottesdienst ein und erzählte ihm vom christlichen Glauben und dass Jesus ausnahmslos jedes Leben neu machen kann. Das beeindruckte ihn. Schnell fand der junge Christ, der ja früher ebenfalls mit Sucht zu kämpfen hatte, den Draht zu diesem kauzigen Protestler, der nun seine Geschichte erzählte: Er hatte sich das Leben nehmen wollen, war aber gescheitert. Er war in der Psychiatrie gelandet und galt als nicht therapierbar. Nach seiner Entlassung begann er den erwähnten Protest, der eigentlich eher eine Art Buße war. Unser Mitbewohner betete mit ihm, vergaß aber, ihn zu uns einzuladen, und so stapfte dieser Mann eines Abends durch die Stadt, auf der Suche nach einer Kirche. Er fand eine konservative Gemeinde, die einmal pro Woche, exakt an diesem Wochentag, Gottesdienst feierte. Bei dieser Gemeinschaft fand er ein geistliches Zuhause. Ich persönlich würde wohl nicht Mitglied dieser Gemeinde werden wollen, doch für ihn war es genau die richtige. Deshalb gibt es unterschiedliche Kirchen, weil die Menschen verschiedene Bedürfnisse haben. Solche Erlebnisse finde ich atemberaubend. Tags darauf meldete er sich per Telefon bei mir. Bald war er täglich bei uns, um in der Bibel zu lesen. Noch einmal: Ein hoffnungsloser Fall, polizeibekannt, dreißig Jahre süchtig, fand durch einen unserer Ex-Drogenabhängigen zu Jesus, der ihn immer mehr in die Freiheit führt – ein medizinisches Wunder. Ähnliches konnten wir von einem jungen Mann berichten, der schwer abhängig war und bei uns wohnte. Dennoch half er fleißig im Haushalt mit. Langsam machte er Schritte zurück ins Leben und konnte seine Sucht langsam aber stetig verringern. In der Folge konnte er bei einer christlichen Bauernfamilie als Helfer einsteigen und so beginnen, wieder auf eigenen Füßen zu stehen.

Auch er war einer von vielen, die den Weg in die Gesellschaft wiederfanden.

Währen dieser Zeit lebte ein alter, lieber Italiener bei uns. Auf dem Arbeitsmarkt konnte er keine Stelle mehr finden, niemand wollte ihn mehr. Eines Tages traf er auf den Mann, der bei uns in der Buchhaltung half. »Diesen Mann kenne ich«, sagte unser Buchhalter und schmunzelte. Der alte Südländer hatte das Portemonnaie dieses Christen in der Bibliothek gefunden gehabt. Er hatte es auf den Polizeiposten gebracht, ohne etwas rauszunehmen. Mich begeisterte, wie dieser Obdachlose, der nichts hatte, die Geldtasche zurückbrachte, ohne etwas daraus zu nehmen. Wir Menschen betrachten andere oft nach dem Äußeren, anders als Gott, der auf das Innere schaut.

Doch nicht nur unsere Bewohner hielten uns mit vielen positiven Erlebnissen auf Trab, sondern auch unsere Aktionen. Wieder probierten wir etwas Neues aus. Ein Protest gegen den Menschenhandel, der in der Schweiz ein großes Übel ist. Mehrere Tausend Frauen, vor allem aus Osteuropa, landen durch diesen entsetzlichen Vorgang hier bei uns in der Prostitution. Doch mehr und mehr Menschen werden darauf aufmerksam und engagieren sich dagegen. Wir taten dies ebenfalls, durch einen Flashmob. Am Hauptbahnhof in Zürich wickelten wir mehrere Frauen in Klarsichtfolie ein und versahen sie mit einem Strichcode. Dann wurden sie in eine Reihe gestellt, und wir hielten eine Ansprache, in der wir darauf hinwiesen, dass pro Jahr 2,4 Millionen Menschen von diesem Übel betroffen sind; vorwiegend Frauen im Alter von 17 bis 25 Jahren. Dieser Auftritt – den wir an weiteren Orten wiederholten – fand viele Zuschauer. »Wenn du denkst, dass es dich nichts angeht, irrst du dich«, rief ich in die Menge. »Du hast eine Verantwortung vor Gott und den Menschen!«

Ebenfalls auf große Augen stieß unser Megaflashmob für verfolgte Christen, den wir 2014 in Bern durchführten. Bei dieser Solidaritätsaktion informierten wir an Informationsständen über die Lage der verfolgten Christen in verschiedenen Ländern, insbesondere im Nahen Osten. Auf der Straße zeigten wir zudem an verschiedenen Orten in der Stadt unterschiedliche Szenen, zum Beispiel grimmige Gefängniswärter, die blutverschmierte Häftlinge vor sich hertrieben – stets begleitet von jungen Leuten, welche Flyer und weiterführende Informationen an die verdutzten Zuschauer abgaben. Wir kamen mit vielen Passanten ins Gespräch, darunter auch mit Flüchtlingen aus dem Nahen Osten, von denen sich mehrere noch am gleichen Tag für ein Leben mit Jesus Christus entschieden. Höhepunkt dieses Nachmittags war, dass sich die rund 400 Leute, die sich an diesem Einsatz beteiligten, im Berner Hauptbahnhof zu einem Megaflashmob einfanden. Viele trugen schwarze Shirts mit dem gelben »Nun«-Zeichen. Bereits bevor die eigentliche Aktion begann, war ersichtlich, dass sich etwas tat. Auf ein Signal hin begann die Schar, das Lied »Von guten Mächten wunderbar geborgen« von Dietrich Bonhoeffer zu singen. Jenes Lied, das der Pastor eingekerkert komponiert hatte, kurze Zeit vor seiner Hinrichtung durch die Nazis. Während des Gesangs wurde in der zweiten Etage der Bahnhofhalle ein übergroßes »Nun«-Banner entrollt. Hinter diesem Aktionstag standen neben »Fingerprint« erneut »Open Doors« sowie weitere Werke.

Mehr und mehr hörten wir, was diese Aktionstage auslösten. So berichtete ein Projektpartner nach dem Einsatz in Bern: »Mit unserem Partner aus Nordafrika konnten wir am Samstagmorgen den Stand von ›verfolgung.jetzt‹ besuchen. Dort trafen wir auf einen Schweizer Muslim. Dieser hat von der Kampagne gehört durch die Facebook-Gruppe ›We are all N‹, welche schon früh darauf aufmerksam gemacht hat. Er war hier, weil er durch die Gräuel verwirrt war, welche der IS im Namen des Islam in Syrien und Irak ausübt. Seine Mutter ist in Afghanistan geboren und in Pakistan aufgewachsen, heute lebt sie in der Schweiz. Sein Vater ist ein Schweizer, der zum Islam konvertiert ist. Er und seine Frau praktizieren ihre Religion gewissenhaft. Unser Partner hat mit dem Muslim über Jesus gesprochen, und Jesus hat ihn so stark berührt, dass er Tränen in den Augen hatte. Mittags aßen wir zusammen, und nach dem Essen beteten unsere Partner mit ihm. Er nahm Jesus in sein Leben auf. Offenbar führen die Aktivitäten des IS zu einer großen Offenheit unter Muslimen.« Ein weiteres Beispiel schilderte einer der Mitorganisatoren: »Eine Schweizerin, die fließend Arabisch spricht, ging mit dem Team auf Menschen zu. ›Zufälligerweise‹ traf sie auf drei syrische Flüchtlinge, muslimische Kurden, worauf sich ein Gespräch ergab. Die drei hinterfragten den Islam als ihre Geburtsreligion schon seit einiger Zeit. Als ihnen nun das Evangelium erläutert wurde, nahmen sie das Angebot des Übergabegebets an Jesus gerne an – natürlich auf Arabisch. Und so sind drei weitere Namen im Himmelbürgerbuch verzeichnet, was uns sehr freut.«

Kurze Zeit danach folgte bereits das nächste Großprojekt: 2014 luden wir nun erstmals in drei Städten in richtige Säle zur Gassenweihnachtsfeier ein. Dies nicht etwa zeitgleich, sondern auf drei Abende verteilt, am 24., 25. und 26. Dezember – wir waren bei allen drei Anlässen dabei, in Bern, Luzern und Zürich. An allen drei

Orten luden wir ein zu einem Vier-Gänge-Menü, unbeschwertem Zusammensein und einem Input von mir. In Zürich, wo die Feier längst etabliert war, erschienen rund 200 Personen. Einmal mehr war die Gesellschaft bunt gemischt. In Bern leisteten wir dagegen eher Pionierarbeit mit weniger Leuten, doch der Abend war ebenfalls sehr gelungen. Wie in Zürich war das Team in Luzern ebenfalls bereits gut eingespielt, hier erschienen rund 100 Menschen. Darunter war am Vierwaldstättersee eine muslimische Kioskverkäuferin. In der Nacht zuvor erlebte sie einen einfachen Traum, in welchem ihr mitgeteilt wurde, dass eine junge Frau sie tags darauf ansprechen und einladen würde und dass sie mitgehen solle. Das Ganze kam ihr eigenartig vor, und sie erzählte ihrem Mann von diesem nächtlichen Vorfall. Er war der Meinung, dass sie mitgehen sollte, wenn sie schon davon geträumt hatte und dann tatsächlich eingeladen würde. Geträumt, gesagt, getan: Tatsächlich wurde sie von einer jungen Frau aus unserem Team zur Weihnachtsfeier eingeladen – sie leistete Folge und hörte an diesem Abend erstmals von der Liebe von Jesus. Am gleichen Abend kam ich ins Gespräch mit einem Mann, den ich in Zürich auf der Straße getroffen hatte – er kreuzte in Luzern bei unserer Feier auf. Er war ein großer, stämmiger Bodybuilder aus Russland, der in einem Nachtklub arbeitete und tief in den Kokainsumpf geschlittert war. Doch dann, im Sommer 2014, hatte ich ihn getroffen, für ihn gebetet, er wurde Christ und er legte die Drogensucht ab. Nun, einige Monate später, hatte er gerade Ärger mit seiner Freundin – sie wollte sich das Leben nehmen. Durch diese schwierige Lage durchlitt er einen Rückfall in die Drogenabhängigkeit. Das zufällige Treffen in einer anderen Stadt in einem Augenblick, wo es ihm richtig schlecht ging, verschaffte ihm eine gewisse Erleichterung. Wir beteten gemeinsam, und er wollte die Sache mit seiner Freundin klären. Dazu gab ich ihm mein Handy, er ging raus, telefonierte mit ihr – und brachte es wieder zurück. Wie seine Geschichte weitergegangen ist, ist mir nicht bekannt. In unserem Dienst begleitet man manche Menschen über eine lange Wegstrecke, anderen begegnet man nur kurz; so ist man einem permanenten Loslassen ausgesetzt. Gleichzeitig ist es erbauend, immer wieder zu sehen, wie sich Menschen zum Guten verändern. Jesus macht frei, und echte, gelebte Gemeinschaft heilt. Wir sind überhaupt nicht perfekt, aber die Liebe von Jesus verändert andere Menschen und uns selbst.

Mit zu diesen Gassenweihnachtsfeiern kam auch mein Freund Blerim aus dem Kosovo. Wir sind ihm etwas früher im Buch bereits begegnet, dem Mann, der extra in die Schweiz gereist war, um »die Religion des Friedens« zu finden. Durch die Hinwendung zu Jesus Christus veränderte sich sein Leben völlig. Immer wieder erzählte er anderen Menschen von Jesus. Er entwickelte in den Monaten danach eine riesige Vorfreude auf Weihnachten. Bei der Gassenweihnacht war er ebenfalls mit großer Begeisterung dabei, engagierte sich, lud Leute ein und kümmerte sich mit viel Nächstenliebe um die Gäste. Dies war nicht selbstverständlich, denn kurz vorher war er verhaftet worden, weil er keine gültigen Papiere mehr hatte, da er seine erste Registrierung in Belgien eingereicht hatte und dort mittlerweile abgemeldet worden war. Dadurch verlor er sein Aufenthaltsrecht im Schengengebiet. Daran hatten wir alle, inklusive er, nicht gedacht. Damit war auch sein Recht auf einen Aufenthalt in der Schweiz verwirkt. Nun, so gut kannte er sich in den Paragrafen nicht aus, und so landete er kurz vor seiner geliebten Weihnachtsfeier im Knast. Dort hatte er einen Traum. In diesem teilte ihm eine Stimme mit:»Du wirst frei sein!« Der Traum ging weiter, und er vernahm die gleiche Mitteilung ein zweites und schließlich ein drittes Mal. Danach wachte er auf. Dieses Ereignis machte ihm Mut. Er war überzeugt, dass dies eine Mitteilung von Gott war. Und tatsächlich: Drei Stunden später wurde der Schlüssel gedreht, die Türe öffnete sich, und ihm wurde erklärt, dass er die Haftanstalt verlassen könne, jedoch müsse er die Schweiz in einer gewissen Frist verlassen. Nun – der Tag, an dem er wieder auf freien Fuß kam, war der 24. Dezember. Rechtzeitig zur Gassenweihnachtsfeier. Und so feierte er mit uns. Es freute ihn enorm, sein erstes Weihnachten als Nachfolger von Jesus und in Freiheit mit uns als seiner neuen Familie feiern zu können; auch für uns war es ein schönes Erlebnis. In den Tagen darauf ließ er es sich in den Weihnachtsfeiertagen zudem nicht nehmen, auf der Gasse noch anderen Muslimen von Jesus zu erzählen, ehe er die Schweiz verließ. Dann ging er zurück in den Kosovo, wo ihn Frau und Kind, ein Mädchen, erwarteten. In osteuropäischen und afrikanischen Ländern ist es keine Seltenheit, dass Männer manchmal für mehrere Monate weg sind, um in einem anderen Land Geld zu verdienen, um die Familie so zu unterstützten. Nun also reiste er zurück. Um seine Geschichte sinnvollerweise an dieser Stelle noch etwas auszuführen, verlasse ich kurz die Chronologie, und wir springen für einen Moment in den Frühling 2015. Ein paar Monate später besuchten wir, ein Team von »Fingerprint«, Blerim in seiner Heimat im Kosovo. Gemeinsam reisten wir zu seinem Elternhaus, vor welchem er seinen Vater und seine Mutter in jugendlichen Jahren im schrecklichen Balkankrieg tot, aufgeschlitzt und aufgehängt, hatte vorfinden müssen. Schon lange war er nicht mehr in dieser Gegend gewesen. Sein früheres Zuhause war heruntergekommen, erste Mauerteile waren eingefallen, der Dachstock war bereits eingebrochen. Es war trist und traurig. Er versuchte zunächst, die Tränen zurückzuhalten, schließlich ließ er ihnen aber freien Lauf. Es war ein ergreifender Moment. Wir beteten gemeinsam für Gottes Frieden, und wir schossen ein gemeinsames Foto, weil wir das festhalten wollten. Auf dem Bild war ein Regenbogen zu sehen, was eigentlich unmöglich war, denn die ganze Zeit über erlebten wir strahlend schönes, mediterranes Sommerwetter. Wir nahmen es als ein Zeichen für Gottes Güte. Ein Frieden und eine Ruhe legten sich über uns, und so konnte er versöhnt weggehen. Er sagte, dass er die Vergangenheit ein Stück weit ablegen konnte.

Anschließend fuhren wir ins Nachbarland Albanien ans Meer. Bei dieser Gelegenheit taufte ich ihn. Diesen Schritt hatten wir in der Schweiz noch nicht getan.

Blerim blieb engagiert und wirkte unter anderem beim »Global Outreach Day« in Albanien mit. Dabei fand er immer wieder offene Türen. Auch wenn die christliche Gemeinde in dieser Nation noch nicht so groß ist, konnte er mit einem lokalen Team nicht weniger als 50 000 Traktate verteilen.

Zudem wurde er wieder Vater. In früheren Jahren, vor seinem Glaubenswechsel, hatte die Familie sich sehr ein zweites Kind gewünscht. Nun bekamen die beiden den lang ersehnten Sohn. Es war ihm wichtig, seine Mitmenschen zu erreichen. Dazu leisteten wir mehrere gemeinsame Einsätze, und wir unterstützen ihn seither von der Schweiz aus. Er ist unser erster lokaler Missionar im Ausland. Er lebt bescheiden in einem kleinen Haus zur Miete, das zur Hälfte noch nicht fertig gebaut ist und in welchem nur zwei Räume heizbar sind. Wir sind ja selbst nur ein kleines Werk. Seine Frau fand nach einiger Zeit ebenfalls zu Christus. Gerne verkündet er das Evangelium in seinen Ländern, also Nationen, in denen die Glaubensfreiheit eingeschränkter ist als in Westeuropa. Sein Schwager beispielsweise ist ergebener IS-Sympathisant – und er ist in dieser Gegend nicht der Einzige. Sollte er herausfinden, dass Blerim Christ ist, würde er ihn, ohne zu zögern, umbringen. Manche Christen in dieser Kultur müssen ihren Glauben im Versteckten leben, weil sie gefährdet sind. Von verschiedenen Seiten – besonders in der Schweiz – hatten wir gehört, dass man im Kosovo das Evangelium nicht verkünden könne. Da halte ich jedoch dagegen. In der Schweiz, da bin ich überzeugt, gibt es keinen harten Boden. In muslimischen Ländern kann es Herausforderungen geben, aber unfruchtbaren Boden, den gibt es auf Gottes Erde nicht. Natürlich ist es komplizierter, und man muss weiser sein. Aber dennoch gibt es beispielsweise immer wieder Gelegenheiten, wo Leute Gebet in Anspruch nehmen wollen. Einem Lastwagenfahrer schenkte ich ein Traktat. Er gab es mir jedoch kurz darauf zurück. Er hatte darin gelesen, kam dann zu mir und sagte, er sei Muslim. In der Hauptstadt Pristina gingen wir ebenfalls auf die Straße. Wir beteten, dass Gott uns gebrauchen möge. Ein Straßenkünstler hatte Bäume ins Zentrum seines Schaffens gestellt. Unter anderem konnten die Passanten über einen Lautsprecher erzählen, welche Erlebnisse sie mit Bäumen verbinden. Die Veranstaltung war mitten im Zentrum einer Allee voller Einkaufsläden zu hören. Da kam mir unweigerlich die Geschichte in den Sinn, als ich die Stimme aus dem Baum gehört hatte. Ich trat ans Mikrofon und erzählte, was mir widerfahren war. Der Künstler war von dieser Schilderung bewegt, und ich konnte für ihn beten.

Später ließen wir vom »Fingerprint-Team« gemeinsam mit Blerim einen Missionseinsatz in Istanbul folgen. Diese pulsierende Megastadt am Bosporus ist eine Perle, und sie sollte uns Christen wichtig sein. Wusstest du, dass es die größte Stadt Europas ist? Istanbul zählt mehr Einwohner als London und Paris zusammengerechnet. Öffentlich vom Glauben zu erzählen, ist dort im Grunde erlaubt, Religionsfreiheit ist eigentlich gewährleistet. Ein Türkeimissionar erzählte mal: »Es ist erlaubt, man wird einfach von Zeit zu Zeit verhört.«

Unseren Einsatz hatten wir etwas im Voraus geplant. Ausgerechnet wenige Tage vor dem Abreisetermin wurde eine Terrorwarnung für Istanbul herausgegeben. Dadurch geriet ich in eine schwierige Lage: Sollte ich nun mitfliegen oder nicht? Immerhin hatten wir mittlerweile drei kleine Kinder um uns, und meine Frau war mit dem vierten Baby schwanger. Als (bald) vierfacher Familienvater in eine Nation zu reisen, in der in den Monaten zuvor bereits Anschläge geschehen waren, bereitete mir etliche schlaflose Stunden. Doch der Eindruck überwog, dass Gott unseren Besuch wollte. Jedoch entschieden wir uns dazu, nicht mit der U-Bahn zu fahren. Wir sagten uns, dass wenn wir durch eine Bombe sterben müssten, wir wenigstens unter freiem Himmel würden in die Luft fliegen wollen.

Wir machten als kleines Team Straßenmusik, und ich predigte freimütig auf der Straße. Blerim und ich erzählten gemeinsam seine Lebensgeschichte. Ich berichtete davon, dass »Christen« seine Eltern getötet hatten. Als ich dies sagte, stoppten bereits etliche Passanten. Weiter erklärte ich, dass er dann bei echten Christen Aufnahme gefunden hatte, wie er Jesus Christus kennengelernt hatte, wie er dadurch seine Albträume loswurde und was er seither erlebt hatte. Ich erklärte, dass Jesus Christus mehr ist als Religion, sondern dass er mit ihm eine spirituelle Erfahrung habe machen können. Ich berichtete davon, dass man mit Jesus Christus eine persönliche Beziehung haben kann. Viele Türken waren sichtlich angesprochen und bewegt. Wir erlebten, wie auch in der Türkei Menschen offen sind für Gottes Wort – und auch, wie Einheimische den Schritt hin zu Christus unternahmen. Wir konnten für viele Leute beten. Unter dem Volk, das uns zuhörte, waren auch Undercover-Polizisten. Sie ließen uns weitermachen, was nicht selbstverständlich ist. Ansonsten hätten wir uns einer mehrstündigen Prüfung auf dem Polizeiposten unterziehen müssen.

Natürlich meinte der ein oder andere Passant, dass unser Auftritt in einem muslimischen Land gar nicht gehe. Zugegeben hatte ich zunächst etwas Angst, merkte aber bald, dass es gar nicht so schlimm war, auch in der Türkei offen über den Glauben zu sprechen. Von einem einheimischen Pastor erfuhr ich, dass er schon vielfach verhaftet worden war. Dennoch geht er immer wieder mutig auf die Straße. Hier wie auch in anderen Ländern stellte ich fest, dass es Leute gibt, die noch viel extremer leben als ich. Solche, die wegen ihres Glaubens ins Gefängnis gesteckt werden und die dort einfach weiterpredigen und nie ein Buch darüber schreiben werden – echte Helden.

Ein andermal gingen wir ebenfalls in Istanbul auf die Straße. Da hatte ich den Eindruck, dass wir zunächst in ein bestimmtes Kaffeehaus gehen sollten. Ich schob diese Eingebung beiseite, denn das Ziel war ja, die vielen Passanten an einem belebten Ort zu erreichen. Doch diesmal verlief unser Auftritt nicht wie erhofft. In den

Gesprächen konnte ich nicht zu den Leuten durchdringen, und nur wenige wollten für sich beten lassen. Immer noch mehr als beim angeblich harten Boden, aber weniger, als unser Wunsch war. Gegen Ende unseres Outreachs dachte ich wieder an das Café. In diesem begegneten wir einem jungen Künstler, mit dem wir bald in ein abwechslungsreiches Gespräch vertieft waren. Ich sprach von einer spirituellen Erfahrung, die ich erlebt hatte, und er erwähnte, dass er ebenfalls spirituell sei. Einer seiner Freunde litt an Asthma. Dieser nahm gerne ein Gebet für Heilung in Anspruch, und danach ließ auch der junge Künstler gerne für sich beten. Ein paar Wochen später, längst war ich in die Schweiz zurückgekehrt, schrieb er mir, dass er nun auch ein Nachfolger von Jesus geworden ist. Gott wird seinen Weg mit ihm gehen.

Zwei Fragen an dich:

- Hattest du auch schon kreative Ideen, wie du Menschen in Not helfen könntest – und wenn ja, was hindert dich daran, sie umzusetzen?
- Verfolgte Christen nennen als ihren ersten und wichtigsten Wunsch an uns Christen im Westen, dass wir für sie beten. Bist du bereit, für die verfolgten Brüder und Schwestern zu beten?

Vers zum Thema:
»Wach auf, und stärke die wenigen, deren Glaube noch lebendig ist, bevor auch ihr Glaube stirbt. Denn so, wie du bisher gelebt hast, kannst du vor Gott nicht bestehen.«

(Offenbarung 3,2, HfA)

16.

KERZENMEER VOR NORDKOREAS BOTSCHAFT

Der Einsatz für die verfolgte Kirche ist mir wichtig. Das Land, das seit mehr als einem Dutzend Jahren den Weltverfolgungsindex von »Open Doors« anführt, ist Nordkorea. Christen werden dort unmenschlich schikaniert. Wird herausgefunden, dass jemand von der Staatsideologie abweicht – und dazu gehört auch das Christentum –, wird er in ein Arbeitslager gesteckt. Diese Internierungsanstalten sind problemlos auf Satellitenbildern zu erkennen, was bereits in verschiedenen Medienberichten festgehalten worden ist. Heute kann niemand sagen, er hätte es nicht gewusst. Folter und Mangelernährung sind dort verbreitet, viele überleben diese Tortur nicht. Vermutet wird, dass 70 000 Christen in diesen Lagern gefangen gehalten werden. Dagegen wollten wir protestieren. Am 15. Januar 2015 gingen wir – ein Dutzend Leute von unserem Verein »Fingerprint« und weitere Aktivisten – vor die nordkoreanische

Botschaft in Bern und zündeten 7000 Kerzen an. Zuletzt schmerzten meine Hände und Knie, weil ich eine Stunde lang nichts anderes getan hatte, als Kerzen anzuzünden. Außerdem froren wir in der eisigen Kälte.

Die Polizei gesellte sich dazu, die Beamten fragten, ob wir eine Bewilligung hätten. Über eine solche verfügten wir nicht. Im Grunde hätte es für eine derartige Kundgebung vor einer Botschaft eine gebraucht. Direkt vor der Botschaft durften wir nicht bleiben, aber daneben auf dem Bürgersteig. Zudem hängten wir einen Bibelvers in koreanischer Sprache gut sichtbar auf. Es handelte sich um die Worte aus 2. Korinther 12,10, wo steht:»Da ich weiß, dass es für Christus geschieht, bin ich mit meinen Schwächen, Entbehrungen, Schwierigkeiten, Verfolgungen und Beschimpfungen versöhnt. Denn, wenn ich schwach bin, bin ich stark.« Und wir begannen, Lieder zu singen.

Symbolisch standen die 7000 Kerzen für die 70000 inhaftierten Christen. Es war bedrückend, dieses eigentlich schöne Meer an kleinen Flämmchen zu sehen und zu wissen, dass jede einzelne für zehn Menschen steht, die in diesen Minuten ungemein schwer litten. Unser Zeichen galt jedoch nicht einzig der nordkoreanischen Regierung, sondern gleichzeitig auch unseren Politikern und Mitbürgern in der Schweiz, um sie darauf aufmerksam zu machen. Verfolgung und Diskriminierung sollen nicht toleriert werden; eine Meinung, die durchaus auch von Menschen, die sich nicht zum christlichen Glauben zählen, getragen wird. Wir sind der Meinung, dass sich die Schweiz mit ihrer humanitären Tradition bei solch klaren Verbrechen gegen die Menschlichkeit noch viel deutlicher äußern sollte – sicher wird durch die »stille Diplomatie« hinter den

Kulissen einiges erreicht; aber manchmal schadet auch ein klarer öffentlicher Stellungsbezug nicht.

Durch unsere Aktion wurde der Botschafter aufgescheucht, der sich fuchsteufelswild via Gegensprechanlage meldete. Er sprach dabei nicht einmal uns direkt an, sondern die Polizei, die in der Nähe war. Mit befehlsgewohnter Stimme heischte er, dass sie uns aufhalten sollen. Doch in der Schweiz herrscht nicht eine Diktatur, welche missliebige Stimmen ausradiert und in den Gulag deportiert. Die Polizei gab ihm zu verstehen, dass sie die Lage unter Kontrolle hat. Das passte ihm natürlich überhaupt nicht. Er machte auf Panik und behauptete, wir würden seine Residenz anzünden – eine Behauptung, die bei uns für Erheiterung sorgte. Nach einiger Zeit fuhren ein paar schönere Autos mit Beamten vor. Diese wandten sich freundlich an uns. Ein höherer Polizist sagte, dass in der Öffentlichkeit seitens der Nordkoreaner nichts zu hören sein wird, jedoch hinter den Kulissen werde das noch viel zu reden geben. Der Grund für die Vorfahrt einer schweizerischen Delegation war, dass der Botschafter wohl eine Protestnote hinterlassen hatte. In der Politlandschaft, so der Beamte weiter, würde das noch ein großes Echo geben, ohne dass es bis in die Medienlandschaft dringen würde. Wir wurden nicht genötigt, zu gehen, da wir aber unseren Einsatz als erfüllt sahen, räumten wir ab. Als die Polizei erstmals aufkreuzte, hatte sie erkannt, dass wir nichts Schlimmes tun und niemanden schädigen würden. Wir vereinbarten, dass wir nachher wieder aufräumen und nichts liegen lassen würden. An dieser Stelle sei erwähnt, dass wir in all den Jahren bei den vielfältigen Aktionen nie eine Anzeige oder Strafe durch die Polizei erhielten.

Wir blieben gleich auf der Politbühne. Wenige Tage später tuckerten wir mit unserem alten blauen VW-Bus mit einem Bibelvers an der Heckfensterscheibe in Richtung Davos zum »Weltwirtschaftsforum« (WEF). 1971 gegründet, treffen sich einmal pro Jahr im Januar prägende Führer aus Politik, Wirtschaft und ab und an auch aus der Kultur. Die Schönen und Reichen versammeln sich in den Bündner Bergen für ein paar Tage. Ein Blick in unsere Portemonnaies zeigte, dass wir uns in diesem erlauchten Kreis doch eher zu den Schönen rechnen durften. Hinter diesem Einsatz stand »Fingerprint« gemeinsam mit »Jugend mit einer Mission« (JMEM). Schon die Anfahrt war ein Abenteuer, da die Zufahrt stets streng kontrolliert wird – so auch im Jahr 2015. Immerhin galt es, den US-Außenminister John Kerry zu schützen, die deutsche Bundeskanzlerin Angela Merkel und den französischen Präsidenten Francois Hollande. Mit unserem Bus tuckerten wir also in Richtung Davos. Bei der Verkehrskontrolle wurden natürlich auch wir angehalten und gefragt, was wir hier vorhätten. Unumwunden erklärte ich, dass wir hingehen würden, um den Leuten von Jesus zu erzählen. Ich wurde schräg angeschaut. Es ist gut möglich, dass sie dachten, wir würden einen Witz machen – jedenfalls ließ man uns passieren. Wir waren nicht die einzigen »Künstler«: Bei einer größeren Kunstaktion formten junge Leute Schneemänner, welche verschiedene Landesflaggen trugen. Sie wollten auf ein soziales Anliegen aufmerksam machen. Für uns war diese Aktion toll, da durch sie mehr Leute hinzukamen, obwohl die Schneemann-Künstler gar nicht vor Ort waren. Unsere Gruppe machte auf der Straße Musik für Jesus. Wir sangen zahlreiche Anbetungslieder und gingen auf die Leute zu und beteten für sie. Ob der Boden beim

WEF nicht hart ist? All diese Wirtschaftskapitäne haben doch einen derart fein getakteten und durchgekämmten Terminplan, dass ihnen keine Sekunde übrig bleibt, um von ein paar jungen Leuten auf den christlichen Glauben angesprochen zu werden.»Es wird eh nicht funktionieren«, dachte ich, wie meist vor den Einsätzen. Hätte ich auf diese Gedanken gehört, hätten wir eine sehr offene Atmosphäre verpasst, in welcher wir für zahlreiche Personen beten konnten, auch wenn ein paar von uns verhaftet wurden: Ein paar Amerikaner von JMEM waren aus Versehen ins Haupthaus reinmarschiert ohne die nötigen Ausweise. Allerdings konnten sie die Sachlage schnell aufklären, sodass der Polizeigewahrsam von kurzer Dauer war. Selbstverständlich werden hier keine Namen genannt – doch wir konnten mit hochrangigen Wirtschaftsführern und Managern beten. In den Gesprächen merkten wir, dass diese gut dotierten Menschen ebenfalls ein Alltagsleben haben, das nicht immer einfach ist. Es gab sogar Leute, die vom Gebet tief bewegt wurden, darunter wichtige Funktionäre aus Indien und der Türkei. Die Besucher des WEF sind derart reich, dass man es ihnen bereits nicht mehr ansieht. All dieser»Pseudo-Bling-Bling-ich-bin-reich« ist nirgends zu sehen. Im Gegenteil: Keine Pelzmäntel und zur Schau getragener Schmuck. Kein roter Teppich mit»sehen und gesehen werden«. Sondern diskret, in zurückhaltend dezenter, aber perfekt maßgeschneiderter Kleidung. Die Liga, die sich vom 21. bis 24. Januar in Davos getroffen hatte, war eine ganz andere. Es war spürbar, dass diese Menschen geprägt waren von der Sehnsucht, die Welt zu verändern. Denn um Geld brauchen sie sich nicht mehr zu kümmern, das haben sie in überflutender Weise. Der nächste Schritt ist ein Utopia, an dem man selbst baut. Wir erzählten ihnen, wie wir leben. Dass wir zusammen mit Obdachlosen Leben teilen und sehen, wie Menschen verändert werden und so die Welt in kleinen Schritten verändert wird. Immer wieder stießen wir auf Gesprächspartner, die berührt waren. Es war nicht einfach ein höfliches Vorbeigehen, sondern ein echtes Interesse. Mehrere sagten, dass sie alles hätten, aber dennoch eine gewisse Leere spürten. Wir verteilten Kuchen mit einem Smiley drauf und berichteten, dass Gott sie liebt. Viele ließen gerne für sich beten. Darüber hinaus machten wir erneut Straßenmusik im Zentrum von Davos. Hierbei kreuzte jedoch die Polizei auf und sagte, dass es dazu einer Bewilligung bedürfe. Tatsächlich erhielten wir vom kleinen Landrat, also dem zuständigen Gremium vor Ort, die Erlaubnis, in den nächsten zwei Tagen öffentlich Musik zu machen. Wir richteten eine Party für Jesus aus und sangen. Zahlreiche Passanten feierten etwas mit, hörten uns zu, etliche wünschten sich ein Gebet, und es gab die eine oder andere Entscheidung auch auf diesem Weg für Jesus. Belogen wurden wir jedoch auch. Nicht am WEF. Sondern vorher. »Das wird eh nicht funktionieren« und »beim WEF ist der Boden zu hart« sind Aussagen, die von unserem Feind, dem Durcheinanderbringer, stammen und manchmal willfährig sogar von Christen weitergegeben werden.

Noch einmal im ersten Halbjahr 2015 äußerten wir uns politisch, diesmal wieder zum Thema verfolgte Christen. Am Karfreitag begaben wir uns auf einen der größten Plätze der Schweiz. Als Team zeichneten wir im Rahmen einer Kunstaktion 12 500 Strichmännchen auf den Boden. Mit dieser Aktion, über die dann auch im Privatfernsehen »Tele Züri« berichtet wurde, wollten wir darauf aufmerksam machen, dass rund 100 Millionen Christen wegen ihres Glaubens in ihrer Lebensführung eingeschränkt sind. Auch mit dieser Aktion sahen wir es als unsere Pflicht, auf diese unsägliche Situation hinzuweisen.

Gleichzeitig hatten wir auch in unseren eigenen vier Wänden alle Hände voll zu tun. Mittlerweile platzten wir auch in unserem schmucken Abbruchhaus in Winterthur aus allen Nähten, die Notschlafstelle war rund um die Uhr ausgelastet. Inzwischen erhielten wir Lebensmittelspenden, damit wir alle versorgen konnten. Einen lustigen und doch ernsthaften Teil dazu trug einer der Mitbegründer des Vereins »Fingerprint« bei. Er war eigentlich gerade dabei, rund um den Globus zu trampen. Offenbar gehörte da auch Winterthur dazu, jedenfalls stand er plötzlich vor unserem Haus, um eine Weile mit uns zusammenzuleben. Zunächst sammelte er bei großen Warenhäusern Abfall, der dort im Müll landete. Es ist erstaunlich, wie viele sehr gut erhaltene Lebensmittel einfach weggeworfen werden. Wir fragten nun an, ob wir solche Dinge für unsere Lebensgemeinschaft ganz offiziell erhalten dürften, bei denen das Datum abgelaufen ist. Tatsächlich wurde dies gestattet, was uns enorm half, die Randständigen zu verköstigen. Immerhin waren es manchmal bis zu zwanzig Menschen, und am Montagabend, an dem wir mittlerweile unseren Gottesdienst abhielten, hatten wir bis zu dreißig Menschen im Haus. Wir saßen jeweils an einer langen Tafel wie die Könige von England. Wir aßen teures Biofleisch, Trüffelkäse und feinen Joghurt – bei allem war einfach das Datum abgelaufen. Wir freuten uns wie kleine Kinder, dass Gott uns mit solch köstlichen Dingen versorgte. Nadine schmückte vorher den Tisch, was zu einer besonderen, wertvollen Atmosphäre beitrug. Es sah aus wie in einem teuren Hotel, ein edles und wunderbares Ambiente. Wir begannen jeweils bereits am Vormittag mit dem Kochen, damit am Ende für alle genug da war. Wir waren zu einer kleinen Kirche für Menschen in Not geworden.

Mehr und mehr verbunden sind wir mit der niederländischen evangelistischen Bewegung »No Longer Music«, zu deren wichtigsten Aushängeschildern eine gleichnamige Punkband gehört, die von David Pierce gegründet worden ist. Das Ziel des »Rock Priest«, wie er genannt wird, ist, den christlichen Glauben in die Rock-, Kunst- und Drogenszene zu bringen. Einmal hatte er uns bereits besucht und uns dabei herausgefordert, indem er sagte: »Was ihr tut, ist enorm wichtig. Gleichzeitig gibt es aber noch mehr. Obdachlose erreichen ist super – aber die große Frage ist, wie wir die postmoderne globale Jugendkultur erreichen können.« Genau danach strebt er mit seiner Bewegung, und wir wurden bald ein Teil davon, indem wir im Sommer 2015 ein erstes Konzert mit dieser Gruppe organisierten, und zwar mitten in Zürich auf dem Helvetiaplatz. Wir luden Leute aus allen erdenklichen Subkulturen ein. Etliche kamen, und wir erlebten, wie manche von ihnen berührt wurden und wie sich mehrere für ein Leben mit Jesus entschieden. Gleichzeitig erkannten wir, wie die Botschaft vom Kreuz manche auch abstieß: Einige schrien während der Predigt dazwischen. Es löste etwas aus. Zudem entwickelte sich eine weitere Verbindung mit dieser innovativen Bewegung: Jemand, der im zweiten Sommerprojekt bei uns mitgewirkt hatte, ging als Missionar nach Beirut, in die libanesische Hauptstadt. Ausgesandt wurde er vom Missionswerk Steiger in Dresden, das wiederum durch »No longer Music« gegründet worden ist. Mich fasziniert, wie er mitten in dieser Betonwüste in Beirut lebt, mitten in einem Gebiet, wo Schiiten, Sunniten und

Christen Block an Block wohnen, mitten in diesem früheren Bürgerkriegsland. Das sind die Helden, die Gott braucht. Rückblickend gesehen, wurde also bereits früh bei unseren Sommerprojekten in zweigleisiger Weise Weltmission betrieben: Zum einen erreichten wir zahlreiche Touristen aus aller (asiatischen) Herren Länder, zum anderen hatten auch Teilnehmer den Ruf gehört, im Ausland zu wirken.

Apropos Sommerprojekt: Ein solches folgte natürlich auch 2015, erneut in Luzern. Spontan entwickelten wir während dieser Zeit ein neues »Tool«, mit dem wir Leute aufmuntern wollten, die gerade in einer eindeutig nervigen Lage steckten: im Stau vor dem Gotthardtunnel. Wir dachten, dass wenn sie eh alle feststeckten, sie ein wenig Erheiterung vertragen und wir ihnen Traktate geben könnten. Aber nur Traktate zu verteilen, finde ich persönlich etwas langweilig, und so bauten wir den Gedanken zu einem kleinen Event aus. Als wohl einzige Gruppe fuhren wir gut gelaunt von Luzern in Richtung Süden. Gemütlich tuckerten wir ebenfalls einige Zeit im Stau mit und hielten dann bei einer Autobahnausfahrt. Dort parkten wir den Wagen und starteten mit unserem Einsatz. Wir machten Musik, tanzten fröhlich dazu – wir veranstalteten einfach eine kleine Sommerparty. Dazu hielten wir ein ermutigendes Banner hoch, auf dem stand: »Don't worry, be happy« sowie der Bibelvers: »Alle Sorgen werft auf ihn«. Dazu verteilten wir Äpfel und Traktate. In diesem zähflüssigen Stau verbrachten die Reisenden Stunden, doch wir sahen, wie sich die Laune änderte, wenn sie mit uns sprachen und dann langsam ein paar Meter weiterschleichen konnten.

Neben unseren fast schon üblichen Aktionen in der Stadt mit Tanz-Choreografien, Auftritt am »Blue-Balls«-Festival und öffentlicher Predigt organisierten wir eine Sommerparty gemeinsam mit dem Verein »Windrad« aus Luzern, der seit mehreren Jahren auf Randständige und Prostituierte zugeht. Unter anderem lädt er einmal pro Monat zu einem Spaghetti-Essen ein, und schon mehrere Personen fanden durch diese engagierte Gassenarbeit in eine christliche Gemeinde. Bei dieser Party luden wir nun zu einem etwas größeren Fest, bei dem Grillgut gereicht wurde, gefolgt von einer Predigt. Wir waren überrascht, wie viele Menschen kamen. Wie weiter vorne beschrieben: Man muss auch mal etwas Neues wagen, auch wenn man mal scheitert – dieses Mal hatte es sich mehr als nur gelohnt. Übrigens: Im Sommer 2016 folgte die zweite Party, die vom Verein »Windrad« allein durchgeführt wurde (ich war gerade auf einer Missionsschule in Dresden). Auch diese zweite Ausgabe wurde ein voller Erfolg. Der stets gut gelaunte christliche Reggae-Musiker Wally Warning (»No Monkey«, »One drop Reggae«) trat am See auf, vor einer Vielzahl Passanten und den Randständigen, die nicht mehr am Rand waren, sondern mittendrin; und außenrum fotografierten Touristen, und selbst die vermeintlich kühlen Asiaten wippten im Takt mit. Mich bewegt, dass dies in der Innerschweiz geschieht, die von vielen als »harter Boden« bezeichnet wird.

Wenig später reiste ich erneut in eine Gegend, die als »harter Boden« gilt. Einmal mehr erlebte ich die Offenheit der Menschen; nämlich in Brüssel. Hierbei unterstützte ich die lokalen Mitwirkenden von »Every home for Christ«. Mein Einsatz bestand zunächst vor allem darin, ein großes Lager räumen zu helfen, in dem kistenweise frisch gedruckte Traktate zwischengelagert waren, die später von Haus zu Haus verteilt werden sollten. Obwohl ich tatkräftig anpackte, hatte ich das Gefühl, als wollte die Anzahl der Kartonschachteln einfach nicht abnehmen. Ich ärgerte mich darüber und fragte mich, warum in aller Welt ich aus der Schweiz extra nach Belgien geflogen war, bloß um ein paar Kisten rumzuschleppen. Gerade keuchte ich wieder mit einer Ladung voller Traktate auf dem Weg vom Lagerraum in den Minibus, als ich auf dem Gehsteig einer Frau begegnete, die langsam ihres Weges kam. Abgekämpft mühte sie sich mit ihren Krücken voran. Sie tat mir leid. Ich ging auf sie zu und fragte, ob ich für sie beten dürfe. Da hatte sie nichts dagegen. Gerne tat ich das, insbesondere betete ich auch für Heilung. Sie war im positiven Sinne überrascht und irritiert. So etwas hatte sie noch nie erlebt. Gleichzeitig stellte ich fest, dass etwas mit ihr geschah. Wir wechselten noch ein paar Worte, und ich erklärte ihr, dass Gott sie liebt. Ohne, dass sie es zu realisieren schien, ging sie ohne Stöcke weiter. Ich blickte ihr hinterher. Nach rund hundert Metern »entdeckte« sie, dass sie ihre Gehhilfen nicht mehr eingesetzt hatte. Sie nahm ihre Stöcke wieder und ging drei oder vier Schritte mit ihnen, nur um festzustellen, dass sie nun ohne besser unterwegs war. Also nahm sie die Krücken wieder in ihre Hände und ging weiter, die Stöcke rund einen halben Meter über dem Boden. Während dieser Beobachtung ging mir ein Licht auf. Es war, als würde Gott mir sagen: »Schau, Stephan, diese Frau ist nun geheilt. Sie hat es aber noch gar nicht vollständig verstanden und erfassen können.« Sie steht für viele Menschen: Manchmal haben wir eine Begegnung mit Gott, aber, um diese ganzheitlich zu begreifen und einzuordnen, brauchen wir Zeit. Doch zurück nach Belgien. Nach der Schufterei mit den Traktaten besuchten wir am Wochenende mehrere Gemeinden. Ich predigte in mehreren Kirchen. Das Programm am Sonntagvormittag sah so aus, dass ich zuerst in einer Gemeinde sprach. Noch bevor der Gottesdienst an diesem Versammlungsort zu Ende war, musste ich los in eine zweite Gemeinde, wo ich ebenfalls predigte. Dann ging es direkt weiter zum Flughafen, um den Rückflug in die Schweiz zu erwischen. Bemerkenswert war, dass die eine der beiden Kirchen eine besucherstarke, glühende Migrantengemeinde war. Angesiedelt ist sie in einem Einwandererviertel, in welchem sich viele muslimische Extremisten niedergelassen haben. Wer dort ein Restaurant sucht, in dessen Eingangsbereich nicht das Wort »Halal« (nach islamischen Recht zulässsig) prangt, investiert seine Zeit nicht sonderlich gut – er kann sie sich gleich sparen. Fündig wird man nicht. Entsprechend wenig gern gesehen wird die christliche Gemeinde mittendrin. Der Pastor erklärte mir, dass beispielsweise schon Scheiben eingeschlagen worden waren. Weiter hielt er fest, dass die Gegend stark in islamischer Hand sei. Das fand ich krass, da wir hier ja von der Stadt sprechen, die als europäische Hauptstadt gilt. Manche Menschen halten es für übertrieben, wenn sie so etwas hören. Das änderte sich jedoch, als bei den Terroranschlägen in Paris, wenige Wochen nach meinem Besuch in Belgien, mehrere Spuren zu Extremisten nach Brüssel führten. Der Pastor hatte mir bei meinem Besuch weiter erklärt, dass in dem Viertel, in dem seine Gemeinde beheimatet ist, mittlerweile –viele die Scharia, das religiöse Gesetz des Islams, anwenden; dennoch: In den Tagen zuvor hatten wir dort einen Einsatz geleistet, bei dem wir von Haus zu Haus gegangen waren. Dabei hatten wir auch für Leute gebetet – und wir waren mehr oder weniger ausnahmslos auf Offenheit gestoßen.

Nun saß ich also im Flugzeug, das mich in die Schweiz zurückbrachte. Bald hatte ich den Eindruck, dass ich die Frau, die neben mir saß, fragen sollte, ob ich für sie beten könne. Das fand ich einen etwas steilen Einstieg. Deshalb hielt ich mal die Bibel so, dass sie problemlos sehen konnte, was ich las. Vielleicht würde sich ja ein Gespräch ergeben, doch von ihrer Seite erfolgte keine Reaktion. Zudem war ich müde und auch unsicher, wie ich ein Gespräch beginnen sollte. Ich betete, Gott möge mir die passende Gelegenheit schenken, wenn es wirklich sein sollte. Dann, zwanzig Minuten vor der Landung, geriet das Flugzeug in Turbulenzen. Der Wind rüttelte an der Maschine, und eine nervöse Beklommenheit legte sich auf etliche Passagiere. Ich fragte die Frau, ob sie sich fürchte und ob ich beten solle. Ohne zu zögern, bejahte sie, und sie schob nach, dass sie unter Angststörungen leide. Tränen hatten bereits ihre Augen gefüllt. Sie war froh um die geistliche Unterstützung und sagte lächelnd, dass ich gar nicht wie ein Pfarrer aussehen würde. Ich betete für die Frau und für den restlichen Flug und erklärte ihr darauf, dass Jesus bereit ist, das Leben von uns Menschen zu verändern, dass er gewillt ist, sie von den Angstattacken zu befreien, und dass jeder mit ihm ein neues Leben beginnen kann. Aufgrund der Turbulenzen, die wir gerade durchquerten, war das Interesse der Mitpassagiere ebenfalls groß. Die letzten Flugmeilen wurden zu einer kleinen »Bibelstunde«, da die Menschen um uns herum uns hören konnten – es war sozusagen mein dritter Gottesdienst an diesem Tag, ein Gespräch über Jesus und Gott, mitten in den Wolken über Frankreich, im Landeanflug auf Basel.

Zwei Fragen an dich:
- Die Welt braucht neue, freie, radikale Nachfolger von Jesus, Gott ruft dich, eventuell sogar in die Weltmission?

- Bist du bereit, Gott mehr zu gehorchen als den Menschen (wenn zum Beispiel ein nordkoreanischer Botschafter mit deinem Handeln nicht einverstanden ist)?

Vers zum Thema:

»Da ich weiß, dass es für Christus geschieht, bin ich mit meinen Schwächen, Entbehrungen, Schwierigkeiten, Verfolgungen und Beschimpfungen versöhnt. Denn, wenn ich schwach bin, bin ich stark.«

(2. Korinther 12,10)

17.

HOOLIGANS BEI EINEM CHRISTLICHEN KONZERT

Der Spätherbst 2015 stand, was unsere Aktionen anbelangte, ganz im Zeichen der verfolgten Christen. Zunächst nutzten wir den »Tag der verfolgten Kirche«, zu welchem im deutschen Sprachraum verschiedene Werke aufrufen, die sich weltweit für unterdrückte Christen einsetzen. Wir wollten uns mit einem gut sichtbaren Einsatz daran beteiligen. Dazu füllten wir unseren alten VW-Bus in Winterthur mit Aktivisten und brausten nach Bern. Mit Kreide malten wir auf dem Bundesplatz vor dem Bundeshaus 12 500 Strichmännchen, um die zahlreichen Passanten auf die Lage der schätzungsweise hundert Millionen bedrängten und verfolgten Christen aufmerksam zu machen. 125 der Männchen malten wir besonders groß, aus Solidarität mit den Betroffenen der Terroranschläge in Paris.

Wenige Tage später folgte zum dritten Mal der Aktionstag für die verfolgten Christen, mittlerweile hieß das Ganze »verfolgung. jetzt«. Dahinter steckt(e) nun ein ganzes Gremium mit Vertretern von verschiedenen Werken, die das Anliegen solidarisch mittragen. Es gab diesmal Kundgebungen in drei Städten, in Bern, Genf und Zürich; bei letzterem Standort war ich mit dabei. An unserem Marsch namen rund 180 Personen teil. Wir setzten dabei auf eine stille Aktion und marschierten mit Kerzen, Transparenten und Aufklebern durch die Stadt, um die Passanten auf unser Anliegen aufmerksam zu machen. An einer Stelle hielt ich eine kurze Ansprache mit einem Megafon, wo ich die Sachlage erläuterte. Ich hatte eine Betonskulptur erklommen und konnte von dieser Warte aus das Anliegen gut unter die Passanten bringen – dies mit offizieller Erlaubnis, ein tolles Erlebnis.

Und dann folgte der »Schocker«, den ich bereits einleitend erwähnt habe: Der Flug in ein Land im Nahen Osten, wo ich als Geldbote für Menschen in Not fungierte. Den Hergang habe ich einleitend bereits beschrieben. Nie in meinem Leben hatte ich solche Angstzustände erlitten. Sie waren noch schlimmer als damals beim Abstieg vom Berg, den ich ohne Ausrüstung hinter mich gebracht hatte. Nach dieser Schmuggelaktion und der unglaublichen und übernatürlichen Bewahrung von Gott hielt ich mich ein paar Tage in einer Stadt im Nahen Osten auf. Nachdem ich das im Editorial geschilderte Schmuggelabenteuer hinter mich gebracht hatte, fühlte ich mich, als wäre ein Elefant von meinen Schultern genommen worden. Hautnah erlebte ich mit, wie verheerend sich religiöse Konflikte auswirken können. Abertausende waren in diese Gegend vor den Islamisten des IS und anderen hochgradig extremistischen

Streitkräften geflohen. Bei der Vertreibung und auf der Flucht hatten sie all ihre Habe verloren.

Ein Höhepunkt des Jahres war einmal mehr die Gassenweihnachtsfeier, die wir erneut in Bern, Luzern und Zürich anboten. Wieder wurden viele Menschen berührt, und zahlreiche der insgesamt 400 Gäste, die von 120 Helfern umsorgt wurden, nahmen Gebet in Anspruch.

Aus den teils gesponserten Lebensmitteln kreierten unsere Einsatzteams festliche Menüs. In Bern konnten die Bewohner des nahen Asylzentrums einen richtigen, delikaten Schweizer Spaghetti-Plausch erleben. Sehr viele Flüchtlinge mit muslimischem Hintergrund kamen zu dieser Feier, waren offen für das Evangelium und nahmen Gebet in Anspruch. Dass es so weit gekommen war, war ein kleines Wunder. Ich hatte alle diese Räume organisiert. Aus Versehen hatte ich den einen aber für den Nachmittag reserviert. Ich war davon ausgegangen, dass es sich automatisch um den Abend handelte. Als meine Frau und andere vom Team ankamen, standen sie vor verschlossener Tür. Über den Präsidenten der lokalen Gemeinde konnten sie dann den Schlüssel bekommen. Wegen meines Fehlers mussten sie eine Extrameile gehen. Aus der schlechten Situation machte Gott jedoch eine gute. In Zürich, wo wir die Feier bereits am längsten anboten, erschienen viele Personen, die bereits bei den früheren Ausgaben dabei gewesen waren, sowie neu nun auch ältere und einsame Menschen. Sie genossen die greifbare Liebe Gottes. Ebenso konnten wir in Luzern viele Menschen mit Migrationshintergrund durch Gebet, Liebe und Gemeinschaft echte Weihnachtsfreude spüren lassen. Gleichzeitig erreichten unsere Teams in allen drei Städten Reisende, Arbeiter und Obdachlose mit der frohen

Weihnachtsbotschaft. Wir werteten die Feier an jedem Ort als vollen Erfolg. So saßen überall ältere Menschen neben gestrandeten Touristen und Prostituierten, neben Muslimen, die als Flüchtlinge bei uns leben, Drogensüchtige und Obdachlose neben Gästen, die einfach mal vorbeischauten. Jeder Gast wurde wie ein König behandelt und beschenkt.

An diesem Abend stand der gelebte Glaube im Zentrum. Die Menschen wurden von der Botschaft von Weihnachten berührt. Viele öffneten ganz natürlich ihr Herz für ein Gebet. Gerade Flüchtlinge sind sehr offen für Jesus. Das erlebe ich auf meinen Reisen in muslimische Länder genauso wie hier in der Schweiz. Der Strom, der sich zu uns bewegt hat, ist eine historisch einmalige Gelegenheit. Viele Leute kamen und ließen für sich beten. Sie erlebten, wie Jesus Zeichen und Wunder tat. Es gab viele spezielle Erlebnisse. Ein Muslim aus dem Irak erzählte mir, dass er seit ein paar Wochen zu Jesus bete und dadurch sein psychischer Zustand besser werde und sogar seine Schwester in Bagdad manchmal eine Kirche besuche, wenn es ihr schlecht gehe. Er war sichtlich bewegt vom Gebet und hatte Tränen in den Augen. Ein Mann, der an Stöcken ging, wollte, nachdem ich für das eine Bein gebetet hatte, auch noch für das andere Bein Gebet und lief viel besser davon.

Die bunte Mischung hat mich begeistert. Als ich die leuchtenden Augen der kleinen Flüchtlingskinder sah, als sie ein Eis aßen, war ich sehr bewegt. Die Gemeinschaft, die wir diesen Leuten anboten, sagte mehr als tausend Worte. Es war so ein schönes Zeichen der Botschaft von Jesus. Eine Familie mit vier Kindern und einem Baby, die von Beginn an mit dabei war, konnte Kontakt zu einer Schweizer Helfer-Familie knüpfen. Noch am gleichen Abend wurde ein weiterführendes gemeinsames Essen vereinbart.

Geprägt durch die kulturell unterschiedlichen Gäste, waren die Abende bunt gemischt, reich an Tanz, Musik und Freude. Nach jedem dieser Abende, die am 25. und 26. Dezember stattfanden, ging ich voller farbenfroher Eindrücke alleine nach Hause, da meine Frau über Weihnachten bei ihren Eltern übernachtete. Ich kam jeweils in eine fast leere WG. In der Notschlafstelle lagen nur vier oder fünf Leute. Viele der anderen waren irgendwo auf einem Fest oder sonst wo eingeladen. Aber da lagen ein paar alte, obdachlose Männer. Für mich war das ein trauriger Moment. Durch das Zusammenleben mit Obdachlosen, die viel unterwegs sind, ist es zur Normalität geworden, Seite an Seite mit ihnen zu leben. Doch dann zu sehen, dass sie wirklich niemanden haben, traf mich – einfach als ich sah, wie sie da lagen und niemanden hatten. Das presste mir Tränen in den Augen. Ich kann ihnen Hoffnung und Liebe geben, aber dennoch leben wir in einer ungerechten Welt.

Schon stand im Januar 2016 das Weltwirtschaftsforum wieder auf dem Programm. Erneut besuchten wir das WEF gemeinsam mit einem JMEM-Team. Wir waren rund zwanzig Personen, einige von ihnen waren zuvor noch nie auf der Straße gewesen, um zu evangelisieren. Vor dem Einsatz führte ich eine kurze Schulung für die jungen Leute aus aller Welt durch. Unter den Teilnehmern waren welche, die noch nie für jemanden auf der Straße gebetet hatten, und so gab ich ihnen gerne ein paar Tipps. Zudem ist die Angst, was die Leute wohl sagen könnten, unbegründet, denn meistens sind die Leute offen für ein Gebet und auch dafür, mehr über Jesus zu hören. Manchmal erlebt man bei solchen Einsätzen übernatürliche

Führung. Als wir am Rande des WEF auf der Straße waren, kam eine Frau auf uns zu. Sie war nicht Teil des hoch dotierten Treffens, sondern eine Einheimische aus einem Nachbardorf. An diesem Tag hatte sie plötzlich den Eindruck, dass sie hierher in diese Straße kommen sollte. Zuerst war sie von diesem Gedanken überhaupt nicht begeistert, denn viele Bewohner des Tals meiden die Davoser Innenstadt während dieser Tage wegen des ganzen Trubels. Außerdem war sie krank. Wir beteten für sie und sprachen ihr Mut zu. Sie war sehr bewegt, dass Gott sie in ihrer schwierigen Zeit im Leben genau zu uns geführt hatte, ohne dass sie Christin gewesen wäre.

Dank der offiziellen Bewilligung durch die politischen Gremien durften wir in aller Öffentlichkeit Lieder singen und auftreten. Dabei stellte ich mich auf einen Container, um das Evangelium zu verkünden. Bei diesem Einsatz konnte ich unter anderem für zwei Manager beten, die für eine riesige Firma in der Türkei arbeiteten. Zudem konnte ich ihnen Eindrücke weitergeben, die sie sehr bewegten. Die beiden interessierten sich für den christlichen Glauben. Wir konnten für viele Menschen beten und hörten dabei zahlreiche, extreme Geschichten. Das WEF ist ein verrückter Ort, an dem fast alles möglich ist. Ein besonderes Beispiel erlebte ich, nachdem ich für zwei Chinesinnen gebetet hatte. Die beiden fanden meinen Schlittenhund äußerst putzig. Als Dank, dass ich auf sie zugegangen war, gingen sie in ein Geschäft und kauften für 25 Franken ein Stofftier für meinen Husky. Während des ganzen Einsatzes in den Bündner Bergen spürten wir die Kraft Gottes. Wir stellten fest, dass viele Menschen von der Liebe Gottes angezogen und verändert wurden.

Gleiches erlebten wir bei strahlend schönem Wetter im Frühling in Zürich. Tausende Passanten sahen unsere Nachstellung von

Jesus, wie er das Kreuz trug und dann hingerichtet wurde, noch mehr daheim vor dem Bildschirm, denn »Tele Züri« sendete erneut einen Bericht.

Im gleichen Zeitraum wurde ich zu einem Einsatz und zu einer Schulung in die Ukraine eingeladen. In dem osteuropäischen Land angekommen, schulten wir zunächst viele junge einheimische Christen. Dann gingen wir raus auf die Straße, um die ukrainischen Mitmenschen zu erreichen. Unter anderem taten wir dies auf dem Maidan-Platz, dort wo im November 2014 die Revolution begonnen hatte. Unter anderem konnten wir für viele Menschen beten. Die Stimmung war eigentümlich. Überall standen Schilder mit den Namen und übergroßen Fotos der Menschen, die bei den Massenkundgebungen umgebracht worden waren. Ich sagte den Bibelschülern, dass sie das Evangelium auch auf diesem historischen Platz – auf dem etwas mehr als zehn Jahre zuvor bereits die »Orangene Revolution« über die Bühne gegangen war – verkünden sollten. Tags darauf waren einige vom Team wieder da. Weil in dieser Zeitspanne die Zweijahresfeier der Revolution stattfand, hatten junge Leute ein offenes Mikrofon eingerichtet, über welches man seine Eindrücke und Erlebnisse verbreiten konnte. Auch unsere Leute traten ans Mikrofon, um das Evangelium zu verkünden. Sie sprachen über die Freiheit, die das ukrainische Volk zwei Jahre zuvor gesucht hatte, und davon, dass Jesus individuelle Freiheit schenkt und dass seine Botschaft revolutionär ist. Diese Ansprache war eine unglaublich großartige Gelegenheit. Ich selbst war nicht mehr dabei, da ich an diesem Tag zurückreisen musste. Doch sie waren in der Lage, den Einsatz selbst durchzuführen. Die entschiedenen, wilden ukrainischen Nachfolger von Jesus waren schnell zu unseren Freunden geworden. Es war erbaulich, zu sehen, wie Jesus eine Revolution anführte, welche die Menschen im Herzen verändert und in eine Freiheit führt, die in die Ewigkeit reicht.

Bald stand ich auf einem anderen prestigeträchtigen Platz, dem Bundeshausplatz vor dem Schweizer Regierungsgebäude in Bern. Hingefahren war ich als »Zaungast« des christlichen Tanzspektakels »Up to Faith«, einer Bewegung, die von Ungarn ausgehend bereits verschiedene Nationen erreicht hat, so auch vor wenigen Jahren die Schweiz. Im Jahr davor hatten sich Linksextreme in die Choreo eingeschlichen, um diese zu stören. In diesem Jahr nun hatte ich den Eindruck, dass ich anwesend sein sollte. Meine Motivation hielt sich jedoch in überschaubaren Grenzen. »Ach, so ein braver Tanz«, dachte ich mir. Doch ich überwand diese Gedanken, auch wenn mein Beisein eine längere Autofahrt beinhaltete. Da angekommen, betete ich: »Okay, Gott, jetzt bin ich da, gebrauche mich.« Ich hatte den Eindruck, dass ich auf einen der anderen Zaungäste zugehen sollte. Ich fragte den Mann, ob er unter einem verschobenen Wirbel leide. »Woher wissen Sie das?«, fragte er erstaunt. Ich erklärte ihm, dass ich spirituell unterwegs bin und Gott mir das gezeigt hat. Er war ein aufrechter Walliser mit diesem typischen, besonders schönen Schweizer Akzent. »Isch güed«, sagte er, als ich ihn fragte, ob ich für ihn beten dürfe, was so viel heißt wie: »Ja, das ist gut!« Ich betete für ihn, und erstaunt bemerkte er schon nach dem »Amen«, dass es besser geworden war. Nach einem kurzen Gespräch wandte ich mich an den nächsten Passanten. Ich spürte, dass er verstopfte Herzkranzgefäße hatte. »Woher wissen Sie das?«, fragte auch er überrascht. Ich erzählte ihm die gleiche Geschichte, nämlich, dass ich mit Jesus unterwegs bin und dass ich dies durch eine innere Stimme gehört hatte. Gerne nahm auch er das Gebet in Anspruch. Er sagte, dass er sich besser fühle. Natürlich habe ich in beiden Fällen keinen medizinischen Beleg dafür, dass die beiden mit einem Schlag geheilt worden sind. Tatsache ist, dass beide zum Ausdruck brachten, dass sie sich nach dem Gebet besser fühlten und dass sie berührt worden sind. Im Übrigen waren sie perplex, dass Gott mir gezeigt hatte, woran sie litten, obwohl das überhaupt nicht offensichtlich war und ich das nicht wissen konnte.

Ach ja, und dann waren da die Linksautonomen, die kurz nach Beginn der Tanzaufführung aufmarschierten. Zunächst versammelten sie sich am Rande des Platzes, ausgerechnet in der Ecke, in der auch ich stand. Sie waren nicht sonderlich auffällig gekleidet, doch ich bemerkte in ihren Taschen und Rucksäcken Wasserballone und Wasser-Sprüher. Umgehend war mir klar, dass ich mitten in der baldigen Gegendemo stand. Es dauerte auch nur kurz, bis sie die ersten Wasserballone auf die Tanzenden zu werfen begannen. Laut plärrten sie:»Christen, ihr seid intolerant.« Und weitere Slogans. Ich reagierte mit einer Gegendemo innerhalb dieser Gegendemo, indem ich ebenfalls laut schrie:»Jesus ist Sieger, Jesus ist Sieger!« Wohl mit allem hatten sie gerechnet, aber nicht mit dieser Reaktion mitten unter ihnen. Sie waren irritiert, vermutlich auch, weil ihr Konzept nicht funktionierte. Sie rechneten wohl damit, dass Christen unter den Zuschauern handgreiflich werden würden, aber nicht mit diesen Worten in ihrer Mitte. Dennoch warfen ein paar von ihnen weiter Wasserballone und andere rannten durch die Choreo und bespritzten die Tanzenden mit Wasser. Bald schritt die Polizei ein, die mit mehreren Einsatzfahrzeugen vor Ort war. Einige wurden gepackt und von den Ordnungshütern mitgenommen. Mit einem der Unruhestifter redete ich eine halbe Stunde lang und berichtete ihm aus meinem Leben, dass wir mit Obdachlosen zusammenlebten, von weggeworfenen Lebensmitteln lebten und dass wir die Natur ehrten. Und dass wir Christen anders sind, als er und seine Kameraden denken. Und ich fragte ihn, was er denn eigentlich genau täte, um die Welt zu einem besseren Platz zu machen. Er wusste darauf nicht viel zu sagen. Des Weiteren erklärte ich ihm, dass jene, die Jesus richtig verstanden haben, viel Gutes getan haben. Sie gründeten Stiftungen, Krankenhäuser, halfen Waisenkindern, kümmerten sich um Kranke, sie befreiten Sklaven und vieles mehr. Jene, die klar Jesus nachfolgen, verändern die Welt zu einem besseren Ort. Fast alle Sozialwerke und gesellschaftlichen Veränderungen sind initiiert worden von Menschen, die Jesus nachfolgen. All dies erklärte ich ihm. Bald spürte ich, wie Gott begann, sein Herz zu verändern. Ein anderer stürmte schäumend und blind vor Hass auf mich zu und wollte mich – vermutlich nur verbal – zusammenstauchen. Ich warf dem Heraneilenden deeskalierend entgegen: »Du trägst so viel Hass in dir. Jesus will dir deinen Hass wegnehmen!« Er war völlig perplex, seine Parolen blieben ihm im Halse stecken, er brachte keinen Pieps mehr heraus. Er blieb still bis zum Schluss. Meine Heimfahrt verlief emotional gesehen komplett anders als die Anreise. Nun wusste ich, warum ich an diesen Ort hatte fahren müssen.

Zur selben Zeit erfolgte ein größerer Umbruch in unserem Leben: Die »Lebensdauer« unseres Abbruchhauses war zwar rein bautechnisch gesehen noch nicht abgelaufen, doch es sollte ein neues Gebäude errichtet werden. Deshalb mussten wir langsam, aber sicher das Angebot herunterfahren und damit beginnen, das

Haus zu räumen. Obwohl wir am Schließen unserer Notschlafstelle waren, durften wir noch Positives erleben: Ich konnte für einen Alkoholiker beten, er hörte umgehend auf, zu trinken. Spannend war, dass ich selbst in diesem Gebet keinen großen Glauben gehabt hatte, wohl nicht viel größer als ein Senfkorn. Doch sein Leben begann, sich zu verändern. Er fand vorübergehend eine Arbeitsstelle und kam bald mit Christen in Kontakt. Als er auszog, klaute er jedoch ein Paar meiner Wanderschuhe. Ich merkte, dass er eine spirituelle Erfahrung gemacht hatte – das heißt nicht, dass er gleich ein perfekter Jünger wird, sondern dass die Jüngerschaft erst beginnt.

Selbstverständlich warteten wir nicht, bis Bagger und Abrisskran aufgefahren waren und uns das Dach überm Kopf wegrissen, bevor wir schauten, wie und wo wir unsere Vision weiterleben sollten. Schon länger machten wir uns Gedanken dazu und beteten intensiv. Eines Tages rief uns eine Bekannte meiner Frau an, die zweimal den Eindruck gehabt hatte, dass sie uns ein Haus empfehlen sollte. Gleichzeitig hatten wir den Eindruck, dass wir gehorsam sein und uns das Ganze näher anschauen sollten. Es handelte sich bei der Liegenschaft um eine große Pension mit vielen Zimmern sowie einem darauf angesiedelten Bauernhaus und Land, das es zu bewirtschaften galt. Das Anwesen liegt abgelegen in den Hügeln zwischen Bern und Thun. Die Besitzer berichteten, dass sie schon lange auf der Suche nach jemandem waren, der den Betrieb übernehmen würde. Gleichzeitig wollten sie es bewusst jemandem anvertrauen, der es für einen christlichen Zweck weiterführen wollte. Genau nach so etwas suchten wir: Einem Ort, an welchem immer noch ein gewisses Maß an Obdachlosenarbeit weitergehen konnte, wo aber auch spirituell Suchende einen Platz finden konnten, um zum

Beispiel eine Auszeit zu nehmen oder einfach um ein paar Ferientage verbringen zu können. Nachdem wir das Ganze gründlich im Gebet und in Gesprächen überprüft hatten, sagten wir zu. Einige Zeit später war ich wie gewohnt ein paar Tage auf der Alp, wo ich regelmäßig Zeit mit Gott verbringe. Auf dem Heimweg fuhr ich an der Kirche der Bewegung »Plus« in Spiez vorbei. Ich hatte den Eindruck, dass ich da kurz vorbeischauen sollte. Doch ich fuhr vorbei. Was hätte ich dem Pastor auch sagen sollen? »Hallo, hier bin ich, ich habe den Eindruck, dass Gott mir gesagt hat, dass ich reinschauen soll.« Doch nach einigen Kilometern schien mir, dass ich dennoch vorbeigehen sollte, und so wendete ich schließlich und fuhr den ganzen Weg wieder zurück. Drinnen stellte ich fest, dass ich dem Gemeindeleiter schon einmal begegnet war. Um nicht gleich mit der Tür ins Haus zu platzen, sagte ich, dass ich gerade in der Gegend war und mir die Gemeinde mal anschauen wollte; was etwas diskreter klingt als: »Gott hat mich geschickt.« Etwas beiläufig ließ ich die Worte fallen, dass wir bald auf die Plötsch ziehen. »Die Plötsch? Komm mit!«, reagierte er für mich überraschend. In seinem Büro zog er ein Buch hervor, das die Geschichte der Bewegung »Plus« beschreibt. Darin ist festgehalten, dass diese Freikirche in der Plötsch gegründet worden ist und die ersten Versammlungen dort abgehalten worden sind – also auf dem Anwesen, das wir gerade übernommen hatten. Ein aufmüpfiger Pfarrer hatte 90 Jahre früher dort begonnen, zu Gottesdiensten einzuladen. In der Kirchenzeitung wurde damals geschrieben: »Ein Unruhestifter geht um!« Dieser alte Pfarrer hatte Konferenzen durchgeführt. Leute waren geheilt und befreit worden. Zudem hatten etliche Taufen stattgefunden. Eine kleine Erweckung war durch das Land gegangen, und die Gemeinde war entstanden. Nun war mir klar, warum ich hatte wenden müssen und warum das Führen dieses Hauses unser nächster Schritt sein sollte. Ich erachtete unser baldiges neues Heim nun noch mehr als von Gott anvertraut; als eine Ehre und eine große Herausforderung. Ich habe große Ehrfurcht und Respekt vor diesem Auftrag, und gleichzeitig halte ich es für wichtig, dass er ausgeführt wird. Und ich war froh, dass wir ein paar Wochen vorher auf Gott gehört hatten, obwohl dieser neue Wohnort zuerst nicht ganz unserer Vision entsprochen hatte.

Doch bevor es in dieses abgelegene Gebiet gehen sollte, waren wir noch einmal mitten in Zürich in Aktion, erneut mit einem Konzert von »No longer Music«. Gedacht war es als karitatives Konzert, bei dem wir Spenden für Obdachlose sammeln und das Evangelium verkünden wollten. David Pierce verfasste einen Text, in dem er festhielt, dass dort, wo das Evangelium ankommt, auch Unruhe entstehen kann. In der Nacht träumte der Sänger von einem Löwen, was sich bald schon als prophetisch erweisen sollte. Der Tag begann mit garstigem Regenwetter. Gerade hatten wir an unserem Veranstaltungsort, dem beliebten Zürcher Helvetiaplatz, mit dem Einrichten der Soundanlage begonnen, da stellten wir fest, dass wir Nachbarn hatten, die sich ebenfalls anschickten, ein Fest zu feiern. Die Südkurve wollte ebenfalls feiern. Die hartgesottenen Fans des FC Zürich wollten noch einmal den Meistertitel zelebrieren, der exakt zehn Jahre zuvor auswärts in einer regelrechten »Finalissima« in den Schlussminuten des letzten Meisterschaftsspiels erstritten worden war. Nachdem damals der FC Basel niedergerungen worden war, war ein Hooligankampf auf dem Rasen und vor dem Stadion erfolgt. Zehn Jahre später wollten die Mitglieder der Südkurve noch einmal das Spiel in voller Länge anschauen und dann feiern. So weit, so gut. Wer weiß, vielleicht würde noch einer von ihnen bei uns reinschauen und zum Glauben finden. Womöglich würden sie aber auch einfach einen großen Bogen um uns machen. Nahe dem Areal war ein kleiner Laden. Da ging ich rein, um etwas zu kaufen. Meinem Eindruck folgend, fragte ich die Verkäuferin, ob sie Rückenschmerzen habe. Sie bejahte verdutzt. Gerne nahm sie ein Gebet an, und tatsächlich wurde es besser. Noch ging ich davon aus, dass dies das Highlight des Abends gewesen sei.

Doch schon beim Soundcheck erhielten wir unangenehmen Besuch. Ein Hooligan polterte herein und wollte, dass wir verschwinden – obwohl wir über eine Bewilligung verfügten. Während des Konzerts blieb es ruhig. Doch als dann der Sänger wie gewohnt in einem zweiten Teil predigen wollte, erhielten wir wieder einen Besuch. Diesmal marschierten mehrere Hooligans auf, die teils ebenfalls im Umfeld der Südkurve zu finden waren. Einer ging sogar so weit, dass er den Sänger und Prediger bespuckte und von der Bühne runterreißen wollte. Ohne einen ersichtlichen Grund waren sie voller Aggressivität. Die Angreifer wirkten wie besessen. Einige unserer Obdachlosen wollten sich das nicht bieten lassen. Sie beförderten die Störenfriede zügig raus. Wir fanden anschließend am Boden ein Messer, dass der Attackierende zum Glück nicht hatte benutzen können. Während diese Randale und Pöbeleien auf der einen Seite der Bühne passierten, waren ein paar Freunde und ich gerade dabei, für Leute zu beten, die dem vorangegangenen Aufruf gefolgt waren, Jesus in ihr Leben aufzunehmen. Es war eine eigenartige Atmosphäre: die Gewalt, das Dämonische, das Böse, und gleichzeitig Menschen, die im Licht von Fackeln sich Jesus aushändigten.

Kaum war unsere Veranstaltung zu Ende, begannen wir, aufzuräumen. Wir wollten so schnell wie möglich wegkommen. Gerade war ich noch mit ein paar jungen Besuchern am Reden, da tauchten erneut Hooligans auf, um rumzupöbeln. Bei diesen war nun ersichtlich, dass sie schlicht und ergreifend auf Streit aus waren. Deshalb setzte ich mich mit der Polizei in Verbindung. Einer der Unerwünschten bemerkte das und schupste mich gegen eine Kiste. Das war weniger schlimm als das, was sich nun anzubahnen drohte. Inzwischen waren es einige mehr. Sie zückten Pfeffersprays und zogen die Gürtel aus, um damit zuschlagen zu können. Einigen Missionaren und Künstlern sprayten sie Pfefferspray in die Augen, was äußerst unangenehm war und starke Augenreizungen hervorrief. Ein Missionar, der den Einsatz an unserer Seite begleitete und in New York in einem Problemviertel aufgewachsen war, wollte in den Kampf gehen. Doch es sollte nicht so weit kommen: Ein Obdachloser nahm geistesgegenwärtig eine Taschenlampe hervor und rief aus einer Ecke nahe der Bühne laut: »Haaaalt, Pooolizei!« Die Hooligans stoben davon. Wenig später kreuzte dann die Polizei mit drei Autos auf. Wir waren enorm erleichtert. Die Gesetzeshüter ordneten an, dass wir einfach aufräumen und gehen sollten. Bald fuhren sie weiter. Wir packten so schnell wie möglich. Dann stellten wir fest, dass sich mehr als hundert Südkurven-Anhänger auf der einen Seite des Helvetiaplatzes formierten und einzig auf Gewalt aus waren. Wir riefen die Polizei und baten sie, möglichst schnell zu kommen, denn jetzt seien es ganz viele. Schon vermummten sie ihre Gesichter. In dem Moment fuhr die Polizei vor, sie stellte sich hinter uns auf – wir standen in der Mitte. Nun liefen die Tunichtgute quer über den Platz direkt auf uns zu. Das sah nun gar nicht gut aus. Wir beteten alle inbrünstig. Ich blickte auf den Boden und rechnete damit, dass wir regelrecht übermannt würden, dass jeder von uns von ein paar dieser Typen in Grund und Boden geprügelt würde. Doch sie gingen wie durch uns hindurch. Es war gespenstisch, wie sie an uns vorbeigingen, so, als würden sie uns gar nicht sehen. Sie rempelten uns nicht einmal an. Und auch unser Equipment ließen sie unversehrt. So überquerten sie den ganzen Platz. Auf der anderen Seite hielten die Polizisten einen der Vordersten an. In diesem Augenblick brach die Hölle los. Steine und Flaschen flogen. In diesem Moment stiegen Polizisten in Kampfanzügen, aufgesetzten Helmen und Stahlschilden aus Kommandowagen aus, die Polizei baute eine Wand. Ich sah, wie eine Polizistin ausstieg und am ganzen Körper zitterte. Der unglaubliche Hass der Hooligans entlud sich, die Polizei reagierte mit Gummischrot. Einer aus unserer Band wurde von einem Stein am Bauch getroffen, trug aber nur einen etwas größeren blauen Fleck davon. Es war wie im Krieg. Rauch hing über dem Platz. So schnell wie irgend möglich beluden wir den Anhänger, schoben diesen vom Platz und brausten unverzüglich davon, egal in welche Richtung, Zeit für die Orientierung blieb nicht. Wir waren nur froh, ohne Verletzungen und mit dem gesamten Material wegzukommen. Sekunden später waren noch mehr Hooligans auf dem Platz. Offenbar können auch die Verstärkung anfordern. Aus den Medien entnahmen wir, dass sich eine einstündige Straßenschlacht mit mehreren verletzten Polizisten entfachte. Der FC Zürich hat zwei Löwen im Logo, was an den Traum des Sängers erinnerte. Für uns war es wie im Buch Daniel, als Gott den Löwen die Mäuler zuhielt, sodass sie seinem Nachfolger nichts anhaben konnten. Es war eine übernatürliche und gespenstische Erfahrung, wie mehr als hundert gewaltbereite, vermummte Hooligans an uns vorbei über den Platz gegangen waren und uns dabei nichts geschehen ist. Für mich war klar, dass das Ganze in einer unsichtbaren Dimension begonnen hatte und dann zu einer physischen Auseinandersetzung wurde.

Das war nur wenige Tage vor zwei weiteren großen Abenteuern. Das eine war unsere süße Anna, die im Sommer 2016 zur Welt kam. Das Außergewöhnliche bei dieser Geburt war, dass nichts außergewöhnlich war. Keine Steißlage, keine Nabelschnur, die gefährlich werden konnte, nichts.

Kaum war sie da, gingen wir für drei Monate nach Dresden, um an der Bibelschule zu unterrichten. Kurz davor hatten wir das alte Haus in Winterthur geräumt, um nach dem Einsatz im Ausland dann zwischen Bern und Thun den neuen Standort zu beziehen. Natürlich war es anstrengend, in dieser Phase mit dem Neugeborenen diese Zeit im Ausland zu verbringen, doch wir wussten, dass Gott uns genau da haben wollte. Neben dem Unterricht leitete ich verschiedene praktische Einsätze. In Dresden. In Ostdeutschland. Man kann sich vorstellen, dass ich gewarnt worden war, dass der Boden da sehr hart und schwierig ist – und was trafen wir an? Menschen, die offen waren für Gebet und mehr.

Dann gingen wir mit einer Gruppe nach Polen. Auf einem christlichen Festival überraschten wir die Besucher mit einem Flashmob. Einer aus dem Publikum hatte das gleiche Stück schon einmal gesehen. Es war ihm schon beim ersten Mal unter die Haut gegangen. Nun bekehrte er sich an Ort und Stelle.

Wir zogen weiter zu einem der größten Musikfestivals von Europa, zum »Przystanek Woodstock«, was übersetzt »Haltestelle Woodstock« heißt. Es wird jährlich in Kostrzyn an der Oder durchgeführt und von 700 000 Menschen besucht. Das Programm lässt sich zusammenfassen mit Musik, Saufen und Sex. Auch wir waren dabei, um einen vierten Programmpunkt zu bieten: die Hoffnung, die Jesus Christus schenkt. Wir waren rund fünfzig Bibelschüler. Das Festivalgelände wird alljährlich in ein schier endloses Zeltlager verwandelt. Wir selbst errichteten ebenfalls ein riesiges Zelt an einer der Hauptachsen auf dem gigantischen Gelände. Dieses Zelt stand bereits in früheren Jahren da und wurde von verschiedenen Christen zum Outreach genutzt. Gerade waren wir dabei, eine Prozession vorzubereiten, mit welcher wir die Kreuzigung nachstellten, als dort ansässige Christen bei uns vorbeischauten, die das Zelt seit mehreren Jahren mitbetrieben. Schon seit Jahren waren sie bei diesem Festival dabei, um Kaffee auszuschenken und die Besucher auf diesem Weg zu erreichen. Uns erklärten sie, dass unser Vorhaben hier nicht funktionieren würde. Sie deuteten auf unser »Jesus Revolution«-Banner, das an unserem Zelt prangte, und sagten: »Nehmt es weg, das wird hier sowieso nicht fruchten.« Dem Frieden zuliebe entfernten wir es – auf Geheiß von Christen, nicht von säkularen Menschen –, doch auf die Prozession verzichteten wir natürlich nicht. Vorher aber stellten wir mehrere »Wunderstühle« auf. Auf diese konnten Festivalbesucher sich hinsetzen und ein Gebet in Anspruch nehmen. Wir beteten dann, zum Beispiel um Heilung. Schnell bildete sich eine Traube von jungen Leuten. Wir konnten für sehr viele beten. Menschen wurden geheilt und von Lasten befreit. Wir sahen, wie bei jemandem verkrüppelte Hände gesund wurden und wie auch andere Personen geheilt wurden.

Ganz in der Nähe stand ein riesiges Zelt der »Hare Krishna«. Auch da konnten wir für mehrere Leute dieser Bewegung beten, sogar für einen der obersten Leiter. Er sagte:»Wooow, während ihr gebetet habt, habe ich bei euch die ultimative Kraft gespürt.«

Und dann ließen wir besagte Prozession folgen. Menschen, die als Dämonen verkleidet waren, liefen vorneweg. Dahinter folgte Jesus und dann ein Sarg. Nach dem Sarg folgte ein Banner:»Das ist die Jesus-Revolution«. Dahinter tanzten und jubelten andere von unserem Team. Irgendwie fühlten wir uns, als würden wir durch eine Wand gehen wollen, doch wir erkannten bald, dass die Zuschauer offen waren, und unser Begleitteam konnte am Rande überall mit Menschen beten. Wir wiederholten diesen Einsatz am kommenden Tag. Dabei geschah etwas Übernatürliches. Es war, als wäre der Himmel aufgegangen. Tausende von Leuten kamen auf uns zu, sie waren offen. Die Prozession zog die Masse an, mitten in dieser Menschenmenge, durch die wir hindurchgingen; als wären wir ein Magnet. Wir kamen gar nicht mehr nach mit Beten. Festivalbesucher kamen in die Prozession hinein und tanzten mit. Wie ein Stück Himmel auf der Erde. Ich predigte aus dem Sarg. Die Leute waren angezogen von unserem Auftritt. Sie kamen auf uns zu und wollten Gebet. Einer stürmte in meine Richtung, und ich dachte schon, er wollte mich angreifen. Er hielt aber kurz vor mir an und sagte, dass er hier etwas spüre und dass er diesen Frieden auch haben möchte, und so betete ich für ihn, dass der Heilige Geist ihn erfüllen würde. Wir spürten Gottes Reich sehr stark. So riecht Erweckung. Mitten auf diesem Festival sahen wir, wie Tausende von Menschen berührt wurden. Manche hatten Tränen in den Augen und wollten Gebet.

Einer unserer Studenten erlebte zum Beispiel Folgendes, nachdem er einen jungen Polen angesprochen hatte:»Zuerst wollte er nicht mit uns reden und ging weg, doch nach dreißig Metern drehte er sich um und fragte: ›Raucht ihr einen Joint mit mir?‹ Wir sagten, dass wir nicht rauchen, aber dass wir ihm Gesellschaft leisten können. Während er rauchte, erzählte er, dass er auf der Straße lebt und drogensüchtig ist. Ich erzählte ihm, was ich mit Jesus erlebt habe, und schlug ihm vor, diesen Schritt ebenfalls zu tun, was er ablehnte. Am nächsten Tag spielte ich in der Prozession die Rolle von Jesus, mit Bühnenblut im Gesicht. Nach der Prozession sah ich den jungen Mann am Boden sitzen. Ich ging zu ihm und grüßte ihn. Zunächst konnte er gar nicht glauben, dass ich es war, er sagte: ›Jesus… nein… Jesus… ich kenne dich, das ist ein Zeichen.‹ Ich fragte ihn, ob er Jesus in sein Leben einladen wolle. Er wollte! In der folgenden Nacht schlief er bei uns im Zelt. Am nächsten Tag trank er nicht und nahm keine Drogen. Ich konnte die körperlichen Entzugserscheinungen sehen. Ich betete, dass Gott ihn komplett befreien und ihm Freude und Frieden schenken würde. Danach wurde er geheilt. Er begann, in der Bibel zu lesen, und aus seinen Augen begann, ein neues Leben zu scheinen.«

Während unserer Prozession tanzten die Menschen mit, andere halfen, das Kreuz zu tragen, und Störenfriede wurden vom Volk weggeschickt. Manchmal waren es die Betrunkensten, die uns zur Seite gestanden haben. Einmal mehr bestätigte sich, dass die Apostelgeschichte Realität ist, Menschen werden geheilt und befreit, weil Gott derselbe gestern, heute und in Ewigkeit ist.

Kurze Zeit nach Dresden fuhren wir als Familie zurück in unser Abbruchhaus, wo wir noch einmal zwischen den gepackten Kisten auf Matratzen am Boden schliefen. In dieser Nacht überlegte ich, was das nächste Kapitel im Leben bringen würde. Wir ließen dieses

Haus nun zurück, ein neues Abenteuer würde beginnen. Gott hat den Weg vorbereitet, auch wenn er manchmal steinig und schwierig wird, doch als Familie sind wir dazu bereit. Zu wissen, dass wir die richtigen Personen zur richtigen Zeit am richtigen Ort sind, hat mir in dieser Situation zwischen den Schachteln und dem Zurücklassen Mut und Zuversicht gegeben. Als ich zurückschaute, welche Gnade mir Gott in dieser Zeit gegeben hatte, war ich überwältigt. Am nächsten Tag zogen wir voller Hoffnung und Tränen in den Augen mit unserem VW-Bus in Richtung neues Land.

Zwei Fragen an dich:

- Bist du bereit, ebenfalls Teil der Apostelgeschichte werden?
- Welche Träume und Visionen hast du – was hindert dich daran, sie umzusetzen?

Vers zum Thema:
»Er begann sofort damit, in den Synagogen von Jesus zu predigen und zu verkünden, dass er der Sohn Gottes sei. Alle, die ihn hörten, wunderten sich. ›Ist das nicht derselbe Mann, der die Anhänger von Jesus in Jerusalem so hart verfolgt hat?‹, fragten sie. ›War er nicht gekommen, um sie auch hier in Fesseln zu legen und vor die obersten Priester zu führen?‹«

(Apostelgeschichte 9,20-21)

Jeder kann vom Saulus zum Paulus werden.

NACHWORT

Nun, wie endet so ein Buch? Zuerst einmal vielen Dank fürs Lesen. Vielleicht möchtest du mehr wissen, mich einmal treffen, mich einladen, zusammen einen Kaffee trinken, zu uns in unsere Pension kommen, einfach zusammen beten oder um die Häuser ziehen. So erreichst du mich: www.ungezähmt.com

Vielleicht hat dich dieses Buch angesprochen, und du möchtest Jesus kennenlernen, eine unglaubliche, spirituelle Erfahrung machen und die Lebensreise mit Jesus beginnen. Das ist ganz einfach, wird dein Leben auf den Kopf stellen und auch einige neue Herausforderungen mit sich bringen. Du kannst ein ganz einfaches Gebet sprechen:

»Gott, du hast mich geschaffen. Bisher habe ich getrennt von dir gelebt. Das möchte ich hiermit ändern!

Ich habe viele böse und ungerechte Dinge in meinem Leben getan und damit viel Schaden bei mir und anderen Menschen angerichtet! Das tut mir sehr leid. Alle meine Sünden möchte ich dir jetzt bekennen und um Vergebung bitten!

Bitte befreie du mich von meiner Schuld!
Ich danke dir, Jesus Christus, dass du für alle meine Sünden
am Kreuz gestorben bist. Bitte übernimm du die Leitung in mei-
nem Leben. Lieber Herr Jesus, ich gebe mein ganzes Leben dir.
Ich will dir nachfolgen.
Ich danke dir, Herr Jesus, dass du mich liebst und mich nun
persönlich durchs Leben begleiten wirst.
Herr Jesus, hilf mir, in eine enge Beziehung zu dir zu gelan-
gen.
Bitte bereite mich zu, reinige mich, und mach mich dir wohl-
gefällig.
Erfülle mich mit deiner Liebe und deiner Freude.
Erfülle mich mit deinem Heiligen Geist, und führe mich in
die ganze Wahrheit.
Ich bin nun frei und ein Kind Gottes und werde mein ganzes
Leben in Freiheit und voller Liebe leben und eines Tages bei Gott
im Himmel sein.
Amen.«

Nun möchte ich dir Mut machen, dich mit anderen Gläubigen in
Verbindung zu setzen. Du kannst dies selber tun, indem du im Internet nach einer Kirche suchst, oder wir helfen dir gerne dabei.

Wenn ich mit anderen Menschen über meinen Glauben spreche,
dann spreche ich meistens von einer spirituellen Erfahrung, die ich
machte. Wir müssen lernen, die Sprache der Menschen zu sprechen,
wenn wir die postmoderne Gesellschaft mit der immer gültigen
Botschaft Gottes erreichen möchten. Wir sollten die Sprache so
sprechen, dass die Leute uns verstehen.

Wenn du mit Jesus unterwegs bist und der Heilige Geist dich führt und leitet, kommt es immer wieder vor, dass du eine leise Stimme in dir hörst, die dir irgendwelche Dinge sagt oder aufzeigt, oder du Sachen spürst. Jeder Mensch ist in diesen Empfindungen ganz unterschiedlich, und es gibt verschiedene Formen, wie der Heilige Geist zu dir redet. Der Schlüssel beim Hören auf diese Stimme ist, jeweils einen Schritt zu tun. Manchmal sind es kleine Dinge, die banal sind, manchmal sind es Dinge, die uns wirklich herausfordern. Viele der Geschichten, die du in diesem Buch gelesen hast, haben mit dem Hören dieser Stimme angefangen. Es ist auch eine Übung. Du wirst diese Stimme immer besser kennenlernen und den Heiligen Geist klarer hören und verstehen. Es macht auch nichts, wenn du einmal danebenliegst. Jedes Mal, wenn ich auf diese leise Stimme gehört habe, fühlte ich mich anschließend befreit, selbst wenn nicht das passiert ist, was ich erwartet habe. Du kannst davon ausgehen, dass du viele Menschen tief in ihrem Herzen treffen wirst, wenn du auf diese Stimme hörst. Lebe unter der Kraft des Heiligen Geistes, er wird dich erfüllen, und übernatürliche Dinge werden ganz natürlich passieren.

Wenn ich mit Menschen ein Gespräch führe, dann frage ich zum Schluss immer, ob ich noch für sie beten darf. Über 80 Prozent der Menschen sind für Gebet offen, egal, wo ich bin auf der Welt. Menschen schätzen Gebet. Ich habe schon sehr oft erlebt, dass im Gebet für jemanden etwas passiert, was ich vorher während des ganzen Gespräches nicht erreichen konnte. Die Herzen werden offen, und die Menschen werden von Jesus und seiner Kraft bewegt. Sei mutig, und bete für die Menschen, mit denen du unterwegs bist. Für die meisten ist das etwas Normales. Am meisten Mühe haben wir »Gläubigen«. Die Lügen, die in diesem Bereich kursieren, sind ziemlich heftig. Sei ganz entspannt und mutig, den Leuten am Ende eines Gespräches noch Gebet anzubieten. Glaube mir, du wirst Zeichen und Wunder erleben, weil Gott Gebete erhört.

Bete für Menschen, denen es nicht gut geht. Heilung und das übernatürliche Wirken Gottes sind der Schlüssel in der postmodernen Gesellschaft. Wieso das so ist, kann ich dir nicht sagen. Fakt ist, dass die Menschen in der heutigen Zeit sehr oft geheilt, befreit und verändert werden. Gott ist immer derselbe: gestern, heute und in Ewigkeit. In jeder Epoche hat seine Botschaft die Menschen immer in ihrer Kultur und Zeit angesprochen. Das macht die Botschaft von Jesus so einzigartig. Wir brauchen sie niemandem überzustülpen oder aufzudrängen, sie fließt und passt einfach.

Bete für Kranke, und lege ihnen die Hände auf, so wie uns die Bibel anleitet. Gott heilt auch heute noch Menschen. Manchmal sofort, manchmal in einem Prozess, ungefähr so wie nach einem Sturm die Wellen immer weniger werden. Manchmal passiert nichts Sichtbares – Gott wirkt immer, aber nicht immer so, wie wir es uns vorstellen oder wünschen. Es ist auch nicht meine Sache, warum jemand geheilt wird oder nicht. Das ist Gottes Werk, und mein Auftrag ist ausschließlich, zu beten. Nicht mehr und nicht weniger. Sei mutig, und bete für die Kranken. Überlass das Resultat in Ruhe Gott, denn er ist Gott (und nicht du und ich).

Gebet ist ein Lebensstil. Ich versuche, so viel Zeit wie möglich mit Gott zu verbringen, mit ihm unterwegs zu sein und Gebet in verschiedensten Formen und Variationen zu leben. Gott hat uns alle unterschiedlich gemacht, und so kann auch dein Gebetsleben total anders aussehen als meins. Manche Leute malen gerne, andere wie ich müssen draußen in der Natur sein, um Gott zu erleben und mit ihm zu sprechen. Gebet ist der Schlüssel zu einem echten freien Leben. Ich wünsche mir für mein Leben, dass ich genauso viel Zeit mit Gott verbringe, wie ich dann damit verbringe, anderen Menschen von ihm zu erzählen. Zeige mir deine Freunde, und ich sage dir, wer du bist. Verbringe Zeit im Gebet, und du wirst Gott mit jedem Mal ein klein wenig ähnlicher.

Wenn du mit jemandem über deinen Glauben sprichst, dann solltest du das Bild von der Feder und dem Hammer nicht vergessen. Sei entspannt und locker und leicht wie eine Feder. Es besteht kein Druck und auch keine Erwartung, weil Gott dich sowieso liebt. Manchmal setze ich mich einfach in ein öffentliches Café, trinke etwas und entspanne, und dann plötzlich geht es ganz gut voran, und es entstehen Gespräche. Der Hammer: Wenn du mit jemandem in einem Gespräch bist, dann sei klar und überzeugt von dem, was du glaubst. Wenn ich in der Welt umherschaue und sehe, an was für komische Dinge die Menschen glauben, dann können wir ganz entspannt sein mit unserem Glauben an Jesus Christus. Der Hammer ist auch ein Symbol der Kraft. Wenn du die Kraft Gottes empfangen hast, werden deine Mitmenschen das spüren und erfahren.

Wenn du mit Jesus unterwegs bist, ist nicht immer alles perfekt, und manchmal passieren Dinge, die uns erschüttern können. Weiterhin werden wir enttäuscht, sind traurig, krank, vom Leben gezeichnet und sind einfach ganz normale Menschen. Wir haben die große Hoffnung, dass wir auch im schlimmsten Sturm des Lebens einfach unter dem Schirm Gottes stehen können. Er beschützt uns, er liebt uns, und er lässt uns niemals fallen. Wer unter dem Schirm des Höchsten sitzt, der braucht kein Unglück zu fürchten, weil Gott ihn durchträgt. Dieser Text in der Bibel hat Kraft.

Wir alle leben nicht ewig, aber als Christen wissen wir, dass das Leben nach dem Tod weitergeht. Was für eine Hoffnung! Der Tod ist das Komma, das das Leben von der Ewigkeit trennt. Die Ewigkeit ist das Ziel, »Christus ist mein Leben und Sterben ein Gewinn«, sagte Paulus. Das ist wirklich revolutionär und die wahre Freiheit.

Viele Leute können sich selber nicht annehmen. Wie will ich die Liebe von Gott weitergeben, wenn ich diese Liebe nicht selber empfangen habe? Gott liebt dich so, wie du bist, du bist sein Original. Das ist doch einfach super und ein wirklich wahrer Gedanke. Weil du von Gott geliebt bist, kannst du auch andere Menschen lieben, und die Liebe Gottes ist der Unterschied, der die Welt verändert. **Lass uns die Welt in den Himmel lieben!**

Die Welt braucht Freunde. Gerade Menschen, die Not haben, verletzt sind, psychische Krankheiten haben oder einfach vom Leben enttäuscht worden sind, brauchen wahre Freunde. Sei ein wahrer Freund. Viele spannende Menschen, die ich kennenlernen durfte, haben eine schwierige Geschichte, und manchmal heißt es einfach, die Menschen zu lieben, und Gott wird seinen Teil tun.

Wir von »Fingerprint« haben die Freundschaft als Kernwert, und ich würde den Verein aufgeben, um die Freundschaft zu bewahren. Freunde sind kostbar und rar wie Gold. Bewahre sie, und sei ein echter Freund.

Familie zu haben, ist unglaublich kostbar, trage dafür besonders Sorge. Sei eine Familie für andere.

Ich bin meiner Familie dankbar für die Liebe, die ich erfahren durfte. Meine Frau hat eine große Familie mit einigen Geschwistern. Es ist wunderbar, zu sehen, wie sie zusammenhalten, zusammen unterwegs sind und füreinander durchs Feuer gehen würden.

Solche Familien-Bande wünsche ich uns allen. Du kannst auch Familie sein für jemanden, der keine Familie hat. Ich wünsche mir das für die Welt: Gläubige, die Familie leben und anderen Menschen auch einen Platz in der Familie anbieten. Das ist die Liebe, welche den Menschen die Liebe Gottes praktisch zeigt. Ich will Familie leben, auch für andere.

Geht nicht gibts nicht! Für Gott ist nichts unmöglich. Wie oft haben wir gehört, dass etwas unmöglich sei und so nicht funktionieren würde. Wenn Gott dir etwas aufs Herz gibt, geh voran, denn »alle Dinge sind denen möglich, die da glauben!«, sagt die Bibel. Lass dich nicht enttäuschen und entmutigen, und geh weiter deinen Weg. Sei ein Täter des Wortes, und lass in deinem Leben Taten sprechen. Sei auch du für andere ein Ermutiger. Das braucht die Welt.

Lies die Bibel. Je mehr Zeit du damit verbringst, desto mehr wirst du diesem Buch und den Charaktereigenschaften Gottes ähnlich. Ich liebe die Bibel und entdecke immer und immer wieder neue spannende Aspekte. Worte aus der Bibel haben Kraft und führen und leiten dich in deinem Alltag. Die heutige Zeit braucht mehr Männer und Frauen, die sich an der Bibel orientieren und sie lesen. Ich liebe es, wenn ich meine alte Bibel anschaue und weiß, wie viele Geschichten und Erlebnisse ich mit ihr zusammen schon gemacht habe. Die Bibel ist selbsterklärend, und Gott spricht durch die Bibel zu uns Menschen.

Alle verrückten Ideen und Projekte lernte ich zu prüfen. Ich prüfe immer zuerst anhand der Bibel, dann zusammen mit andern Gläubigen, und nur dann führe ich eine Aktion durch. Dies hilft uns, Fehler zu vermeiden und am Herzen Gottes zu bleiben.

Vielleicht bist du schon einmal in einem Flugzeug geflogen und weißt, wie wichtig der Start und die Landung sind. Genauso ist es mit einem Gespräch. Du hast etwa eine halbe Sekunde Zeit, um einen ersten Eindruck von dir zu vermitteln, egal, ob du dich für eine Stelle bewirbst, im Sportklub bist oder eben über deinen Glauben sprichst, der erste Eindruck zählt. Wenn du vom Heiligen Geist erfüllt bist und geführt wirst, werden die Menschen dies bereits beim ersten Eindruck spüren. Der zweite Punkt bei einem Flug ist die Landung. Genauso ist es bei einem Gespräch. Manchmal breche ich ein Gespräch ab, weil ich merke, dass die Person nicht mehr interessiert ist. Das ist völlig in Ordnung. Ich möchte niemanden stundenlang mit meinem Glauben und meinen Ansichten zutexten. Zum Schluss frage ich jedoch trotzdem oft, ob dieser jemand auch Jesus als Herr und Erlöser annehmen möchte. Ich möchte das Ziel nicht aus den Augen verlieren, dass Menschen die Freiheit von Jesus Christus erfahren und ich sie eines Tages im Himmel wiedersehen werde.

Kommunikation ist einer der Schlüssel in vielen Lebensbereichen. 80 Prozent der Dinge, die wir kommunizieren, laufen nonverbal ab, also ohne Worte. Nur 20 Prozent der Kommunikation macht der Inhalt unserer Rede aus. Du kannst also auch ein schlechter Redner sein, und trotzdem sehen und spüren die Menschen um dich herum deine Leidenschaft für Gott. Wenn du mit Leuten redest, schau ihnen in die Augen. Achte darauf, eine gesunde Körperhaltung zu haben, deine Hände zur Unterstreichung in einem gesunden Maße zu nutzen. Investiere in Kommunikation, sei ein Lernender.

Die Welt hat viele Lehrer und Leiter, aber, was die Welt braucht, sind Diener. Seien wir Diener von Jesus. Das ist die wahre Würde und das Denken eines Aktivisten, der die Welt für Jesus auf den Kopf stellt.

Leider gibt es immer wieder Leute, die denken, dass sie Gott verteidigen oder jemanden anklagen müssten. In der Bibel lesen wir jedoch, dass wir Zeugen sein sollen. Ein Zeuge in einem Prozess kann nur weitergeben, was er selbst gehört, erlebt oder gelesen hat. Genauso kannst du mit Menschen über deinen Glauben sprechen. Es sind die Geschichten, die du mit Gott erlebt hast, und die Geschichten, die du in der Bibel gelesen hast, welche die Menschen begeistern werden. Streitgespräche bringen meistens nichts. Du kannst in so einem Falle einfach nachfragen, warum jemand eine schwierige Frage stellt, und meistens wirst du herausfinden, dass das nur eine Provokation ist. Falls jemand wirklich Interesse hat an einer tiefen Diskussion über ein schwieriges Thema, dann trefft euch doch in Ruhe ein weiteres Mal. Nimm dir in diesem Fall genug Zeit, bereite dich gut vor, und dann kannst du auch wirklich die schwierigen theologischen Themen ansprechen, und zwar in einem guten persönlichen Rahmen.

Eines habe ich in den letzten Jahren auf meinen Reisen gelernt: Religion ist gefährlich, egal, von wem und warum sie eingesetzt wird. Sie bringt immer die Gefahr mit sich, Menschen zu manipulieren und zu unterdrücken. Darum nenne ich mich einfach ein Nachfolger von Jesus Christus. Ich möchte Jesus nachfolgen und die Menschen lieben, und damit hat sich schon ganz viel geklärt. Die Menschen in der postmodernen Gesellschaft wünschen sich eine spirituelle Erfahrung, Gemeinschaft und echtes Leben. Als Nachfolger von Jesus versuche ich, genau dies zu leben.

Ich lebe seit vielen Jahren in verschiedenen Gemeinschaften. Das ist nicht immer ganz einfach, weil die Leute auch meine Schattenseite kennenlernen. Ich bin laut, ich bin manchmal launisch und einfach ein Mensch. Das Leben zu teilen, ist gelebte Jüngerschaft. Die Welt von heute braucht Leute, die in Beziehung investieren und ihr Leben teilen. Es ist wie ein Stein, der über die Jahrhunderte in einem Wildbach zum Meer getragen wird, sich schleift und zu einem wunderschönen Einzelstück wird. Jesus hat mit seinen Jüngern mehrere Jahre Zeit verbracht, draußen übernachtet, mit ihnen gegessen, gelacht, geweint, auch die schlechte Laune seiner Jünger ertragen. Die Leute wollen keine perfekten Nachfolger von Jesus, sondern überzeugte, echte Nachfolger des gekreuzigten Christus. Hier möchte ich dir anbieten, dir alle Hilfe zu geben, die mir möglich ist, falls du eine neue Lebensgemeinschaft aufbauen möchtest.

Ich bin von Natur aus nicht unbedingt ein Gemeinschaftstyp, sondern wäre am liebsten mit Gott, meiner Familie, der Natur und den Tieren allein. Wenn ich in Gemeinschaft leben kann, dann kannst du das sicher auch. Gott wird dir alles geben, was du brauchst.

Es ist entscheidend für dich, mit wem du dein Leben verbringst. Ich bin Gott unheimlich dankbar, dass ich eine wunderbare Frau gefunden habe, die mich so nimmt, wie ich bin, mich unterstützt und sogar noch mehr Leidenschaft für Gott hat als ich. Hinter jedem starken Mann steht eine noch stärkere Frau. Dieser Satz stimmt für mich total. In beiden Richtungen. Meine Frau ist total begabt und kann viele Dinge besser als ich. Wir leben als Missionare ein total modernes Leben. Sie arbeitet, und ich bin für die Kids da. Das ist doch super und Emanzipation pur. Wer also sagt, wir Christen seien konservativ, hat keine Ahnung. Wir sind seit vielen Tausend Jahren zeitlos modern, weil wir die Bibel als Richtschnur haben. Gott ist gut!

Deine Ehe kann deinen Dienst und deinen Einsatz für Gott vervielfachen oder aber auch zum Erliegen bringen. Deshalb heirate die richtige Person! Wenn wir schon bei diesem Thema sind: Es gibt nichts Schöneres, als Familie zu haben. Kinder seien wie Pfeile im Köcher, sagt König Salomo, ein wirklich weiser Mann. Kinder zu haben, ist das Beste, was wir erleben durften, ein großes Privileg und eine noch größere Verpflichtung. In erster Linie bin ich Ehemann und Familienvater. Alles andere kommt danach. Ich möchte für diesen kleinsten Teil, der mir anvertraut ist, besondere Sorge tragen. Weil deine Frau und deine Kinder das kostbarste Geschenk sind, achte besonders auf deine Worte. Die Liebe ist das Kostbarste, was es gibt auf der Erde.

Gott liebt Sex! Viele Leute haben das Gefühl, wir Gläubige seien irgendwie bieder und langweilig. Ich würde eher das Gegenteil behaupten. Ich liebe den Sex mit meiner Frau und dies voller Leidenschaft, auch seit wir vier Kinder haben. Manchmal müssen wir uns einfach Zeit nehmen und es tun. Gott hat uns als sexuelle Wesen geschaffen, also leben wir es im richtigen Rahmen wild und frei aus. Ich wünsche dir von Herzen ein wildes und echtes Sexleben. Mehr muss ich dazu nicht sagen.

Kunst und Musik sind seit Anbeginn der Zeit ein wichtiger Teil unserer Existenz als Menschen. Nutze Kunst und Musik, um Menschen über deinen Glauben anzusprechen. Kunst und Musik sollen aber nie das Zentrum sein, sondern immer auf den Schöpfer hinweisen. Ich liebe es, dass in unserer Bewegung so viele Künstler und Musiker sind. Gott liebt die Kreativität.

Kunst kann die Menschen im Herzen ansprechen, oft mehr, als es Worte tun können. Übrigens kann es auch etwas ganz Einfaches sein. Ich liebe es, mit Straßenkreide unterwegs zu sein und Straßenkunst zu machen. Du kannst einfach Menschen dazu auffordern, über ein Thema zu reden (auf die Straße zu schreiben), zum Beispiel Licht und Schatten oder Himmel und Hölle. Glaub mir, durch solche kleine Kunstaktionen bist du sofort in einem extrem tiefen Gespräch. In unserer Gemeinschaft gibt es auch viele Leute, die malen. Das finde ich eine tolle Sache. Ich weiß, dass Kunst ein Schlüssel ist, auch wenn ich selber kein wirklich guter Künstler beziehungsweise gar kein Künstler bin – außer vielleicht ein wenig ein Lebenskünstler. Nutze die Kunst, Gott ist der Schöpfer der Kunst.

Was ist mit dem wilden und echten Leben? Ich glaube, wir haben Jesus zu einer braven, weiß gekleideten und immer netten Person verkleinert. Wenn ich die Bibel anschaue und die vielen Geschichten darin lese, begeistert mich immer wieder, dass Männer und Frauen, die sich Gott ganz hingegeben haben, unglaublich verrückte Geschichten erlebt und ein wildes Leben gelebt haben. Jesus war mit seinen Jüngern unterwegs, viel in der Natur und ein ganzer Kerl und Mann. Wir haben die Botschaft »verweichlicht«. Darum also lieber ein Stück zu wild, die Welt braucht das. Lebe die Jesus-Revolution.

Evangelisation ist ein Reizwort. Ich denke, dass wir 24 Stunden am Tag von Evangelisation angesteckt sein sollten. Ein evangelistischer Lebensstil endet nicht nach dem Einsatz, sondern fängt morgens an und dauert 24 Stunden. Ein Einsatz kann aber helfen, besser zu werden und Ängste abzubauen. Hilfreiche Tipps für Einsätze auf der Straße findest du unter: www.ungezähmt.com

Gott ist kreativ. Es gibt so viele verschiedene Kirchen und Gemeinschaften wie Sand am Meer, scheint es mir manchmal. Einige Kirchen findest du vielleicht ein wenig sonderbar, und andere sprechen dich an. Die verschiedensten Kirchen und Gemeinschaften sind wie eine bunte Blumenwiese. Ich habe schon Leute gesehen, die in sonderbaren Gemeinschaften waren, sich aber dort total wohlfühlen, und das ist völlig okay. Ich glaube, dass die Vielfalt eine gute Ergänzung ist. Darum lass uns nicht über Details streiten, sondern die Vision und Mission, allen Menschen von der Freiheit von Jesus Christus zu erzählen, in den Fokus stellen, weil wir dann auch keine Zeit mehr haben, über Nebensächlichkeiten zu diskutieren. Ich finde es toll, dass bei uns in der Gemeinschaft Leute dabei sind, die unterschiedliche Ansichten haben. Solange wir uns an der Bibel orientieren und in Liebe miteinander umgehen, ist das völlig in Ordnung.

Es gibt eine unsichtbare Welt, Engel und Dämonen. Das ist die unsichtbare Realität und steht nicht in Konkurrenz zur Wissenschaft, sondern ergänzt sie. Es gibt Leute, die sind beladen und brauchen Befreiung. Hier braucht es Autorität und Weisheit. Der Name Jesus hat Kraft, und sein Name vertreibt alle bösen Geister. Viele Dinge verstehe ich auch nicht völlig, sondern es wird erst im Himmel klar sein. Ich weiß und erlebe, dass der Name Jesus eine unglaubliche Kraft hat. Wann immer ich seinen Namen ausspreche, passieren Zeichen und Wunder. Der Name Jesus ist die ultimative Kraft über allen Mächten.

Taufe – ein weiteres Reizwort. Lass uns hier einfach auf den Heiligen Geist hören und die Menschen taufen, die Jesus kennenlernen durften. Die Taufe ist wichtig, sie befreit und kann Heilung bringen. Die Taufe ist das sichtbare Zeichen, ganz mit Jesus zu leben, und das hat einen Einfluss auf das Unsichtbare. Es ist ein ganz natürlicher Weg, den Gläubigen zu taufen, sobald sein Leben mit Jesus anfängt. Das kannst du in der Apostelgeschichte nachlesen. Es ist ein kleiner und doch großer Schritt. Ich liebe Taufen!

Jeder gibt sein Bestes. Nicht mehr und nicht weniger! Das ist der Kernwert unserer Gemeinschaft. So bleiben wir alle gesund an Körper, Seele und Geist. Als Nachfolger von Jesus ist es wichtig, die richtige Person zur richtigen Zeit am richtigen Ort zu sein. Wenn diese drei Faktoren erfüllt sind, ist es leicht, auch wenn Steine im Weg liegen, den Dienst zu erfüllen und die Frontlinie, die Gott uns anvertraut hat, in Liebe zu halten. Bist du die richtige Person zur richtigen Zeit am richtigen Ort?

Arbeite hart, und lass dich nicht entmutigen, sei eine Ameise, die von frühmorgens bis spätabends Vollgas gibt für Gott. Gott gebraucht normale Leute, um große Dinge zu tun.

Bete für deine verfolgten Brüder und Schwestern, und kümmere dich aktiv um sie. Es ehrt sie aber am meisten, wenn wir uns mutig zu Jesus bekennen. Verfolgung ist Teil von der Nachfolge und der größte Schlüssel für Erweckung. Ich wünsche uns die Freiheit, den Glauben zu leben, und den Mut, auch dann klar Stellung zu beziehen, wenn es uns etwas kostet.

Lebe die Liebe, setze dich für die Schwachen ein, liebe deine Gegner, und lass deine Liebe nicht erkalten. An der Liebe erkennt die Welt Gott. Liebe alle Menschen mit voller Hingabe, Leidenschaft und, ohne auf die Umstände des Einzelnen zu sehen, weil Gott dich zuerst geliebt hat.

Glaube an das übernatürliche Wirken in deinem Alltag. Viele kleine Dinge in Liebe verändern die Welt.

»Seien wir realistisch, fordern wir das Unmögliche!«

Lebe die Apostelgeschichte, voller Liebe für die Schöpfung. Gott will dich heute gebrauchen, er ruft dich, lass dich gebrauchen, und steige ein in das wilde und freiheitliche Abenteuer. Ich träume von einer Erweckung und radikaler Nachfolge von normalen Menschen, die die Botschaft der Hoffnung in die Welt tragen und in kreativen Gemeinschaften leben, Zeichen und Wunder erleben und die Botschaft von Jesus in Liebe in die Welt bringen.

Lebe ungezähmt und frei!

»Wenn der Heilige Geist über euch gekommen ist, werdet ihr seine Kraft empfangen. Dann werdet ihr den Menschen auf der ganzen Welt von mir erzählen – in Jerusalem, in ganz Judäa, in Samarien, ja bis an die Enden der Erde.«

(Apostelgeschichte 1,8)

»Ich habe den guten Kampf gekämpft, den Lauf vollendet und bin im Glauben treu geblieben.«

(2. Timotheus 4,7)

Wir sehen uns, Gottes Segen!

Stephan

Andreas Boppart

Unfertig
Jesusnachfolge für Normale

Gebunden, 14 x 21,5 cm, 240 S.,
zweifarbig (knalliges Grün), plus Karte im Buch
Nr. 226.723, ISBN 978-3-417-26723-5

Entspannend und herausfordernd: Jesusnachfolge für Normale! Andreas
»Boppi« Boppart ermutigt dazu, ein Ja zur eigenen Begrenztheit und Sünd-
haftigkeit zu finden, gleichzeitig aber daran festzuhalten, dass Gott im
Leben Dinge verändern kann und will – und vor allem auch durch uns!

Thomas Härry

Sterne leuchten nachts
Gott im Leiden lieben lernen

Gebunden, 11 x 18 cm, 128 S.,
mit Lesebändchen
Nr. 226.783, ISBN 978-3-417-26783-9

Thomas Härry zeigt, wie es möglich ist, mitten im Schmerz weiter an Gott
festzuhalten. Und dass dabei auf geheimnisvolle Weise Gutes in uns entstehen kann. Denn es gibt eine Herzenshaltung, die uns hilft, Gott im Leid zu
finden, auch wenn wir ihn nicht verstehen.

Bitte fragen Sie in Ihrer Buchhandlung nach diesem Buch!
Oder schreiben Sie an SCM Verlag, D-71087 Holzgerlingen;
E-Mail: info@scm-verlag.de; Internet: www.scm-verlag.de